China Microeconomic Survey ： New Agricultural Operating Entities Volume

中国微观经济调查·
新型农业经营主体卷

经济日报社中国经济趋势研究院
中国人民大学农业与农村发展学院 ｜ 著

人民出版社

目　录

前　　言

一、项目背景

2017 年 10 月 18 日，党的十九大正式提出实施乡村振兴战略，按照"产业兴旺、生态宜居、乡风文明、治理有效、生活富裕"的总要求以及"坚持党管农村工作，坚持农业农村优先发展，坚持农民主体地位，坚持乡村全面振兴，坚持城乡融合发展，坚持人与自然和谐共生，坚持因地制宜、循序渐进"的基本原则，全面推进乡村振兴，以实现乡村振兴战略总目标——农业农村现代化。党的十九大报告指出，农业农村农民问题是关系国计民生的根本性问题，必须始终把解决好"三农"问题作为全党工作重中之重。党的十九大报告指出，乡村振兴要构建现代农业产业体系、生产体系、经营体系，完善农业支持保护制度，发展多种形式适度规模经营，培育新型农业经营主体，健全农业社会化服务体系，实现小农户和现代农业发展有机衔接。产业振兴是乡村振兴的首要任务，加快培育从事农业生产和服务的新型农业经营主体，对于实现产业振兴和农业农村现代化具有重要意义。党的十八大以来，中央高度重视新型农业经营主体发展，习近平总书记多次强调，发展多种形式的适度规模经营,培育新型农业经营主体,是建设现代农业的前进方向和必由之路。为促进新型农业经营主体发展,"十三五"时期,党中央专门下发了《关于加快构建政策体系　培育新型农业经营主体的意见》,采取一系列扶持措施,有力地推动了新型农业经营主体发展进入"快车道"。新型经营主体日益成为现代农业发展的主导力量。深化对新型农业经营主体的认识,加快补齐"短板"弱项,切实增强其发展带动能力应当成为推动乡村产业振兴的重要抓手。

充分了解并掌握当前我国各类新型农业经营主体的发展状况具有现实必要性与历史迫切性。目前我国各类新型农业经营主体的发展现状如何是各界迫切想知道答案的问题,但是碍于在获得全国范围的新型农业经营主体数据资料方面所面临的财力、物力、人力等巨大困难,目前鲜有研究者对全国新型农业经营主体的发展状况进行深入细致的分析。鉴于此,由经济日报社中国经济趋势研究院牵头,组织中国人民大学与零点有数科技有限公司、清研灵智信息咨询(北京)有限公司合作完成了三期"全国新型农业经营主体发展指数调查"。本书将在三期调查数据的基础上分析新型农业经营主体农产品品质、农业新业态、农业社会化服务情况,以及从乡村振兴战略角度对村庄进行全面阐述,并基于数据分析给出对当前我国新型农业经营主体发展状况的基本判断。

二、数据来源

本书所用数据来源于"全国新型农业经营主体发展指数调查"。项目组于 2016 年 5 月—2017 年 3 月、2017 年 11 月—2018 年 3 月、2019 年 10 月—2020 年 1 月开展了三期"全国新型农业经营主体发展指数调查",针对新型农业经营主体基本情况、经济绩效、社会绩效、生态绩效、发展前景、农业信息化等方面搜集到大量一手数据资料,调查地点涉及全国23个省(自治区、直辖市)。为提高调查效率和数据质量,三期调查均根据调查问卷专门开发了APP应用软件,同时在调查过程中运用了GPS定位、录音和拍照等技术手段。

第一期调查采用分层随机抽样与两阶段抽样的抽样设计。首先,以全国各县域2014年第一产业增加值为依据进行分层随机抽样,从全国抽取150个县作为样本县;其次,从被调查县政府部门获得新型农业经营主体登记注册名单后,根据调查配额等距抽取具体的调查对象,调查数据由调查公司分布在全国各地的调查员入户调查获得。第一期调查最终获得的总样本为5191个,包括1222个农民专业合作社样本、1343个家庭农场样本、2017个专业大户样本及609个农业产业化龙头企业样本。样本涵盖全国16个省,包括吉林省、四川省、安徽省、山东省、广东省、江苏省、江西省、河北省、河南省、浙江省、湖北省、湖南省、甘肃省、福建省、辽宁省、黑龙江省。

第二期调查从第一期已有的5191个样本中选择3000个样本进行追踪回访,并在新型农业经营主体所在地选择一定数量的普通农户进行调查,以形成与新型农业经营主体的对比。首先,第二期调查按照3000/5191的比例与各新型农业经营主体第一期样本数相乘,对数据取整后确定各主体的拟调查样本数。其次,按照第一期在某一地区调研到的样本数占总样本数的比例确定该地区第二期的拟调研样本数。最后,根据上述两步计算的第二期各主体各地区的拟调查样本数,从第一期调研得到的样本中随机抽取样本,进行追踪回访。第二期调查最终获得的总样本为3817个,包括 706 个农民专业合作社样本、776 个家庭农场样本、1166 个专业大户样本、366 个农业产业化龙头企业样本及 803 个普通农户样本。

第三期调查在第二期调查的基础上围绕乡村振兴补充了村庄调查,以了解新型农业经营主体所处的环境状况。在第三期被调研样本中,有 3307 个样本为追踪样本,占总样本数的 83.99%。新增样本为调查公司针对原定样本拒访(面访三次拒绝)、消亡、改行等情况就近选择的原定样本所在村庄未接受过调查过的样本。第三期总样本量 3937 个,其中 125 个村庄,768 个普通农户,1055 个大户,907 个农场,371 个企业,711 个合作社。本书主要基于"全国新型农业经营主体发展指数调查"第三期调查数据展开,但是在分析过程中将同步结合第一期和第二期数据情况并将三期数据进行纵向对比,以期能够更全面展示我国新型农业经营主体的变化情况;同时基于第三期数据增加对乡村振兴的分析,本书中还将涉及对普通农户数据的分析及将普通农户数据与新型农业经营主体数据进行必要的对照分析。

三、分析框架

基于调查问卷的整体结构及尽量对两期调查数据展开对比的原则,本书将在三期调查数据的基础上分析新型农业经营主体农产品质量、农业新业态、农业社会化服务情况,以及从乡村振兴战略角度对村庄进行全面阐述,以说明当前我国新型农业经营主体发展的整体状况。

首先,农产品质量部分为本书的第一部分,该部分将首先说明新型农业经营主体高质量农产品生产情况,然后从绿色化发展、组织化发展与品牌化发展三个角度入手,对包括化学品投入、绿色技术采纳、废弃物再利用、标准化生产、产业链整合、可追溯体系、产中控制手段、质量检测、政府监管、品牌建设、信息化平台建设、销售渠道等在内的12类质量控制行为进行描述,从而展现目前新型农业经营主体农产品质量现状与提升发展情况。

农业新业态是本书的第二部分,该部分将对我国农业新业态发展现状、新业态发展的影响因素和新业态发展的作用进行全面而系统的分析,以期为我国农业新业态的发展提供有益的借鉴。

社会化服务是本书的第三部分,该部分将立足于农业社会化服务供给、需求两端,首先阐述了不同新型农业经营主体对农业生产服务、金融服务、信息服务、农业保险服务和销售服务五类服务的需求情况。其次描述了不同新型农业经营主体有关上述五种社会化服务的供给情况。此外,该部分进一步对比了农业社会化服务需求主体与供给主体的特征变量用以说明服务需求主体和服务供给主体之间的差异。最后研究了农业社会化服务供需匹配程度,研判社会化服务供需匹配现状及存在的问题。

乡村振兴为本书的第四部分,该部分将从基本情况、基础设施及公共品服务、村民生活、精神文明、文化建设、基层治理、乡村规划、产业发展八个方面来概述当前中国乡村的总体发展情况,研判其存在的突出问题。

本书由经济日报社中国经济趋势研究院以及中国人民大学农业与农村发展学院孙世芳、郑风田、刘滨、阮荣平、郭文鹃、陈思宇、裴文、韩旭东、王若男、刘爽等人共同编写。由于时间仓促、人力有限,内容不尽之处,敬请读者谅解。欢迎读者提出宝贵意见和建议,对问题和疏漏进行批评指正。

第一章　新型农业经营主体农产品质量安全提升调查

第一节　研究背景

随着经济发展和生活水平的提高,消费者对于高质量农产品的需求日益提升,农产品市场的主要矛盾逐渐由总量不足转变为结构性失衡,突出表现为阶段性供过于求和供给不足并存,且矛盾的主要方面在供给侧①。在各级政府和社会人士的共同努力下,我国农产品质量水平整体大幅提升,但形势依然严峻②。因此,推进农业供给侧结构性改革、加快提升农业生产质量和实现农业绿色发展成为新时代农业现代化发展的重要方向。2016 年中央"一号文件"提出推进农业供给侧结构性改革,加快转变农业发展方式。2017—2019 年中央"一号文件"均对提升农业生产质

---

① 阮荣平、刘爽、郑风田:《新一轮收储制度改革导致玉米减产了吗:基于 DID 模型的分析》,《中国农村经济》2020 年第 1 期。

② 汪普庆、熊航、瞿翔、陈村子:《供应链的组织结构演化与农产品质量安全——基于 NetLogo 的计算机仿真》,《农业技术经济》2015 年第 8 期。

量作出明确说明,要求"以提高农业供给质量为主攻方向","调整优化农业结构,推进农业由增产导向转向提质导向"。2019年2月28日,农业农村部等部门印发《国家质量兴农战略规划(2018—2022年)》明确指出,实施质量兴农战略是满足人民群众美好生活需要的重大举措,是推动国民经济高质量发展的基础支撑,是实施乡村振兴战略的有力保障,是建设农业强国的必由之路。

我国农产品供给从"田间到餐桌"的过程中要经过生产、加工、流通、消费等多个环节,由于农产品自身的特殊性,其面临的质量风险也具有多样性和不确定性[①],受到众多因素的影响。已有研究对于影响农产品质量的因素进行了多方位讨论,从农户内部因素来说,农户的道德责任感、学习和培训情况、家庭生产规模和家庭收入结构等均对农产品生产具有重要影响;从外部原因来看,农产品相对价格、与农业产业化组织的对接、抽检惩罚力度和政府补贴政策等同样对农产品质量具有重要影响[②][③][④]。随着新型农业经营主体的蓬勃发展,以各类新主体作为分析对象的研究逐渐显现,如薛宝飞等(2019)[⑤]基于陕西省的调查数据发现外部组织支持通过订单农业、产品认证规范能对小农户生产过程中的质量控

---

① 耿宁、李秉龙:《产业链整合视角下的农产品质量激励:技术路径与机制设计》,《农业经济问题》2014年第9期。

② 周洁红:《农户蔬菜质量安全控制行为及其影响因素分析——基于浙江省396户菜农的实证分析》,《中国农村经济》2006年第11期。

③ Xiong Y., Luo M., "Research on Farmers' Production Willingness of Safe Agricultural Products and its' Influence Factors: An Empirical Analysis in China", *Energy Procedia*, No. 5, 2011, pp. 53-58.

④ 袁雪霈、刘天军、闫贝:《合作社对农户安全生产行为的影响——基于我国苹果主产区的调研》,《西北农林科技大学学报(社会科学版)》2018年第6期。

⑤ 薛宝飞、郑少锋:《农产品质量安全视阈下农户生产技术选择行为研究——以陕西省猕猴桃种植户为例》,《西北农林科技大学学报(社会科学版)》2019年第1期。

制行为起到引导作用；王建华等（2018）①认为，合作社是实现农产品质量全程控制的有效载体，它的垂直契约协作是提升农产品质量的有效形式；蔡荣（2017）②基于对山东省合作社的调查数据发现合作社成员规模对农产品质量的影响为正且边际递减，政府规制、技术培训和合作社凝集力对合作社农产品质量供给的影响显著为正。

虽然目前已有研究对影响农产品质量的原因进行了探讨，并且以新型农业经营主体为研究对象进行了分析，但现有研究仍旧存在不足。从研究主体来看，已有研究大多聚焦于某一类主体，并未将农民专业合作社、家庭农场、专业大户以及农业产业化龙头企业纳入同一体系中进行分析，并且分析地区一般限于部分地区，缺乏全国层面的探讨；从研究内容来看，以往研究多局限于某一方面，如新型农业经营主体在化肥农药减量施用、病虫害绿色防控技术采纳、订单农业等方面的作用，并未就生产、加工、流通、消费等各环节进行全方位的分析，从而难以对新型农业经营主体的重要作用进行全方位的了解。基于以上背景，本书根据全国范围内四类新型农业经营主体调查数据，在了解其高品质农产品基本生产情况后，依据《国家质量兴农战略规划（2018—2022）》对实施质量兴农战略的决策部署框架，对新型农业经营主体在绿色化、组织化、品牌化方面的表现情况进行了分析，力求从整体上把握新型农业经营主体对提升农产品质量所发挥的作用。

---

① 王建华、李硕：《合作社在农产品质量安全管理中的功能定位与发展路径》，《江南大学学报（人文社会科学版）》2018年第4期。
② 蔡荣：《合作社农产品质量供给：影响因素及政策启示》，《财贸研究》2017年第1期。

第二节　新型农业经营主体高品质农产品生产情况

《国家质量兴农战略规划(2018—2022年)》明确提出,提升农产品品质需要走优质化发展路径,要加强优质农产品品种研发推广,构建优势区域布局和专业化生产格局,打造一批特色农产品优势区,稳定发展优质粮食等大宗农产品,积极发展优质高效"菜篮子"产品,扩大优质肉牛肉羊生产,大力促进奶业振兴,发展名优水产品,加快发展现代高效林草业。这为我国推动高品质农产品生产指明了方向。本部分主要分析当前我国高品质农产品的生产情况,对新型主体和普通农户的情况进行了对比,并细分各类新型主体农产品品质不同级别的构成、销售与发展情况。

需要注意的是,在农产品品质方面,本书以"通过'三品一标'认证"作为高品质农产品的替代指标。这主要是考虑到,目前,以各类质量安全准入标准为基础的认证体系在实际应用中已经成为政府规制食品安全市场的重要工具[1],拥有"三品一标"认证的农产品被认定为安全、优质农产品的代名词[2]。"三品一标"已经成为消费者判定农产品质量的重要依据。因此,本书借鉴前人研究,将"三品一标"认证(无公害农产品认证、绿色食品认证、有机

---

[1]　周洁红、幸家刚、虞轶俊:《农产品生产主体质量安全多重认证行为研究》,《浙江大学学报(人文社会科学版)》2015年第2期。

[2]　张小允、李哲敏、肖红利:《提高我国农产品质量安全保障水平探析》,《中国农业科技导报》2018年第4期。

食品认证、农产品地理标志认证)作为农产品质量的代理变量①。

一、总体情况

总体而言,现阶段我国高质量农产品生产水平亟待提升,进行"三品一标"农产品生产的比例以及"三品一标"农产品的产值均不高。新型农业经营主体是"三品一标"的重要生产主体,其生产热情有趋涨之势。但是,不同新型主体之间,"三品一标"农产品的生产存在较大差异,龙头企业的组织能力、销售能力等显然比其他新型主体更强,更有能力经营高质量农产品,其农产品质量水平明显高于其他新型主体。同时合作社、家庭农场、专业大户的"三品一标"农产品生产呈减少态势。这可能是由于合格证制度的试行,促使这些新型主体将生产和销售主要放在了有合格证的农产品上。在新品种、新设备、新技术引进方面,相比于传统农户,新型农业经营主体的引进比例更高。但不同新型主体对引进内容的偏好有所不同:合作社、家庭农场和专业大户的生产技术提升主要依靠的是品种的更新换代,因而这两类新型主体对新品种的引进最多,而龙头企业主要经营的是农产品加工,生产技术的更新换代更能推动其生产效率的高速提升,因而其对新技术的引进最多;除了新品种引进外,合作社更倾向于引进新技术,而家庭农场和专业大户在大规模生产过程中可以使用农业机械来替代人力劳动,既能提升生产效率又能降低人力成本,因而这两类新型主体更倾向于引进新设备。

---

① 周洁红、幸家刚、虞轶俊:《农产品生产主体质量安全多重认证行为研究》,《浙江大学学报(人文社会科学版)》2015 年第 2 期。

（一）认证与销售情况

1. 高质量农产品生产水平大幅提升，无论是认证比例还是销售比例都增长势头良好

第三期总样本量为3937个，其中，3664个为有效样本，有效样本中，共有1097个主体生产的产品被认证为"三品一标"，占有效样本的29.94%（见图1-1），比2017年增加了14.11个百分点。此外，根据调查结果，2018年合作社、家庭农场、龙头企业、专业大户和农户五类农业经营主体"三品一标"农产品销售额占其所在主体的总销售额比重的均值为42%，比2017年增加了18个百分点。

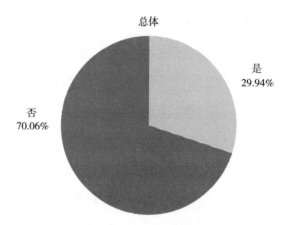

图 1-1　2018 年获得"三品一标"认证的农业经营主体占比

2. 现阶段，新型主体是"三品一标"的主要生产力量

首先，新型主体"三品一标"认证比例远远高于传统农户。在所调查的新型主体中，有34.22%的新型主体对其产品进行了"三品一标"认证，而传统农户中进行"三品一标"认证的仅占其总体的13.80%（见图1-2）。这也就是说，在进行"三品一标"农产

品生产的农业经营主体中,新型主体占了 90.34%,传统农户仅占了 9.66%。其次,新型主体"三品一标"农产品的销售额高于传统农户。受访的专业大户、家庭农场、合作社和龙头企业四类新型主体,2018 年其"三品一标"农产品的销售额中位数是 20 万元,而传统农户"三品一标"农产品的销售额中位数为 12.5 万元(见表 1-1)。再者,在进行"三品一标"农产品生产的农业经营主体中,新型主体对"三品一标"农产品的销售热情也远远大于传统农户。调查结果显示,在进行了"三品一标"认证的农业经营主体中,2018 年新型主体"三品一标"农产品销售额占其总销售额的比重均值为 76%,是传统农户的 380 倍(见表 1-2)。

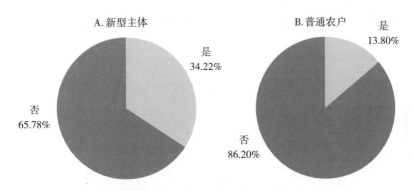

图 1-2　2018 年新型主体与农户通过"三品一标"认证对比

表 1-1　2015—2018 年农业经营主体"三品一标"农产品销售额情况(中位数)

(单位:万元)

年份	农户"三品一标"销售额	新型主体"三品一标"销售额
2015	—	14
2016	3	50
2017	0	40
2018	12.5	20

表1-2 2015—2018年农业经营主体"三品一标"农产品销售额占比情况（均值）

（单位:%）

年份	农户"三品一标"销售额占比	新型主体"三品一标"销售额占比
2015	—	15
2016	7	25
2017	6	25
2018	0.2	76

3. 2015年、2017年、2018年新型经营主体"三品一标"农产品生产热情有趋涨之势

生产"三品一标"农产品的新型主体占比有所增加。调查结果显示,2018年进行"三品一标"农产品生产的新型主体占所有受访新型主体的比重比2017年增加了14.86个百分点,比2015年增加了15.57个百分点①(见图1-3)。

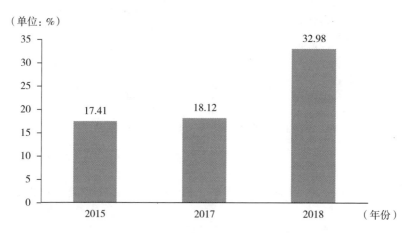

图1-3 2015年、2017年、2018年新型农业经营主体"三品一标"认证通过比例

---

① 因本次调查问卷中仅涉及2018年"三品一标"认证情况,未曾涉及其他年份,故将其与在2015年、2017年本课题组的调研结果进行对比;同时,由于2015年未涉及"地理标志性产品"的问题,因而,本部分只对比了"三品一标"认证情况。

(二)各类新主体间差异

1. 在四类新型主体中,不同类型的新型主体"三品一标"的农产品生产存在巨大差异,龙头企业的农产品质量水平明显高于其他新型主体

首先,四类新型主体中,龙头企业中生产"三品一标"者所占比例最高。具体而言,在所调查的龙头企业中,生产经营"三品一标"的龙头企业所占比重为87.44%,比合作社、家庭农场和专业大户的生产经营"三品一标"农产品者占比依次高出了40.32个、58.11个、68.96个百分点(见图1-4)。其次,在已生产经营"三品一标"农产品的新型主体中,合作社和龙头企业的生产热情远高于专业大户和家庭农场。在生产经营"三品一标"农产品的合作社中,2018年平均每个合作社和龙头企业"三品一标"农产品销售额占其总销售的比重分别为66.95%和64.21%,而在进行"三品一标"农产品生产经营的专业大户、家庭农场中,相应比重仅为0.56%、0.37%(见表1-3)。再者,四类新型主体中,龙头企业"三品一标"农产品销售额最高。2018年,龙头企业"三品一标"的销售额的中位数为270万元,是合作社、家庭农场和专业大户"三品一标"农产品销售额的中位数的8倍、135倍、54倍(见表1-3)。

表1-3　2018年各类新型主体"三品一标"销售情况

认证类型	合作社	家庭农场	龙头企业	专业大户
"三品一标"销售额(万元)	33	2	270	5
"三品一标"销售额占比(%)	66.95	0.37	64.21	0.56

注:表中"三品一标"销售额数值为其中位数,"三品一标"销售额占比数值为其均值。

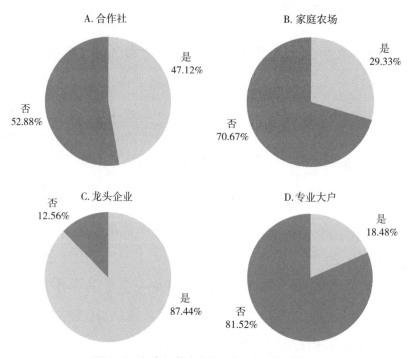

图1-4 各类经营主体"三品一标"认证情况

2.就"三品一标"农产品生产变动趋势而言,不同新型经营主体也表现了较大差异,2016—2018年龙头企业"三品一标"农产品生产呈增长态势,而其他新型经营主体"三品一标"农产品生产相对疲软

相比于2016—2018年,单个龙头企业"三品一标"农产品的销售额增加了35.00%,合作社、家庭农场和专业大户的销售额分别减少了26.67%、93.33%和67.74%(见图1-5)。但同期内,合作社、家庭农场、龙头企业和专业大户生产"三品一标"农产品的比重分别增加了18.93个、16.57个、45.14个和7.59个百分点。

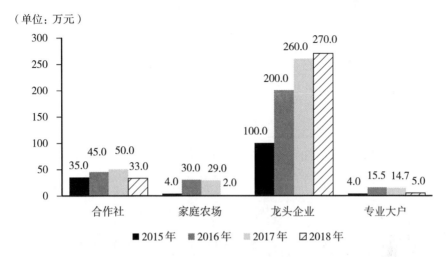

（单位：万元）

图1-5 2015—2018年新型农业经营主体高质量农产品销售额中位数

首先，这个结果可能是由于2018年11月农业农村部农产品质量安全监管司停止了无公害农产品的认证工作，转而在全国范围内启动食用农产品合格证制度试行工作造成的。认证手续的办理需要一定的准备、申请、审核和审批时间。由于在"三品一标"的认证中，无公害认证的流程最为简单，不需要提前准备产品检测和环境检测，新型农业经营主体申请的第一个认证大多为无公害认证。尽管无公害认证流程相对简单，但是其审批时间一般在半年左右。也就是说，有一批新型农业经营主体在2017年或2018年上半年申请认证，随后在2018年拿到认证。这些主体在第二期调研时还未拿到认证，但是在第三期调研时已经拿到了认证，因而认证比例有所上升。但是2018年11月后，由于"无公害农产品"这一认证已经停止，而且合格证上会包含食用农产品生产经营者信息（名称、地址、联系方式）、食用农产品生产经营者盖章或签名、确保合格的方式等信息，具有标识性，且"三品一标"认证等材料可以视同合格证。因此在第三期调研前，新型农业经营主体可能更倾向于试行合格证制度,对其生产的农产品自行开具质量安全合格承诺书,生产和销售有"合格证"的农产品而非"三品一标"农产品,则"三品一标"农产品的生产量和销售额有所减少。

其次,销售额数据报告的是中位数,其减少意味着大部分生产"三品一标"农产品的新型农业经营主体生产规模变小了;但是销售额占比报告的是平均数,其增加意味着生产"三品一标"农产品的新型农业经营主体更加专注于"三品一标"农产品的生产。两者同时出现是因为,一方面,大规模新型农业经营主体试行合格证制度进而减少了"三品一标"农产品的生产;另一方面,"三品一标"农产品销售额占比呈现两极分化状态,生产"三品一标"农产品的新型农业经营主体更加专注于该产品的生产并逐渐放弃生产普通农作物,这种专业生产"三品一标"农产品的新型农业经营主体数量的增多大大增加了"三品一标"农产品销售额占比的整体均值。

(三)新品种、新设备、新技术引进情况

1. 新品种、新设备、新技术引进均不足半数,其中新品种引进比例最高

近三年内,40.31%的农业经营者引进过新品种,比新设备引进和新技术引进分别多 9.00 个和 6.73 个百分点;同时还有 31.39%的龙头企业开展了新品种研发活动(见图 1-6)。将统计时间分为 2012—2015 年、2014—2017 年和 2016—2019 年三段,在这三个时间段内新品种引进比例分别为 49.23%、42.01%、40.31%,新设备引进比例分别为 41.68%、35.37%、31.31%,新技

术引进比例分别为 37.03%、33.34%、33.58%。

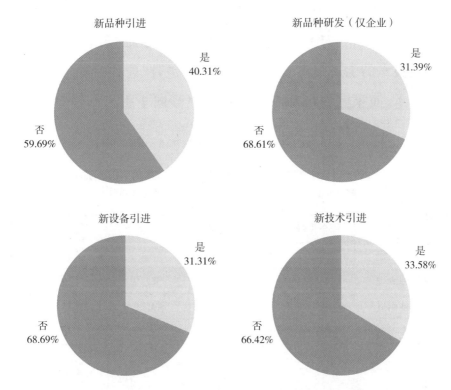

图1-6 2018年引进和研发新品种、新设备、新技术的农业经营主体占比

2.现阶段,新型农业经营主体是新品种、新设备、新技术引进的主要力量

新型农业经营主体新品种、新设备、新技术引进比例远远高于传统农户,分别是传统农户的2.7倍、5.7倍、3.1倍(见表1-4)。

表1-4 2018年引进新品种、新设备、新技术的农业经营主体占比情况

(单位:%)

引进类型	普通农户	新型主体
新品种	17.32	46.94
新设备	6.64	37.87
新技术	12.76	39.11

3. 在四类新型主体中,不同类型的新型主体在新品种、新设备、新技术引进方面的选择有所不同

合作社、家庭农场和专业大户对新品种的引进较多,而龙头企业对新技术的引进最多。除了新品种引进外,合作社更倾向于引进新技术,而家庭农场和专业大户则更倾向于引进新设备(见表1-5)。

表1-5　2018年各类新型主体新品种、新设备、新技术的引进和研发情况

(单位:%)

类型	合作社	家庭农场	龙头企业	专业大户
新品种引进	65.05	41.23	—	39.81
新品种研发	—	—	31.39	—
新设备引进	45.65	34.95	44.39	33.84
新技术引进	54.69	32.52	58.74	30.24

二、构成情况

整体来看,在"三品一标"农产品的生产、销售中,以无公害农产品为主,质量层次有待进一步提升。纵向来看,高品质农产品的生产规模大幅减少,其中绿色食品的生产规模减幅最多。然而,高品质农产品的生产比例有所上升,其中有机食品这种更高层次质量农产品的生产比例增幅最大。这可能是由于合格证制度的试行,且合格证具有易申请、生产者可辨识的特性,导致了大规模经营的新型农业经营主体趋向于生产有合格证的普通农产品,而小规模经营的新型农业经营主体趋向于专业生产具有更高品质的有机食品。

（一）目前新型主体通过的"三品一标"认证主要以无公害农产品和绿色农产品为主，农业高质量发展水平有待提升

具体而言，2018 年四类新型主体中，有 18.99% 的新型主体生产经营绿色产品，有 18.96% 的新型主体生产经营无公害产品，远高于经营有机和地理标志产品的比例（见图 1-7）。

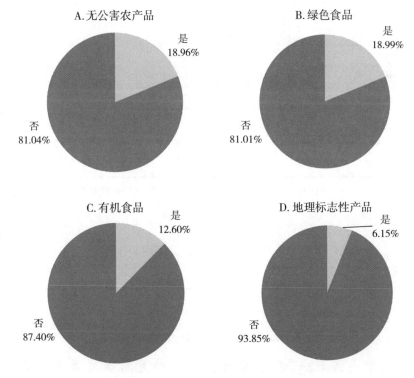

图 1-7　新型主体获得四类认证的占比

（二）目前新型主体"三品一标"农产品销售主要以无公害农产品为主

2018 年新型经营主体无公害产品销售额占其总销售额的比重均值为 62.00%，比绿色、有机和地理标志产品销售额占总销售额的

比重均值高出了 27.50 个、33.13 个、8.68 个百分点(见表 1-6);2018 年新型主体无公害产品销售额中位数为 30 万元,是新型主体绿色、有机和地理标志产品销售额中位数的 3 倍、1.2 倍、1.5 倍(见表 1-7)。

表 1-6 2018 年农业经营主体"三品一标"农产品销售额占总销售额比重均值

(单位:%)

认证类型	无公害农产品	绿色食品	有机食品	地理标志性产品	"三品一标"农产品
合作社	67.23	36.00	26.04	39.32	66.95
家庭农场	—	1.07	0.01	0.03	0.37
龙头企业	48.22	81.12	68.49	100.00	64.21
专业大户	—	0.63	0.99	0.02	0.56
新型主体	62.00	34.60	28.87	53.32	41.94

表 1-7 2018 年农业经营主体"三品一标"农产品销售额中位数

(单位:万元)

认证类型	合作社	家庭农场	龙头企业	专业大户	新型主体
无公害农产品	28	—	50	—	30
绿色食品	20	4	150	5.8	10
有机食品	20	5	170	30	25.5
地理标志性产品	15	2	170	6	20

(三)纵向来看,高品质农产品虽然生产比例有所上升,但是生产规模大幅减少,其中有机食品这种更高层次质量农产品的生产比例增幅最大,而绿色食品的生产规模减幅最多

2015 年、2017 年、2018 年,新型主体生产无公害、绿色和有机产品的比例均呈现先下降后增加的趋势;从总体上来看,2015—2018 年有机食品的涨幅最大,为 116.67%,比无公害产品和绿色食品分别高出 70.52 个和 5.56 个百分点(见图 1-8)。同时,绿色食品的生产规模降

幅最高。2015 年、2017 年、2018 年,无公害农产品、绿色食品、有机食品
和地理标志性产品销售额中位数分别下降了 62.50%、80.00%、21.54%
和 55.56%(见图 1-9)。如前文所述,这种看似矛盾的变化结果的出
现有三个原因:一是大规模新型农业经营主体试行合格证制度,相
比于受政府推广的合格证制度,"三品一标"农产品对生产者和消费
者的吸引力大幅降低,故"三品一标"农产品的生产规模大幅减少;
二是绿色食品的生产仅比无公害农产品的生产多了一个对农业生
态环境的控制,相比于有机产品,两者的可替代性更高,而有"合格
证"的产品与无公害农产品的可替代性也极高,则绿色食品的生产
受合格证制度的影响极大;三是生产"三品一标"农产品的小规模新
型农业经营主体在未能取得合格证之前,倾向于更加专注于"三品
一标"农产品的生产,来体现其产品的高品质和与市面上其他同类
产品的区别。因此,尽管大规模新型农业经营主体减少了"三品一
标"农产品的生产导致销售额大幅减少,但是整体"三品一标"农产
品的销售占比受两极分化的占比分布的影响呈现增长态势。

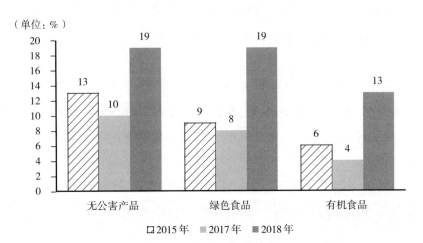

（单位：%）

图 1-8　2015 年、2017 年、2018 年新型主体"三品一标"认证比例

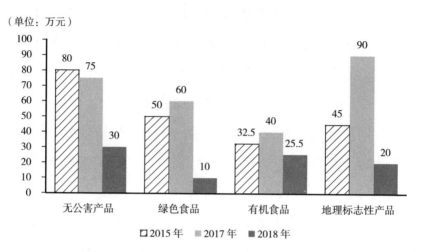

图1-9　2015年、2017年、2018年新型主体"三品一标"认证销售额

三、区域分布情况

不同地区高品质农产品的生产和销售情况有所不同。在生产方面,在东部地区,消费者更有能力关注农产品质量,对高品质农产品的需求量也更大,因而当地的生产比例更高;但是在西部地区,只有最具特色的农产品才能从各种农产品中脱颖而出,并且得到推广和大量销售,因而当地生产的品质更好。同理,在销售方面,西部地区更倾向于销售高品质农产品。

(一)在生产方面,各地区高品质农产品的生产比例和"三品一标"认证等级的差异较为明显:西部地区的认证级别更高,但是生产数量最少

总体上看,东部地区高品质农产品的生产比例最高,分别比中部地区和西部地区高出7.99个和20.18个百分点。不同地区之间,新型农业经营主体的认证概率有一定差异,东部地区对绿色食品的生产较为偏好,中部地区偏好生产无公害农产品,而西部地区更偏好生产有机食品。但是整体上看,西部地区高质量农产品"三品一标"的生产比例最低,分别是东部地区和中部地区的47.86%和60.31%(见表1-8)。

表1-8 2018年各地区新型主体"三品一标"认证比例 (单位:%)

地区	无公害农产品	绿色食品	有机食品	地理标志性产品	"三品一标"农产品
东部地区	18.85	24.03	14.61	6.87	38.70
中部地区	21.06	14.01	10.11	5.19	30.71
西部地区	9.26	6.48	10.19	5.56	18.52

(二)在销售方面,西部地区更注重高品质农产品的销售工作,但不同地区的侧重点略有不同

总体上看,无论是销售比重还是销售额,在认证等级方面,无公害农产品都居于首位;从区域角度分析,西部地区的销售比例和销售量均最高。不同地区之间,对高品质农产品的销售侧重有所不同:东部地区最注重无公害农产品的销售;在中部地区,虽然无公害农产品的销售额最多,但有机食品的销售额占比最高;在西部地区,虽然无公害农产品的销售额最多,但绿色食品的销售额占比最高(见表1-9和表1-10)。

表1-9 2018年各地区"三品一标"农产品销售额占总销售额比重均值

(单位:%)

地区	无公害农产品	绿色食品	有机食品	地理标志性产品	"三品一标"农产品
东部地区	54.11	21.36	20.30	60.08	19.77
中部地区	34.04	27.31	38.26	25.97	28.49
西部地区	96.95	91.33	72.36	87.94	36.54
总体	51.45	24.91	27.92	51.79	23.14

表1-10　2018年各地区"三品一标"农产品销售额中位数

(单位:万元)

地区	无公害农产品	绿色食品	有机食品	地理标志性产品	"三品一标"农产品
东部地区	27	7	20	20	6
中部地区	48	18	28.5	12	3
西部地区	40	44	30	20	19.5
总体	28	9	22.5	16.5	5

第三节　新型农业经营主体农产品绿色化发展情况

《国家质量兴农战略规划(2018—2022年)》提出,提升农产品品质需要走绿色化发展路径,要大力推进投入品减量化、生产清洁化、废弃物资源化。因此,结合调查结果,本部分从化学品投入情况、绿色技术采纳情况以及废弃物再利用情况三个角度出发,对新型农业主体和普通农户的情况进行对比分析,并探究三者与"三品一标"农产品生产的关系。

一、化学品投入情况

总体而言,相对于普通农户,新型农业经营主体对化学投入品的依赖性更弱,在化肥、农药、农膜方面的投入均少于普通农户,且相关投入减幅也更为明显。从趋势来看,新型农业经营主体与普通农户各方面投入均呈现下降趋势,但整体上新型主体降幅更为明显。化学品减量施用与国家政策导向密切相关,当前化肥、农药减量化已经成为国家改善农业生产方式、推进供给侧结构性改革的重要抓手。在此背景下,各级政府均对化肥、农药施用行为进行限制,使得化学品投入降幅明显。另外,化学品投入存在一定的地区差异,中部地区的化肥投入和农药投入均高于东部地区和西部地区。最后,农产品"三品一标"认证对于解决化学品投入过量问题具有重要意义,通过"三品一标"认证的农产品在化肥、农药和农膜的投入方面明显低于未通过"三品一标"认证的农产品。

(一)化肥投入情况

1. 新型农业经营主体在推动解决化肥过量施用问题方面发挥了积极作用,这在粮食作物和经济作物的生产中均有所体现

由表1-11可以看出,在粮食作物的生产中,2017年新型农业经营主体亩均化肥支出为176.7元/亩,比普通农户少了37%,2018年新型农业经营主体亩均化肥支出虽多于普通农户,但差异不大;在经济作物的生产中,2018年新型农业经营主体亩均化肥支出为256.5元/亩,比普通农户少了35.8%。细分主体来看,在粮食作物的生产中,家庭农场对化肥支出最低,2016—2018年家庭农场的亩均化肥支出比专业大户少25.7%;在经济作物的生产中,专业大户化肥支出最少。

2. 2016—2018年,新型农业经营主体化肥投入有进一步减少的趋势,且减幅较为明显

由表1-11可以看出,从2016年到2018年,在粮食作物生产中新型农业经营主体亩均化肥投入减少了30.4%,在经济作物的生产中,新型农业经营主体亩均化肥投入下降了48.7%。其中,家庭农场亩均化肥投入的减少主要体现在经济作物的生产上,而专业大户亩均化肥投入的减少主要体现在粮食作物的生产上。

2016—2018 年,普通农户对化肥的投入也有明显减少的趋势,农户粮食作物亩均化肥投入减少了44%,经济作物亩均化肥投入减少了32.7%。

表 1-11　2016—2018 年经营主体生产过程亩均化肥投入

(单位:元/亩)

作物类型	年份	家庭农场	专业大户	新型主体合计	普通农户
粮食作物	2016	163.4	275.8	230.9	280.7
	2017	164.5	184.9	176.7	279.9
	2018	146.6	178.4	160.8	157.1
经济作物	2016	590.6	439.6	499.9	594.3
	2017	547.5	437.9	481.7	479.6
	2018	256.5	—	256.5	400.0

注:由于缺少专业大户经济作物化肥投入数据,故此处只采用家庭农场数据进行分析。

(二)农药投入情况

1. 新型农业经营主体在减少农药使用方面也发挥出了重要作用

由表 1-12 可以看出,无论是粮食作物还是经济作物,三年来新型农业经营主体亩均农药投入均比普通农户少。在粮食作物的生产中,2018 年新型农业经营主体亩均农药投入为62.5 元/亩,比普通农户少了 33.12%;在经济作物的生产中,2018 年新型农业经营主体亩均农药投入为 126.7 元/亩,比普通农户少了 67.48%。分主体来看,在粮食作物的生产中,家庭农场农药支出最少;在经济作物的生产中,专业大户对农药支出的削减作用更强。

2. 2016—2018 年，各类主体农药投入整体呈下降趋势，经济作物农药投入情况降幅更为明显

由表 1-12 可以看出，2018 年新型农业经营主体与普通农户在粮食作物中的亩均农药投入相较于 2016 年均呈现下降趋势，降幅分别为 32.6% 与 11.1%；在经济作物中亩均农药投入量下降幅度更为明显，新型农业经营主体与普通农户降幅分别为 56.5% 和 25.9%。分主体来看，家庭农场在粮食作物中的农药投入相对稳定，在经济作物中的农药投入降幅明显；专业大户在粮食作物与经济作物中的农药投入均略有下降。从 2016 年到 2018 年，普通农户在粮食作物与经济作物中的亩均农药支出下降明显，降幅分别为 11.11% 与 25.9%。

表 1-12　2016—2018 年经营主体生产过程亩均农药投入

（单位：元/亩）

作物类型	年份	家庭农场	专业大户	新型主体合计	普通农户
粮食作物	2016	68.5	108.9	92.8	93.6
	2017	61.8	65.0	63.7	72.1
	2018	56.7	69.7	62.5	83.2
经济作物	2016	292.5	221.5	249.9	286.5
	2017	297.8	194.5	235.8	285.5
	2018	126.7	—	126.7	212.2

注：由于缺少专业大户经济作物农药投入数据，故此处只采用家庭农场数据进行分析。

（三）农膜投入情况

1. 新型农业经营主体在生产经营过程中对农膜投入有所减少

由表 1-13 可以看出，在粮食作物的生产过程中，2016 年、2017 年新型农业经营主体农膜投入明显少于普通农户，但到 2018

年此优势已经不复存在,2018年新型农业经营主体粮食作物的亩均农膜投入为22.5元/亩,略高出普通农户。但新型农业经营主体农膜投入的优势在经济作物的生产中得到了延续,2018年其经济作物的亩均农膜投入为117.1元/亩,比普通农户低28.8%。与专业大户相比,家庭农场在粮食作物的生产过程中的农膜投入更少,三年间亩均农膜投入比专业大户少12.5%,在经济作物生产过程中农膜投入更多,前两年间亩均农膜投入比专业大户亩均农膜投入高出了48.5%。

表1-13 2016—2018年经营主体粮食作物亩均农膜投入

(单位:元/亩)

作物类型	年份	家庭农场	专业大户	新型主体合计	普通农户
粮食作物	2016	11.9	12.7	12.4	23
	2017	11.2	9.5	10.2	14.1
	2018	19.6	25.9	22.5	15.5
经济作物	2016	277.0	215.4	246.2	451.3
	2017	260.1	146.1	191.7	348.9
	2018	117.1	—	117.1	164.4

注:由于缺少专业大户经济作物农膜投入数据,故此处只采用家庭农场数据进行分析。

2. 总体而言,各主体农膜投入有所减少,其中普通农户降幅最为明显

相比于2016年,2018年新型农业经营主体经济作物亩均农膜支出减少了129.1元/亩,降幅达到52.4%;但在粮食作物中,新型农业经营主体亩均农膜支出增加了接近1倍,这可能因为2018年农业农村部将农膜列入全国农资打假专项治理行动重点工作,对非标农膜的禁用使得新型农业经营主体无法再使用原先用于粮食作

物中的廉价农膜,从而使得农膜支出大幅增加。值得注意的是,从 2016 年到 2018 年,普通农户农膜支出有明显的下降趋势,其中粮食作物亩均农膜投入减少了 7.5 元/亩,降幅为 32.6%,经济作物亩均农膜投入减少了 286.9 元/亩,成为下降速度最快的经营主体。

(四)化学品投入的地区差异

不同地区的化学品投入差异较大,中部地区在粮食作物和经济作物上的化肥投入和农药投入均高于东部地区和西部地区。具体来说,东部地区对经济作物的平均农膜投入最多,为 131.0 元/亩;西部地区对粮食作物的平均农膜最多,为 35.0 元/亩;而中部地区在粮食作物和经济作物上的化肥投入和农药投入均较高,对粮食作物的平均化肥投入为 171.1 元/亩,平均农药投入为 68.7 元/亩,对经济作物的平均化肥投入为 280.3 元/亩,平均农药投入为 133.5 元/亩(见表 1-14)。

表 1-14 2016—2018 年不同地区新型农业经营主体化学品投入情况

(单位:元/亩)

作物类型	地区	化肥投入	农药投入	农膜投入
粮食作物	东部地区	156.6	59.7	16.0
	中部地区	171.1	68.7	29.0
	西部地区	120.4	41.0	35.0
经济作物	东部地区	250.5	132.3	131.0
	中部地区	280.3	133.5	106.6
	西部地区	227.9	105.2	103.8

(五)化学品投入与"三品一标"的关系

总体而言,通过"三品一标"认证的农产品其化学品投入明显低于未通过"三品一标"认证的农产品,表明"三品一标"认证能够促进化学品减量施用,对于改善农业生产方式具有重要意义。由表1-15可以看出,除了在经济作物生产过程中的农膜投入之外,通过"三品一标"认证的农业经营主体在粮食作物和经济作物上的化肥、农药、农膜投入均低于未通过"三品一标"认证的农业经营主体。具体而言,通过"三品一标"认证的农业经营主体生产粮食作物时其亩均化肥、亩均农药、亩均农膜投入金额分别为135.9元/亩、52.4元/亩和18.6元/亩,比未通过"三品一标"认证的农业经营主体化肥、农药和农膜每亩投入依次低18.2%、27.4%和13.4%;通过"三品一标"认证的农业经营主体生产经济作物时其亩均化肥、亩均农药投入金额分别为338.4元/亩和169.7元/亩,比未通过"三品一标"认证的经营主体化肥、农药每亩投入低8.7%和6.7%。

表1-15　2018年化学品投入与"三品一标"农产品生产的关系

(单位:元/亩)

作物类型	化学品投入	通过	未通过	均值差(未通过—通过)
粮食作物	化肥	135.9	166.1	30.2
	农药	52.4	72.2	19.8
	农膜	18.6	21.5	2.9
经济作物	化肥	338.4	370.6	32.2
	农药	169.7	181.9	12.2
	农膜	183.6	134.8	−48.8

二、绿色技术采纳情况

在绿色技术采纳方面,新型农业经营主体在节水灌溉技术、测土配方施肥技术与病虫害绿色防控技术方面均优于普通农户,是采纳绿色技术的主力军。绿色技术的使用需要具备较高的技术水平与资金实力,普通农户往往由于资源禀赋约束缺乏足够的能力采纳绿色技术,而新型农业经营主体则能够凭借雄厚的资金实力与专业的技术经验破除资源禀赋限制,成为采纳绿色技术的主要力量。此外,绿色技术的采纳对新型农业经营主体农产品质量有一定的影响,采用绿色技术的新型主体生产"三品一标"农产品的概率高于未采用的主体。

(一)节水灌溉技术采纳情况

1. 新型农业经营主体为应用节水灌溉技术的重要力量,采纳比例远高于普通农户

由图1-10可以看出,2017年新型农业经营主体为节水灌溉技术的主力军,占比为32.35%,而仅有4.8%普通农户采用了节水灌溉技术。从增长趋势来看,从2017年到2018年,新型农业经营主体的采纳比例降低了10个百分点,但相比于普通农户仍有一定优势。随着国家对新型农业经营主体重视程度的加深,新型主体基础设施建设日益完善,灌溉设备更加节水高效,对节水灌溉技术的采纳产生了一定的替代作用,使得新型农业经营主体节水灌溉技术采纳比例降低。

2. 合作社成为采用节水灌溉技术最积极的新型农业经营主体

由图1-11可以看出,2018年有三成的合作社采纳了节水灌溉技术,成为应用节水灌溉技术最积极的新型农业经营主体;其次为家庭农场,有两成的主体选择应用节水灌溉技术进行生产;专业大户采纳比例为8.94%,在新型农业经营主体中比例最低。

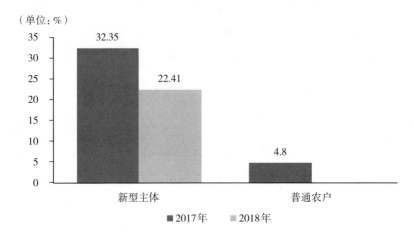

图 1-10　2017—2018 年节水灌溉技术采纳情况

注:2018 年回答此问题的普通农户样本极少,参考意义较小。

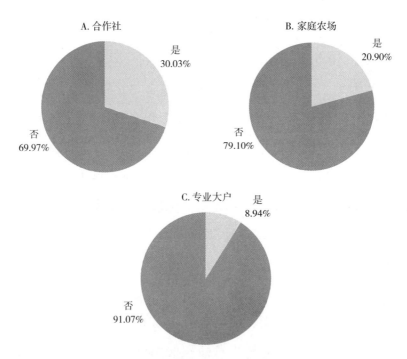

图 1-11　2018 年各经营主体节水灌溉技术采纳情况

3. 节水灌溉技术的采纳对于高质量农产品的生产具有促进作用

根据调查结果（见表1-16），总体上采纳节水灌溉技术的新型农业经营主体通过"三品一标"认证的概率为50%，比未采用该技术的新型主体生产"三品一标"农产品的概率高出了14个百分点，并且这一差异在1%的水平上具有统计显著性，表明采用节水灌溉技术的主体生产"三品一标"农产品的可能性更高，更倾向于生产高品质农产品。其中专业大户高出了38个百分点，合作社高出了13个百分点，虽然采纳该技术的家庭农场"三品一标"认证比例有所下降，但是这一差异并不具备统计显著性，表明采纳节水灌溉技术对家庭农场并无显著负向影响。

表1-16 节水灌溉技术采纳对"三品一标"农产品生产的影响

（单位:%）

主体类型	采用	未采用	均值差（采用—未采用）	T值
合作社	59	46	13	3.70
家庭农场	23	32	9	-1.19
专业大户	62	24	38	2.73
新型主体合计	50	36	14	4.65

注:均值差与T值为剔除省份影响后的结果。下同。

（二）测土配方施肥技术采纳情况

1. 新型农业经营主体的测土配方施肥技术采纳情况略优于普通农户

从图1-12可以看出，在2018年采访到的家庭农场与专业大户样本中，新型农业经营主体采纳测土配方施肥技术的比例为50.66%，比普通农户高出6个百分点。具体来看，家庭农场和专业大户旗鼓相当,2018 年家庭农场采纳比例为 51.13%,专业大户采纳比例为 50.17%。

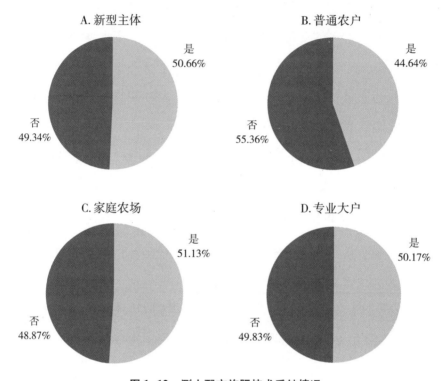

图 1-12　测土配方施肥技术采纳情况

2. 测土配方施肥技术对新型农业经营主体和普通农户"三品一标"农产品的生产具有一定的相关性

采纳测土配方施肥技术的新型农业经营主体生产"三品一标"农产品的概率为 30%,相较于未采纳该技术的主体高出 2 个百分点,但这一差异并不具备统计显著性,表明虽然测土配方技术的采纳与"三品一标"农产品的生产具有一定的正相关性,但是相关程度并不高。对于普通农户而言,采纳该技术的主体通过"三品一标"认证的概率相较于采纳该技术的主体下降了 11 个百分点,但这一差异同样不具备统计显著性。

表 1-17　测土配方施肥技术采纳对"三品一标"农产品生产的影响

（单位：%）

主体类型	采用	未采用	均值差（采用—未采用）	T 值
家庭农场	31	32	-1	-0.99
专业大户	30	24	6	0.77
新型主体合计	30	28	2	0.03
普通农户	8	19	-11	-0.62

（三）病虫害绿色防控技术采纳情况

1. 新型农业经营主体与普通农户对病虫害绿色防控技术的采纳情况差别较小，并未见明显优势

从图 1-13 可以看出，2018 年，半数的新型农业经营主体采纳了病虫害绿色防控技术，普通农户同样为半数采纳。具体来看，2018 年家庭农场采纳比例为 57.23%，而专业大户为 47.42%。

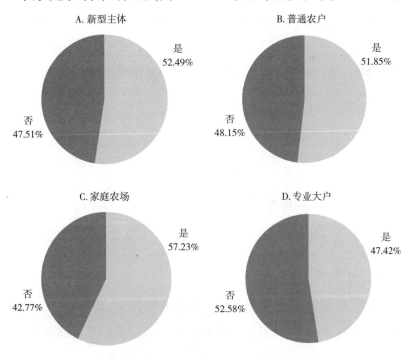

A. 新型主体
是 52.49%
否 47.51%

B. 普通农户
是 51.85%
否 48.15%

C. 家庭农场
是 57.23%
否 42.77%

D. 专业大户
是 47.42%
否 52.58%

图 1-13　病虫害绿色防控技术采纳情况

2. 病虫害绿色防控技术对新型农业经营主体的"三品一标"认证具有一定的关联性

相较于未采用病虫害绿色防控技术的新型农业经营主体,采纳该技术的新型农业经营主体生产"三品一标"农产品的概率高出 2 个百分点,其中专业大户高出 5 个百分点,家庭农场则低出 2 个百分点,但是三者均未通过显著性检验,表明采纳病虫害绿色防控技术与"三品一标"农产品的生产具有一定的相关性,但是该技术对新型农业经营主体"三品一标"生产的影响力度有限。对于普通农户而言,采纳该技术的主体通过"三品一标"认证的概率相较于未采纳该技术的主体降低了 1 个百分点,并且通过了 1% 的显著性检验,表明病虫害绿色防控技术的采纳对普通农户"三品一标"农产品的认证产生了消极作用。

表 1-18　病虫害绿色防控技术采纳对"三品一标"农产品生产的影响

（单位:%）

主体类型	采用	未采用	均值差（采用—未采用）	T 值
家庭农场	30	32	-2	-0.29
专业大户	30	25	5	0.23
新型主体合计	30	28	2	0.45
普通农户	14	15	-1	2.87

（四）龙头企业绿色技术采纳情况

1. 农业产业化龙头企业在一定程度上采纳了绿色技术,但尚且存在进步空间

农业产业化龙头企业在绿色技术采纳方面主要表现为是否采用化肥减施技术、是否使用绿色农药以及是否进行土壤环境修复。由图 1-14 可以看出,在 2018 年进行调查的龙头企业中,均有四成

左右的主体采用了上述三种技术,存在进步空间。在三种绿色技术中,龙头企业对于使用绿色农药的认可度最高,比例达到了42.59%,高出化肥减施技术近6个百分点。值得注意的是,目前龙头企业已经比较重视对土壤环境的保护,除了在化肥、农药施用方面有所改善外,已经有41.78%的龙头企业对土壤环境进行了修复。

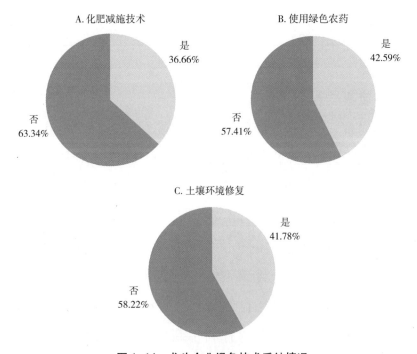

A. 化肥减施技术

是 36.66%

否 63.34%

B. 使用绿色农药

是 42.59%

否 57.41%

C. 土壤环境修复

是 41.78%

否 58.22%

图 1-14 龙头企业绿色技术采纳情况

2. 农业产业化龙头企业绿色技术的采纳与"三品一标"农产品的认证并无明显相关性

根据表 1-19,相较于未采用绿色技术的龙头企业,采纳化肥减施技术、使用绿色农药、进行土壤环境修复的主体生产"三品一标"农产品的概率差别较小,分别为 4 个百分点、5 个百分点和 6 个百分点,且除了土壤环境修复在 5% 的水平上具备统计显著性之外,其余技术差异并不显著,说明绿色技术的采纳对龙头企业进行"三品一标"认证的概率并无显著影响。

表1-19 龙头企业绿色技术采纳对"三品一标"农产品生产的影响

（单位:%）

技术类型	采用	未采用	均值差（采用—未采用）	T值
化肥减施技术	87	91	−4	−1.52
使用绿色农药	87	92	−5	−1.62
土壤环境修复	86	92	−6	−2.12

三、废弃物再利用情况

总体而言,新型农业经营主体是对废弃物进行再利用的主要力量,其农业有机废弃物再利用比例与牲畜粪便再利用比例均明显高于普通农户。一般而言,废弃物再利用需要特定的路径,这意味着对专用设备的投入。因此,在小农户分散经营且资金不足的情况下,加之专用设备的资产不可分性,对其进行投资并非理性选择。相较之下,新型农业经营主体进行专用设备投入则更具备可行性,因此其废弃物再利用比例高于普通农户。此外,农业有机废弃物及牲畜粪便的再利用均有利于新型农业经营主体"三品一标"农产品的生产,能够促进农产品质量提升。

（一）农业有机废弃物再利用情况

1. 新型农业经营主体对农业有机废弃物的再利用比率高于普通农户,但普通农户发展态势优于新型农业经营主体

由图1-15可以看出,2018年新型农业经营主体为对农田秸秆、枝桠、树叶、加工边角料等农业有机物进行再利用的主力军,占比为27.57%;普通农户仅有11.33%的主体对农业有机物进行再

利用,相较于普通农户,新型农业经营主体高出了 16 个百分点。从增长趋势来看,从 2017 年到 2018 年,新型农业经营主体对农业废弃物的再利用比例有所下降,从三成以上降为不足三成;而普通农户对于再次利用农业有机废弃物的重视程度有所加强,由 2017年的 8.6% 增长到 2018 年的 11.33%。

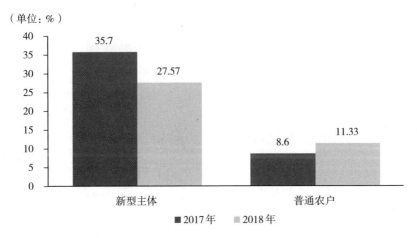

图 1-15　2017—2018 年农业有机废弃物再利用情况

2. 在新型农业经营主体内部,专业大户中进行有机废弃物再利用比例最高

根据图 1-16 可知,2018 年调查的专业大户中平均有 30.33% 的主体对农业有机废弃物进行再利用,家庭农场中有 24.37% 的主体进行再利用。

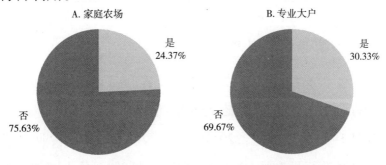

图 1-16　2018 年新型农业经营主体农业有机废弃物再利用情况

3. 农业有机废弃物再利用是影响新型农业经营主体"三品一标"农产品生产的重要因素,对普通农户影响并不明显

由表1-20可以看出,进行农业有机废弃物再利用的新型农业经营主体通过"三品一标"认证的概率为34%,相较于未进行农业有机废弃物再利用的新型主体高出15个百分点,其中家庭农场高出15个百分点,专业大户高出16个百分点,且三者均在1%的水平上具有统计显著性,说明进行农业有机废弃物再利用的主体生产"三品一标"农产品的可能性更高,农业有机废弃物再利用促进了"三品一标"农产品的生产。但目前新主体农业有机废弃物再利用的比例偏低,不足以促进农产品质量水平的提升。对普通农户而言,进行农业有机废弃物再利用的主体通过"三品一标"认证的概率并未见长,且并未通过显著性检验,农业有机废弃物再利用对普通农户"三品一标"的认证影响不大。

表1-20 农业有机废弃物再利用对"三品一标"农产品生产的影响

（单位:%）

主体类型	是	否	均值差（是—否）	T 值
家庭农场	41	26	15	5.64
专业大户	30	14	16	4.94
新型主体合计	34	19	15	7.64
普通农户	6	15	-9	-1.57

（二）牲畜粪便再利用情况

1. 新型农业经营主体在牲畜粪便再利用方面恶化明显,普通农户成为牲畜粪便再利用的主力军

由图1-17可以看出,2017年有近八成的新型农业经营主体对牲畜粪便进行再利用,高出普通农户31个百分点;2018年新型

农业经营主体的领先优势进一步扩大,高出普通农户42个百分点。从增长趋势来看,从2017年到2018年,新型农业经营主体对牲畜粪便的再利用比例有所上升,由77.1%增加到85.22%,上升了8个百分点;而普通农户对牲畜粪便的再利用比例略有下降由2017年的46%下降到2018年的42.86%,下降幅度较小。

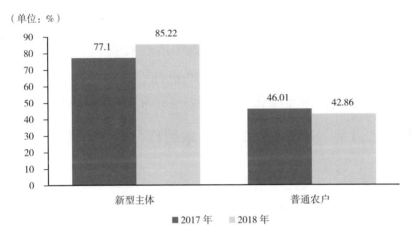

（单位：%）

图1-17　2017—2018年牲畜粪便再利用情况

2. 在新型农业经营主体内部,家庭农场是进行牲畜粪便再利用的主力军

由图1-18可以看出,2018年有九成的家庭农场对牲畜粪便进行处理利用,而专业大户不足八成,家庭农场高出专业大户12个百分点。

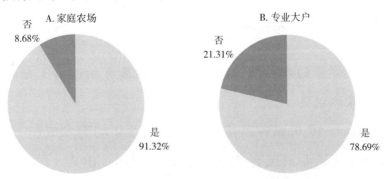

图1-18　2018年新型农业经营主体牲畜粪便再利用情况

3. 牲畜粪便的再利用对于"三品一标"农产品的认证有积极的促进作用

根据表1-21,对牲畜粪便进行再利用的新型农业经营主体通过"三品一标"认证的概率为38%,而不进行牲畜粪便再利用的新型主体通过认证的概率仅为27%,两者相差11个百分点,且这一差异在10%的水平上具备统计显著性,其中家庭农场高出19个百分点,专业大户高出10个百分点,表明进行牲畜粪便再利用的新型主体通过"三品一标"认证的概率更高,农产品质量更高。此外,进行再利用的普通农户相较于不进行再利用的主体高出了8个百分点,但是不具备统计显著性,表明牲畜粪便再利用对其"三品一标"生产影响不大。

表1-21 牲畜粪便再利用对"三品一标"农产品生产的影响

(单位:%)

主体类型	是	否	均值差(是—否)	T值
家庭农场	48	29	19	0.51
专业大户	35	25	10	0.67
新型主体合计	38	27	11	1.66
普通农户	25	17	8	1.22

(三)龙头企业废弃物再利用情况

1. 大部分的农业产业化龙头企业对废弃物进行了循环利用,且比例基本稳定

由图1-19可以看出,2017年与2018年均有六成左右的农业产业化龙头企业对废弃物进行了循环利用。由表1-22来看,与2017年相比,2018年大部分龙头企业对废弃物的综合利用率基本

不变,或略微波动。

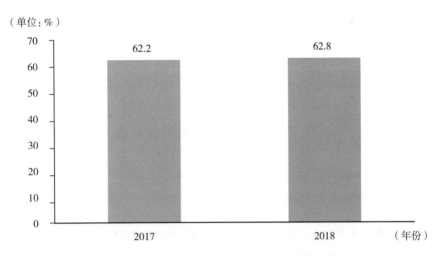

（单位：%）

图 1-19　2017—2018 年龙头企业废弃物再利用情况

表 1-22　2017—2018 年龙头企业废弃物综合利用率变动情况

（单位：%）

年份	显著下降	略微下降	基本不变	略微上升	显著上升
2017	3.36	4.48	70.31	20.17	1.68
2018	7.28	24.53	52.56	8.89	6.74

2. 农业产业化龙头企业是否进行废弃物再利用与"三品一标"农产品的认证并无明显关联

根据调查结果,对废弃物进行再利用的龙头企业生产"三品一标"农产品的概率为 89%,相比于不进行再利用的主体生产"三品一标"农产品的概率略低出 2 个百分点,且不具备统计显著性,表明是否进行废弃物再利用与龙头企业"三品一标"认证概率并明显相关性。

四、进一步讨论

综上所述,新型农业经营主体的绿色化发展路径对于农产品质量的提升具有一定的促进作用。其中,绿色化发展手段可细分为化学品减量投入、节水灌溉技术采纳、测土配方施肥技术采纳、病虫害绿色防控技术采纳、农业有机废弃物再利用和牲畜粪便再利用。除化学品减量投入之外,按照新型农业经营主体的采纳情况和各个手段对"三品一标"农产品生产的促进效果的排序情况见表1-23。

表1-23　绿色化发展手段采纳情况和效果的排序情况

绿色化发展手段	合作社		家庭农场		专业大户		新型主体	
	发展情况	提升效果	发展情况	提升效果	发展情况	提升效果	发展情况	提升效果
节水灌溉技术	1	1	5	5#	5	1	2	2
测土配方施肥技术	—	—	3	3#	2	4	4	5
病虫害绿色防控技术	—	—	2	4#	3	5	3	4
农业有机废弃物再利用	—	—	4	1	4	2	5	1
牲畜粪便再利用	—	—	1	2	1	3	1	3

注:从1至5进行排序,其中1为最大,5为最小。由于龙头企业相较于其他主体措施差别较大并未列示。#表示该手段对高品质农产品的生产不具有促进效果。

由此可以看出,总体而言各类绿色化发展方式对于农产品质量均具有一定的提升作用,但是新型农业经营主体对于一些能够明显提升农产品质量的手段采纳较少,需要进一步改善与优化。其中,合作社需要继续发展节水灌溉技术,家庭农场需要继续推进农业有机废弃物再利用与牲畜粪便再利用,专业大户需要着重发展节水灌溉技术、农业有机废弃物再利用与牲畜粪便再利用。

第四节　新型农业经营主体农产品
组织化发展情况

提升农产品品质需要走特色化发展路径,要深入开展特色农林产品种质资源保护,挖掘特色农业文化价值,打造一批彰显地域特色、体现乡村气息、承载乡村价值、适应现代需要的特色产业,形成一批具有鲜明地域特征、深厚历史底蕴的农耕文化名片。推进特色产业精准扶贫,促进贫困群众从产业发展中获得持续稳定收益。本部分从组织化发展角度出发,从标准化生产、产业链整合与质量控制手段三个方面,对新型主体的情况进行介绍,并探究三者与"三品一标"农产品生产的关系。

一、标准化生产

总体而言,标准化生产可以有效控制生产的每个环节,进而保障产出农产品的质量,对于提高农产品质量具有十分重要的作用。目前新型经营主体进行标准化生产的热情是比较高的,但是由于政界和学术界对于标准化生产环节与标准没有形成一个统一完整的体系,各类新型主体所执行的标准不同,实施的具体措施也不同,在市场上不能形成统一的产品等级划分,影响了高品质农产品的定价。标准化生产的收益潜力仍有待进一步挖掘。

（一）实施标准化生产显著有利于"三品一标"农产品的生产，且这种促进效果在西部地区更加明显

由表1-24可以看出，实施标准化生产中"三品一标"生产者的概率是48.91%，比未实施标准化的概率高出30.38个百分点，这一差异在1%的水平上具有统计显著性。此外，由表1-25可以看出，"三品一标"生产主体所实施的标准化措施数量也明显高于未进行"三品一标"生产主体所实施的标准化数量。"三品一标"生产主体所实施的标准化措施数量平均为1.07个，比未进行"三品一标"生产主体所实施的标准化措施数量高3.12倍，这一差异也在1%的水平上具有统计显著性。

表1-24 标准化生产的实施对"三品一标"农产品生产的影响

标准化生产	实施(%)	未实施(%)	均值差(实施—未实施)(%)	T值
东部地区	56.23	23.61	32.62	15.24
中部地区	41.88	13.62	28.26	12.76
西部地区	41.86	3.95	37.91	8.86
"三品一标"生产比重	48.91	18.53	30.38	20.53

表1-25 标准化生产措施数目对"三品一标"农产品生产的影响

标准化生产	生产(个)	未生产(个)	均值差(生产—未生产)	T值
东部地区	0.98	0.16	0.82	16.55
中部地区	1.05	0.36	0.69	9.75
西部地区	2.74	0.41	2.33	11.00
标准化措施数目	1.07	0.26	0.81	19.78

（二）新型经营主体具有较大热情进行标准化生产，是标准化生产的主导力量，且合作社更乐意进行标准化生产且标准化比例大幅增长

在调查的3664个有效样本中，有45.06%的新型主体进行了标准化生产，而传统农户进行标准化生产的仅占其总体的9.25%（见图1-20）。这也就是说在进行"三品一标"农产品生产的农业经营主体中，新型主体占了94.84%，传统农户仅占了5.16%。与此同时，可以发现，合作社是新型主体中标准化生产的中坚力量。近九成（88.75%）的合作社进行了标准化，比家庭农场、龙头企业、专业大户分别高出55.12个、35.84个、41.66个百分点（见图1-21）。

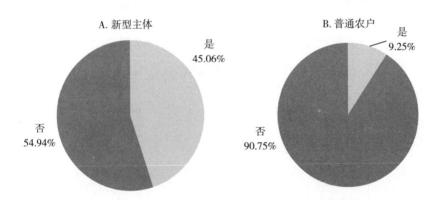

图1-20　2018年新型主体与传统农户标准化生产情况对比

（三）进行标准化生产的新型农业经营主体所执行的标准较为多样，其中执行最多的是农业行业标准

22.31%的新型主体执行农业行业标准，比国际标准、国家标准、地方标准、龙头企业标准、自有标准和其他标准分别高20.69个、13.23个、8.08个、16.41个、9.71个和21.58个百分点（见图1-22）。

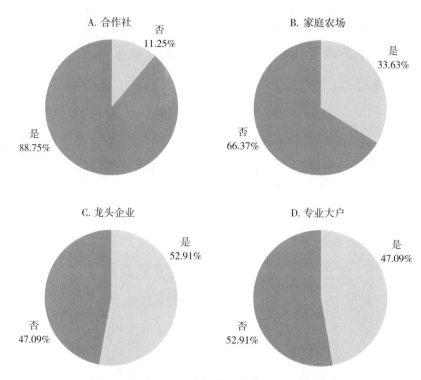

图1-21　2018年各类经营主体标准化生产情况

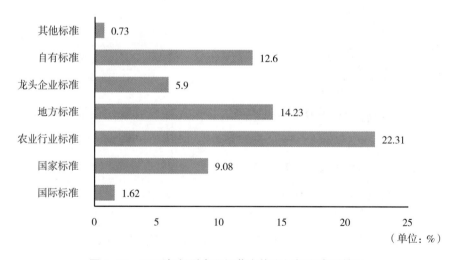

图1-22　2018年新型农业经营主体实行标准类别情况

（四）进行标准化生产的新型农业经营主体所实施的标准化手段也较为多样，其中使用最多的是规范农产品投入

在执行标准化生产中，19.79%的新型经营主体中实施了规范使用农产品投入，比完善产品标准体系、宣传培训标准化生产、检测农产品质量安全、建立农产品生产记录、其他等标准化手段分别多10.95个、9.85个、6.53个、8.84个和18.37个百分点（见图1-23）。

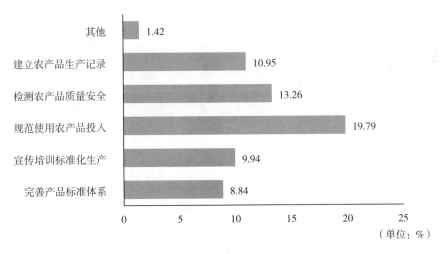

图1-23　2018年新型农业经营主体实行标准化手段情况

（五）执行标准化生产的新型经营主体对标准化生产总体持肯定态度，但标准化生产的优势尚有待进一步挖掘

虽然实施标准化使得总成本有所增加，但是产量、价格和销量也随之增加，总体而言，实施标准化有利于提高新型经营主体的盈利能力。由图1-24可以看出，在实施标准化的新型主体中，有47.35%的新型主体认为实施标准化后其成本增加（包括"稍有增加"和"明显增加"），但与此同时，分别约有54.94%、46.42%、

51.51%的新型主体认为实施标准化使得其产量、价格和销量增加。在对标准化对利润影响的总体评价中,约49.90%的新型主体认为实施标准化使得其利润增加。另外,分别有59.45%和58.24%的家庭农场和专业大户认为实施标准化生产还能提升其产品形象和市场竞争力(见图1-24)。

（单位：%）

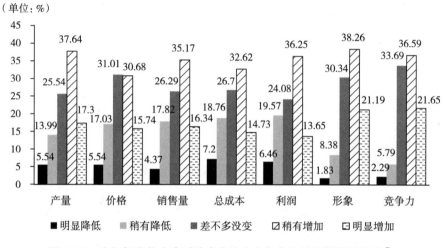

图1-24 实行标准化生产对涉农龙头企业与合作社经营绩效影响①

（六）新型农业经营主体未进行标准化生产的原因也较为多样化

未进行标准化生产的新型农业经营主体将其没有进行标准化的原因归结为实施标准化生产成本过高、当前经营规模不能达到标准化生产要求、政府对标准化生产的政策支持不足、生产者文化程度低、生产者年龄过大且接受能力较差、农户标准化意识不强且技术达不到要求、标准文本可操作性不强且执行难度大、优质不优

---

① 价格指的是销售价格,竞争力指的是市场竞争力。形象和市场竞争力只询问了家庭农场和专业大户。

价、标准化生产产品市场需求量不大、认证过程太麻烦且成本高、农产品市场信息服务体系不完善、推广人员缺乏且技术指导不能满足需求等，相应占比依次为 38.05%、36.84%、30.28%、27.18%、27.62%、30.94%、30.32%、35.98%、30.32%、35.05%、31.91%、33.84% 和 20.63%，各项原因占比差异不大。这一发现说明，在推进标准化生产过程中不应"一刀切"，应根据不同原因实施不同的政策措施，另外也应注重打政策组合拳，同时实施多种政策推动农业标准化（见图 1-25）。

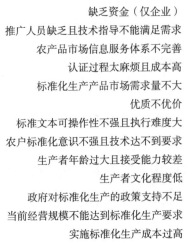
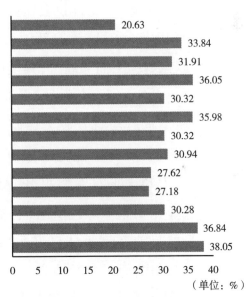

缺乏资金（仅企业）　20.63
推广人员缺乏且技术指导不能满足需求　33.84
农产品市场信息服务体系不完善　31.91
认证过程太麻烦且成本高　36.05
标准化生产产品市场需求量不大　30.32
优质不优价　35.98
标准文本可操作性不强且执行难度大　30.32
农户标准化意识不强且技术达不到要求　30.94
生产者年龄过大且接受能力较差　27.62
生产者文化程度低　27.18
政府对标准化生产的政策支持不足　30.28
当前经营规模不能达到标准化生产要求　36.84
实施标准化生产成本过高　38.05

0　5　10　15　20　25　30　35　40
（单位：%）

图 1-25　2018 年新型农业经营主体未实行标准化生产的原因

二、产业链整合

经营组织形式是影响农产品质量的又一重要因素。高效的经营组织形式可以迅速且精准地对接"小农户"与"大市场"，进而节约市场交易成本，为组织内各个个体提供有效的农业信息。调查数据显示,对于合作社来说,纵向协作能够为其提供有效的农业信息并匹配到具有高品质农产品生产能力和执行力的生产者以及能够提供高品质农产品销售的销售者,有利于其农产品质量提升的组织形式是"合作社+基地+农户""公司/加工龙头企业+合作社+农户""公司/加工龙头企业+合作社+基地+农户"以及"协会+合作社+农户"。对于龙头企业来说,纵向协作能够为其提供有效的农业信息并助其收到更高品质的原料,有利于其农产品提升的经营组织形式是"龙头企业+农户""龙头企业+基地+农户""公司+经纪人+农户""公司+合作社+农户""公司+村经济组织或协会+农户"以及"公司+政府部门+农户"。对家庭农场而言,其经营主要以家庭为主而非雇工,其生产能力有限但灵活度较高,因"不加入农民专业协会、合作社、农业龙头企业等经济组织"有利于农产品质量提升。对专业大户而言,其经营可以以雇工为主,其生产能力主要受户主能力的限制,其他新型主体的技术指导对其生产能力和水平有大幅提升效果,因"加入农民专业协会、合作社、农业龙头企业等经济组织"有利于农产品质量提升。总体来看,虽然目前新型主体已经采取了一些有利于农产品质量提升的组织形式,但是总体而言,经营组织形式有待于进一步的优化。

另外,开展订单农业可以令农业生产者有指向性的生产农产品且无须担忧销路,既有利于促进龙头企业和合作社"三品一标"农产品的生产,也有助于提升农产品质量。对于合作社、专业大户和龙头企业来说,越正式的合约形式越能够提升其生产积极性,签订正式合同要比口头约定更有利于农产品质量提升;而对家庭农场来说,由于其生产能力有限,不签订订单有利于提升其农产品质量。对于不同的收购对象,合作社组织与其社员的联系比下游收购单位更为紧密,监督成本也更小,因与社员间订单农业的开展对合作社"三品一标"农产品的生产的促进作用要强于下游收购单位,与农户间订单农业的开展对龙头企业"三品一标"农产品的生产的促进作用要强于合作社。总的来看,目前,订单农业开展普及率较高,但是在促进农产品质量提升方面作用有限。

(一)组织形式

1. 产业链整合是影响"三品一标"的重要因素

对于合作社而言,"合作社+农户"和"独立经营"这两种经营组织形式不利于"三品一标"农产品的生产,而"合作社+基地+农户""公司/加工龙头企业+合作社+农户""公司/加工龙头企业+合作社+基地+农户"以及"协会+合作社+农户"等经营组织形式则有利于"三品一标"农产品的生产。由表1-26可以看出,建立了"合作社+农户"经营组织形式的合作社生产"三品一标"农产品的概率为41.73%,比另外几种经营组织形式生产"三品一标"农产品的概率低了8.61个百分点,并且这一差异在5%的水平上具有统计显著性。"独立经营"的合作社生产"三品一标"农产品的概率比未建立这种经营组织形式的合作社生产"三品一标"农产品的概率低了13.62个百分点,但是这一差异并不显著。建立了"合作社+基地+农户""公司/加工龙头企业+合作社+农户""公司/加工龙头企业+合作社+基地+农户"等经营组织形式的合作社生产"三品一标"的概率比未建立相应经营组织形式的合作社生产"三品一标"农产品的概率依次高出

4.47 个、8.60 个、4.62 个百分点,但是这一差异并不显著。建立了"协会+合作社+农户"这种经营组织形式的合作社生产"三品一标"的概率比未建立的合作社生产"三品一标"农产品的概率高出 31.87 个百分点,并且其相应差异均在 1% 的水平上具有统计显著性。

表 1-26　组织经营模式对合作社"三品一标"农产品生产的影响

经营组织形式	实行（%）	未实行（%）	均值差（实行—未实行）（%）	T 值
合作社+农户	41.73	50.34	−8.61	−2.23
合作社+基地+农户	49.82	45.35	4.47	1.17
公司/加工龙头企业 + 合作社+农户	55.26	46.66	8.60	1.03
公司/加工龙头企业 + 合作社+基地+农户	51.52	46.90	4.62	0.52
协会+合作社+农户	77.78	45.91	31.87	3.27
合作社独立经营	34.55	48.17	−13.62	−1.95

对于家庭农场而言,"加入农民专业协会、合作社、农业龙头企业等经济组织"这种经营组织形式不利于"三品一标"农产品的生产。但是对于专业大户而言,"加入农民专业协会、合作社、农业龙头企业等经济组织"这种经营组织形式有利于"三品一标"农产品的生产。由表 1-27 可以看出,"加入农民专业协会、合作社、农业龙头企业等经济组织"的家庭农场比未建立相应经营组织形式的家庭农场生产"三品一标"农产品的概率低了 4 个百分点,但这一差异并不显著。"加入农民专业协会、合作社、农业龙头企业等经济组织"的专业大户比未建立相应经营组织形式的专业大户生产"三品一标"农产品的概率高出 22.75 个百分点,并且这一差

异在1%的水平上具有统计显著性。

表1-27　加入农民专业协会、合作社、农业龙头企业等经济组织
对"三品一标"农产品生产的影响

主体类型	实行（%）	未实行（%）	均值差（实行—未实行）（%）	T值
家庭农场	28.75	32.75	-4.00	1.68
专业大户	47.83	25.08	22.75	6.07

对于龙头企业而言，"完全靠自己"的经营组织形式十分不利于"三品一标"农产品的生产，"龙头企业+农户""龙头企业+基地+农户""公司+经纪人+农户""公司+合作社+农户""公司+村经济组织或协会+农户"以及"公司+政府部门+农户"的经营组织形式则对"三品一标"农产品的生产具有促进作用。由表1-28可以看出，未建立任何产业联结组织形式、完全依靠自己生产经营的龙头企业进行"三品一标"农产品生产的概率为79.27%，比不实行这种组织经营形式的龙头企业进行"三品一标"农产品生产的概率低了12.93个百分点，这一差异在1%的水平上具有统计显著性。而建立了"龙头企业+农户""龙头企业+基地+农户""公司+经纪人+农户""公司+合作社+农户""公司+村经济组织或协会+农户"以及"公司+政府部门+农户"经营组织形式的龙头企业进行"三品一标"农产品生产的概率依次为91.78%、94.12%、100.00%、90.91%、88.89%、100.00%，比未建立相应经营组织形式的龙头企业进行"三品一标"农产品生产的概率依次高出了6.45个、7.88个、12.84个、3.65个、1.51个、12.73个百分点，但是相应差异并不具有显著性。

表1-28　组织经营模式对龙头企业"三品一标"农产品生产的影响

经营组织形式	实行（%）	未实行（%）	均值差（实行—未实行）（%）	T值
完全靠自己	79.27	92.20	-12.93	-2.85
龙头企业+农户	91.78	85.33	6.45	1.36
龙头企业+基地+农户	94.12	86.24	7.88	1.27
公司+经纪人+农户	100.00	87.16	12.84	0.85
公司+合作社+农户	90.91	87.26	3.65	0.35
公司+村经济组织或协会+农户	88.89	87.38	1.51	0.13
公司+政府部门+农户	100.00	87.27	12.73	0.66

2. 现有经营组织形式总体上不利于农产品质量的进一步提升

结合上一小节的发现，目前专业大户仍以不利于"三品一标"农产品生产的经营组织形式为主，占比达到77.83%。在合作社的经营中，采用"合作社+农户""合作社独立经营"这两种不利于"三品一标"农产品生产的经营组织形式的合作社占比较高，总计达45.21%。在龙头企业的经营中，不利于"三品一标"农产品生产的"完全靠自己"的经营组织形式依然是主要形式，占比达37.27%；而在家庭农场的经营过程中，不利于"三品一标"农产品生产的"加入农民专业协会、合作社、农业龙头企业等经济组织"的经营组织形式仅占到了18.82%（见图1-26）。

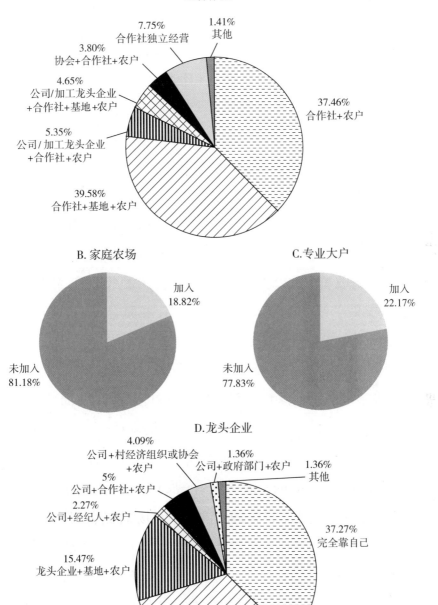

图 1-26 新型农业经营主体经营组织模式占比

（二）订单农业

1. 订单农业对"三品一标"农产品的生产有显著的正向影响

当合作社与上下游生产经营环节建立起了有效联结的时候，其进行"三品一标"农产品生产的概率就越高，并且建立联结的形式越正规以及联结对象的前置化其对"三品一标"农产品生产的促进作用就越强。由表1-29、表1-30、表1-31和表1-32可以看出，与没有与上游农户（社员）、与下游收购单位签订收购协议的合作社相比，签订收购协议的合作社进行"三品一标"农产品生产的概率要更高。此外，收购协议的正规性会大大影响收购协议对"三品一标"农产品生产的影响，相对于口头协议等非正规形式的收购协议，书面合同等正规形式的书面协议对"三品一标"农产品生产的影响更大。比如，与社员签订口头收购协议仅仅使得"三品一标"农产品的生产概率提高了9.92个百分点（$p<5\%$），而与社员签订书面收购协议则使得"三品一标"农产品的生产概率提高了20.24个百分点（$p<0.1\%$）；与下游收购单位达成口头收购协议也不能使得"三品一标"农产品生产概率提升，反而使其下降了16.33个百分点（$p<5\%$），而与下游收购单位签订书面收购协议则使得"三品一标"农产品生产概率提高了13.20个百分点（$p<0.1\%$）。对于家庭农场而言，与下游农业专业协会/合作社/农业龙头企业等组织签订订单使得"三品一标"农产品生产概率下降了，而不签订单则显著地促进了"三品一标"农产品的生产。对于专业大户而言，仅在与下游农业专业协会/合作社/农业龙头企业等组织签订书面收购协议才能促进"三品一

标"农产品的生产,口头协议和不签订协议均无促进作用。对于龙头企业而言,与下游农户或合作社签订书面收购协议也能使得其"三品一标"农产品生产概率增加 7.28 个或 5.51 个百分点(p>5%)。

表1-29　订单农业对合作社"三品一标"农产品生产的影响

订单农业参与情况	实行(%)	未实行(%)	均值差(实行—未实行)(%)	T 值
与社员签订收购协议(正式合同)	58.97	39.73	20.24	5.08
与社员签订收购协议(口头协议)	54.23	44.31	9.92	2.39
与社员间未签订收购协议	35.29	49.91	−14.62	−3.09
与下游收购单位签订收购协议(正式合同)	53.91	40.71	13.20	3.55
与下游收购单位签订收购协议(口头协议)	32.35	48.68	−16.33	−2.57
与下游收购单位未签订收购协议	43.40	49.65	−6.25	−1.64

表1-30　订单农业对家庭农场"三品一标"农产品生产的影响

订单农业参与情况	实行(%)	未实行(%)	均值差(实行—未实行)(%)	T 值
与农业专业协会/合作社/农业龙头企业等组织签订农产品收购协议(正式合同)	28.57	29.49	−0.92	−0.23
与农业专业协会/合作社/农业龙头企业等组织签订农产品收购协议(口头协议)	28.70	29.41	−0.71	−0.15
与农业专业协会/合作社/农业龙头企业等组织未签订农产品收购协议	42.77	26.47	16.30	4.13

表1-31 订单农业对专业大户"三品一标"农产品生产的影响

订单农业参与情况	实行(%)	未实行(%)	均值差(实行—未实行)(%)	T值
与农业专业协会/合作社/农业龙头企业等组织签订农产品收购协议(正式合同)	22.27	17.49	4.78	1.63
与农业专业协会/合作社/农业龙头企业等组织签订农产品收购协议(口头协议)	16.18	18.82	-2.64	-0.74
与农业专业协会/合作社/农业龙头企业等组织未签订农产品收购协议	11.36	19.50	-8.14	-2.26

表1-32 订单农业对龙头企业"三品一标"农产品生产的影响

订单农业参与情况	实行(%)	未实行(%)	均值差(实行—未实行)(%)	T值
与农户签订收购协议(正式合同)	92.21	84.93	7.28	1.56
与农户签订收购协议(口头协议)	78.79	91.08	-12.29	-2.55
与农户间未签订收购协议	90.00	86.01	3.99	0.86
与合作社签订收购协议(正式合同)	90.80	85.29	5.51	1.21
与合作社签订收购协议(口头协议)	78.38	89.25	-10.87	-1.83
与合作社未签订收购协议	87.88	87.10	0.78	0.17

2. 目前订单农业普及率比较高,但是该形式对高质量农产品生产的促进作用有限

目前,大多数新型主体都参与了订单农业,无论是合作社、家庭农场、龙头企业还是专业大户,参与订单农业的比例均超过半数(见图1-27)。但是结合上一小节的结论来看,目前仅有合作社

参与订单农业对"三品一标"农产品的生产有显著的促进作用，家庭农场、龙头企业和专业大户参与订单农业对"三品一标"农产品生产的作用并不显著，且部分方式不具有促进作用。家庭农场参与订单农业对"三品一标"农产品生产有不显著的抑制作用，龙头企业签订口头协议对"三品一标"农产品生产有显著的抑制作用，专业大户签订口头协议对"三品一标"农产品生产有不显著的抑制作用。因此，订单农业的实施并没有发挥到最大效用，仍有较大的改善空间。

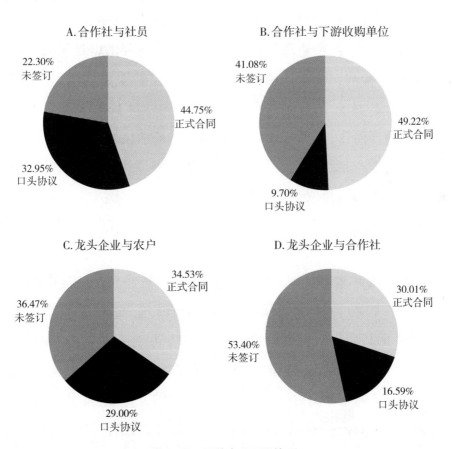

图1-27 订单农业开展情况

三、质量控制手段

在上游生产环节中将生产环节进行细分并在每一个生产环节严控,可以有针对性地改善农产品质量,因而上游生产环节的质量控制手段是影响农产品质量的重要因素。可追溯体系可以将生产过程中的每个环节追溯到个人,其建立有利于新型主体农产品质量的提升。总体而言,在可追溯体系建设方面,合作社目前可追溯体系建设情况有利于其农产品提升,而企业生产的原材料大多收购于市场,可追溯力度构建不足,亟须加大产品可追溯力度;在对上游生产者进行质量控制方面,新型主体的手段有待于进一步改善,许多有利于新型主体农产品质量控制手段并未得到充分应用;此外,质量检测以及政府监管等产后质量控制手段均对高质量农产品的生产具有正向促进作用,但在不同地区其效果略有不同。就质量检测而言,新型主体质量检测状况基本良好,有利于高质量农产品的生产;就政府监管而言,目前监管水平能在一定程度上促进新型主体高质量农产品的生产。

(一)可追溯体系

1. 实现产品可追溯对高质量农产品生产有积极的促进作用

对于无法对社员产品实现可追溯的合作社而言,其生产"三品一标"农产品的概率为 40.85%,比可对其社员产品进行追溯的合作社生产"三品一标"农产品的概率低了 6.96 个百分点,但是这一差异不具有显著性。而对于对产品无法追溯的龙头企业而言,其生产"三品一标"农产品的概率高达为 74.07%,比可以对产品追溯的龙头企业生产"三品一标"农产品的概率低了 15.22 个百分点,这一差异在 5% 的水平上具有统计显著性(见表 1-33 和表 1-34)。

表 1-33　合作社对社员产品可追溯性对"三品一标"农产品生产的影响

可追溯情况	是(%)	否(%)	均值差(是—否)(%)	T 值
总能追溯到	48.66	46.00	2.66	0.70
偶尔能追溯到	50.74	46.26	4.48	0.94
无法追溯到	40.85	47.81	−6.96	−1.12

表 1-34　龙头企业产品可追溯性对"三品一标"农产品生产的影响

可追溯情况	是(%)	否(%)	均值差(是—否)(%)	T 值
都可以	91.84	84.00	7.84	1.76
部分可以	88.14	87.20	0.94	0.19
少部分可以	84.62	88.04	−3.42	−0.58
都不可以	74.07	89.29	−15.22	−2.25

2. 目前合作社可追溯体系建设总体情况良好,但是企业有待于进一步加强

由图 1-28 可以看出,在所调查的龙头企业和合作社中,"无法追溯"的合作社仅占少数,而"无法追溯"的龙头企业占比较高。合作社对社员产品及龙头企业对其生产的产品无法追溯的情况分别仅占其所在主体的 14.06% 及 43.94%,合作社对其社员产品总能追溯的比重则分别为 59.01%,而龙头企业对产品完全可以追溯的比重仅占 12.11%。由此可见,可追溯是目前新型主体进行高质量农产品生产的一个重要积极因素。结合上一小节的发现,目前合作社在产品可追踪体系建设方面,有利于"三品一标"农产品生产的为多数,占比高达 85.94%;但是企业仍以不利于"三品一标"农产品生产的产品可追溯性为主,占比高达 70.41%。因此,企业需要进一步加强可追溯体系的建设。

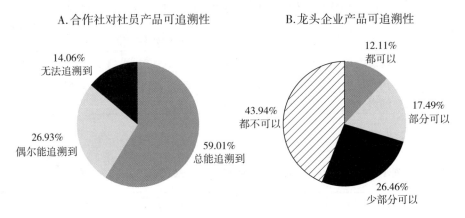

图1-28　合作社和龙头企业产品可追溯性

（二）产中质量控制

1. 对上游生产者采取相应的质量控制手段总体上可促进农产品质量提升，但是不同新型主体的部分手段不具有促进作用

合作社对社员采取的"种植前地理条件检验""生产中技术指导与服务""生产中进行监督""保存生产记录""收购时进行检测""销售时进行检测"等手段均显著地有利于合作社农产品质量提升，而采用"统一为社员购买化肥、农药等化学投入品"对合作社农产品质量提升并无显著影响。由表1-35可以看出，对社员采取的"种植前地理条件检验""生产中技术指导与服务""生产中进行监督""保存生产记录""收购时进行检测"等手段的合作社进行"三品一标"农产品生产的概率依次为59.04%、59.66%、63.50%、68.60%、58.89%，比未实施相应手段的合作社进行"三品一标"农产品生产的概率依次高出15.55%、21.44%、22.80%、25.89%、15.76%，并且这些差异均在1%的水平上具有统计显著性；对社员采取"销售时进行检测"比未实施相应手段的合作社进

行"三品一标"农产品生产的概率高出 9.51%,并且这一差异在 5%的水平上具有统计显著性;而对社员采取"统一为社员购买化肥、农药等化学投入品"比未实施相应手段的合作社进行"三品一标"农产品生产的概率低了 2.65%,但这一差异不具有显著性。

表1-35　合作社对社员农产品质量控制手段对其"三品一标"农产品生产的影响

控制手段	采用(%)	未采用(%)	均值差(采用—未采用)(%)	T值
种植前地理条件检验	59.04	43.49	15.55	3.54
统一为社员购买化肥、农药等化学投入品	46.17	48.82	-2.65	-0.68
生产中技术指导与服务	59.66	38.22	21.44	5.77
生产中进行监督	63.50	40.70	22.80	5.59
保存生产记录	68.60	42.71	25.89	5.29
收购时进行检测	58.89	43.13	15.76	3.69
销售时进行检测	54.29	44.78	9.51	2.19
不对社员农产品质量进行控制	16.67	50.55	-33.88	-5.57

而在龙头企业的农产品质量控制手段对农产品质量提升的影响均不显著,且总体上不具有促进作用。其中,龙头企业仅对合作社采取"统一施用公司提供种子、肥料、农药"这一手段对"三品一标"农产品的生产有促进作用,而龙头企业对合作社采取"按公司规定种植、施肥、打药"以及龙头企业对农户采取"统一施用公司提供种子、肥料、农药"和"按公司规定种植、施肥、打药"等手段均无法促进其农产品质量提升,且这种影响并不显著(见表1-36、表1-37)。这种结果的产生可能有两个原因:一是由于农业生产受自然条件影响较大,在农业生产过程中需要根据天气、作物的具体生长情况等因素调整种植、施肥、打药的时机和数量,而统一的规定并不一定适应农作物的不同生长情况,因而无法促进农产品质

量提升;二是相比于合作社,龙头企业与农户直接对接的管理成本、监督成本大大增加,且农产品质量无法得到有效保障,因而无法促进农产品质量提升。

表1-36　龙头企业对合作社农产品质量控制手段对其"三品一标"
农产品生产的影响

控制手段	采用(%)	未采用(%)	均值差(采用—未采用)(%)	T值
统一施用公司提供种子、肥料、农药	88.06	87.18	0.88	0.18
按公司规定种植、施肥、打药	84.91	89.74	-4.83	-1.09

表1-37　龙头企业对农户农产品质量控制手段对其"三品一标"
农产品生产的影响

控制手段	采用(%)	未采用(%)	均值差(采用—未采用)(%)	T值
统一施用公司提供种子、肥料、农药	85.33	91.78	-6.45	-1.36
按公司规定种植、施肥、打药	86.84	87.57	-0.73	-0.12

2.有利于农产品质量提高的上游生产环节质量控制手段的应用有待于进一步提升

首先,目前仍有10.19%的合作社未对社员农产品的生产采取任何质量控制手段;其次,对农产品质量不具有促进作用的针对社员的"统一为社员购买化肥、农药等化学投入品"这一质量手段被合作社应用的概率高达64.28%,而对农产品质量具有显著促进作用的针对社员的"种植前地理条件检验""生产中技术指导与服务""生产中进行监督""保存生产记录""收购时进行检测""销售时进行检测"等质量手段被合作社应用的概率均不足半数,分别为 23.35%、41.49%、28.13%、17.02%、25.32%、24.61%（见图1-29）。

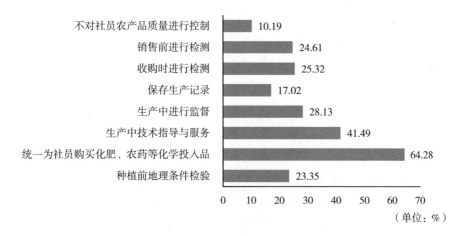

图 1-29　合作社质量控制手段分布情况

（三）产后质量检测

1.质量检测是影响农产品质量提升的重要因素,其中东部地区提升农产品质量与安全的最有效手段是设立质量检测制度,而成立质量检测部门和增加质量检测次数在中部地区的效果更加明显

成立质量检测部门、设立质量检测制度和增加质量检测次数均有利于龙头企业产品质量提升。具体而言,成立质量检测部门的龙头企业中产品通过"三品一标"的概率是60.00%,比未成立检测部门高出35.00个百分点,且这一差异在0.1%的水平上具有统计显著性;设立质量检测制度的龙头企业产品通过"三品一标"的概率是75.90%,比未设立检测部门的龙头企业高出36.61个百分点,且差异在0.1%的水平上具有统计显著性。通过"三品一标"龙头企业每年质量检测次数均值是6.56%,未通过"三品

一标"认证的龙头企业检测次数均值为6.07,两者差异不具有显著性(见表1-38)。

表1-38 质量检测对"三品一标"农产品生产的影响

质量检测	生产(%)	未生产(%)	均值差(生产—未生产)(%)	T值
东部地区	45.80	20.83	24.97	2.30
中部地区	86.54	33.33	53.21	2.52
西部地区	100.00	100.00	0	—
质量检测部门	60.00	25.00	35.00	3.57
东部地区	68.70	33.33	35.37	3.40
中部地区	88.46	66.67	21.79	1.09
西部地区	100.00	100.00	0	—
质量检测制度	75.90	39.29	36.61	4.14
东部地区(质检次数/年)	7.05	6.83	0.22	0.07
中部地区(质检次数/年)	4.04	2.00	2.04	0.63
西部地区(质检次数/年)	12.08	0.00	12.08	0.83
质量检测次数均值	6.56	6.07	0.49	0.20

2.目前新型农业经营主体质量检测体系总体较有利于农产品质量提升

由图1-30可以看出,在调查获取的223家龙头企业中,超过半数的龙头企业已成立质量检测部门,占比达到55.61%。建立质量管理制度的有159家,占比高达71.30%,相比于成立质量检测部门的占比高出15.69个百分点。

3.龙头企业年抽检次数和抽检费用差别很大,且西部地区更加注重产品质量检测

由表1-39可以看出,在调查的龙头企业中,每年的质量检测

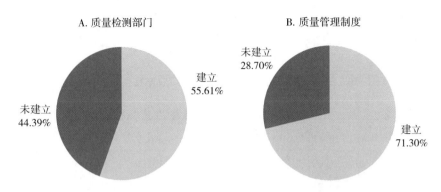

图 1-30　2018 年龙头企业质量检测情况

费用平均为 13.12 万元,每年的产品质量检测次数平均 6.5 次,但不同的龙头企业差别很大:龙头企业年检费用的中位数为 6 万元,但年最大值达到了 100 万元;龙头企业年检测次数的中位数为 3 次/年,但最大值达到了 100 次/年。

表 1-39　龙头企业产品质量检测年均费用和检测次数

产品质量检测	均值	中位数	最小值	最大值	样本量
东部地区(万元/年)	10.14	5	0	100	155
中部地区(万元/年)	18.22	15	0	100	55
西部地区(万元/年)	27.10	12	0.5	100	13
费用(万元/年)	13.12	6	0	100	223
东部地区(次/年)	7.02	3	0	100	155
中部地区(次/年)	3.93	3	0	30	55
西部地区(次/年)	11.15	5	0	40	13
次数(次/年)	6.50	3	0	100	223

4. 整体上看,政府抽检次数对龙头企业"三品一标"认证具有正向促进作用

进行"三品一标"农产品生产的龙头企业年抽检次数均值是

3.95次/年,未通过"三品一标"的龙头企业抽检次数均值为3.71,
两者差异不具有显著性(见表1-40)。

表1-40　政府监管抽检次数对"三品一标"农产品生产的影响

政府监管	生产	未生产	均值差(生产—未生产)	T值
东部地区(次/年)	3.81	4.13	-0.32	-0.39
中部地区(次/年)	4.00	1.00	3.00	1.71
西部地区(次/年)	5.25	2.00	3.25	0.87
抽检次数(次/年)	3.95	3.71	0.24	0.33

5. 目前政府抽检情况总体有利于农产品质量、安全水平提高

目前,政府对龙头企业进行抽检的频率较高,覆盖面也较广,
2018年接受政府抽检的龙头企业占比将近90%。并且抽检方式
以不定期抽检为主。在被抽检的龙头企业中,被不定期抽检的龙
头企业占到了55.61%;但目前抽检次数较低,被抽检次数在1—
10次的龙头企业占到86.73%,抽检10次以上的龙头企业仅占
3.06%(见图1-31)。

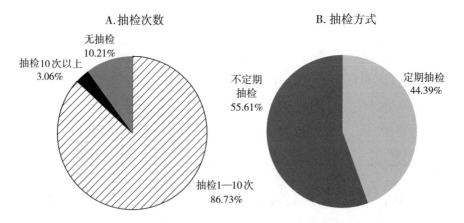

图1-31　2018年政府对龙头企业农产品抽检情况

四、进一步讨论

综上所述,新型农业经营主体的组织化发展手段对农产品质量提升均具有促进作用。组织化发展手段可细分为推进标准化生产、整合产业链、发展订单农业、建立可追溯体系、对上游生产环节进行质量控制、设立质量检测系统和加强政府监管,其按照新型主体的使用频率和各个手段对"三品一标"农产品生产的促进效果的排序情况(见表1-41)。

表1-41　组织化发展手段采纳情况和效果的排序情况

组织化发展手段	合作社		家庭农场		龙头企业		专业大户		新型主体	
	发展情况	提升效果	发展情况	提升效果	发展情况	提升效果	发展情况	提升效果	发展情况	提升效果
推进标准化生产	3	3	2	1	6	3	2	1	6	1
产业链整合	1	2	3	2#	3	2	3	2	7	3
发展订单农业	5	4	1	3#	4	6#	1	3	4	7
建立可追溯体系	4	5	—	—	5	5	—	—	3	6
对上游生产环节进行质量控制	2	1	—	—	2	7#	—	—	2	4
设立质量检测系统	—	—	—	—	3	1	—	—	5	2
加强政府监管	—	—	—	—	1	4	—	—	1	5

注:从1至7进行排序,其中1为最大,7为最小。#表示该手段对高品质农产品的生产不具有促进效果。

总体而言,各类组织化发展方式对于农产品质量均具有一定的提升作用,但是新型农业经营主体对于一些能够明显提升农产品质量的手段采纳较少,不足以充分发挥其改善农产品品质的重要作用,需要进一步提升使用比例。其中合作社需要继续发展订单农业、对上游生产环节进行质量控制;家庭农场需要继续推进标准化生产,并改变产业链整合与发展订单农业的方式方法;龙头企业需要继续推进标准化生产、进行产业链整合、设立质量检测并改变发展订单农业与对上游生产环节进行质量控制的方式方法;专业大户需要继续推进标准化生产,进行产业链整合。

第五节 新型农业经营主体农产品品牌化发展情况

提升农产品品质需要走品牌化发展路径。要大力推进农产品区域公用品牌、龙头企业品牌、农产品品牌建设,打造高品质、有口碑的农业"金字招牌";要广泛利用传统媒体和"互联网+"等新兴手段加强品牌市场营销,讲好农业品牌的中国故事。本部分从品牌建设情况、信息化平台建设情况以及销售渠道建设情况三个角度出发,对新型主体和普通农户的情况进行对比介绍,并探究三者与"三品一标"农产品生产与农产品质量提升的关系。

一、品牌建设情况

根据调查结果,新型农业经营主体品牌建设水平高于普通农户,其中龙头企业与合作社是品牌建设的主力军,并且西部地区自主品牌拥有占比高于东部地区和中部地区。品牌建设对"三品一标"农产品的生产具有显著影响。品牌是品质的证明,较高的品牌建设水平有利于农产品质量提升。然而目前新型农业经营主体和普通农户的品牌建设总体水平不高,对"三品一标"农产品的生产缺乏足够的推动力量,需要进一步加强自有品牌建设力度。

（一）新型农业经营主体是品牌建设的主要推动力量，但是其拥有自有品牌的总体比例不高且发展较为缓慢

相对于普通农户，新型经营主体拥有自主品牌的概率更高，2017 年高出普通农户的 16%，2018 年高出普通农户的 25%；但是总体而言，新型农业经营主体品牌建设力量不足，拥有自主品牌的主体仅占 20.49%（见图 1-32）。此外，从建设速度来看，从 2017 年到 2018 年，拥有自主品牌的新型农业经营主体仅仅增加了 6%，而普通农户则减少了 3%。

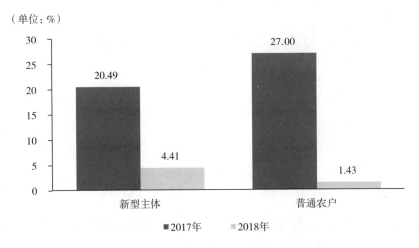

图 1-32　2017—2018 年品牌建设情况

（二）新型农业经营主体内部品牌建设情况差异较大，农业产业化龙头企业与合作社是进行品牌建设的主力军

根据图 1-33 可知，在 2018 年调查到的龙头企业样本和合作社样本中，拥有自有品牌的主体分别占到了 56.06% 和 59.35%，在家庭农场样本和专业大户样本中，拥有自有品牌的主体仅占到了

14.66%和5.59%，占比最高的合作社比占比较低的家庭农场和专业大户分别高出了45%和54%。

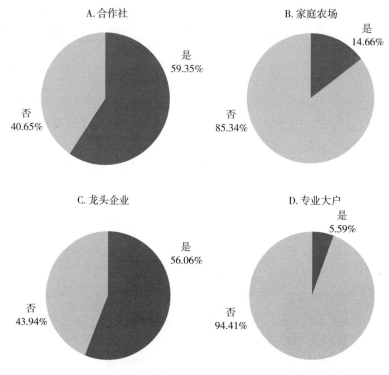

图1-33　2018年新型农业经营主体品牌建设情况

（三）新型农业经营主体现有品牌知名度范围有所扩展，且合作社品牌知名度的发展速度优于龙头企业的发展速度

根据调查结果，2017年各主体自有品牌知名度主要局限在县级范围内，且仍有不小比例的品牌暂无知名度，其中无品牌知名度或者品牌知名度在县级范围内的新型主体占比达到了59%，而品牌知名度在市级以及市级以上的新型主体占比仅为41%。2018年这一情况有明显改善，品牌知名度在市级以及市级以上的新型农业主体占比达到了55.15%，提升了14%（见表1-42）。此外，

相对于农业产业化龙头企业,合作社的品牌建设速度更快,2017
年龙头企业中品牌知名度在市级以及市级以上的比重为 63%,比
合作社品牌知名度在市级以及市级以上的比重高出了 25%,而到
2018 年合作社品牌知名度在市级以及市级以上的比重仅比龙头
企业低 2%。

表1-42 2017—2018 年新型农业经营主体品牌知名度范围分布

(单位:%)

范围	年份	合作社	龙头企业	新型主体合计
本县	2017	32.70	22.13	28.60
	2018	26.63	25.88	26.37
本市	2017	11.25	19.67	14.51
	2018	24.22	26.95	25.16
本省	2017	8.13	21.86	13.45
	2018	15.01	16.98	15.69
跨省	2017	7.96	21.04	13.03
	2018	15.16	12.67	14.30
暂无知名度	2017	39.97	15.30	30.40
	2018	18.98	17.52	18.48

(四)地区间自主品牌拥有占比存在差异,新型农业经营主体是进行品牌建设的主力军

西部地区和东部地区的自主品牌拥有占比分别为 26.14% 和
23.68%,高于中部地区的 18.62%,并且在拥有自主品牌的主体
中,新型农业经营主体占比最高,在东部地区和中部地区的占比均
超过 99%,在西部地区为 89.86%,如表1-43 所示。

表1-43 2016—2018年不同地区经营主体自主品牌拥有占比情况

（单位:%）

地区	自主品牌拥有占比	新型农业经营主体占比	普通农户占比
东部地区	23.68	99.38	0.62
中部地区	18.62	99.64	0.36
西部地区	26.14	89.86	10.14

（五）自有品牌建设对高质量农产品生产具有积极的促进作用,各主体现有品牌建设水平不足以发挥其促进作用,需要加强建设力度

根据表1-44可知,相对于没有自有品牌的生产经营主体,有品牌的经营主体进行"三品一标"农产品生产的概率更高,其中有品牌的新型农业经营主体比没有品牌的新主体生产"三品一标"农产品的概率高出36%,且这一差异的T值达到了19.42,在1%的水平上显著;有品牌的普通农户比没有品牌的普通农户生产"三品一标"农产品的概率高出4%。表明拥有自有品牌的主体通过"三品一标"认证的概率更高,更倾向于生产高质量农产品。此外,相较于普通农户,品牌建设水平对新型农业经营主体的影响更大。在新型农业经营主体中影响最为明显的是家庭农场和专业大户,有无品牌对两者"三品一标"农产品的生产均值相差30%且具备显著性。根据前述分析,目前新型主体与普通农户品牌建设水平均处在较低水平,不足以发挥对农产品质量的提升作用,仍旧有较大的提升空间。

表1-44　品牌有无对"三品一标"农产品生产的影响

（单位:%）

主体类型	有	无	均值差(有—无)	T 值
合作社	54	37	17	3.10
龙头企业	91	88	3	1.02
家庭农场	56	25	31	4.77
专业大户	46	17	29	5.59
新型主体合计	63	27	36	19.42
普通农户	18	14	4	1.00

二、信息化平台建设情况

信息化技术在提升农产品质量方面发挥着重要作用。发挥信息化作用的第一步是硬件基础设备——电脑的配备;其次为网络的完全接入,实现宽带网络的完全接入或 WIFI 全覆盖均有利于高质量农产品的生产;在满足信息化所需硬件及网络条件后,利用信息化技术进行新媒体平台的建设也会促进农产品质量的提升。信息化平台的建设不仅能够帮助农户了解更多的生产知识与技术经验,提升其生产经营水平,还能够通过信息的有效传递破除农产品市场的信息不对称现象,实现高质量产品的优质优价,从而提升农户生产优质农产品的积极性,促进农产品质量的提升。从目前新型主体信息化建设的现状来看,其硬件及网络建设态势良好,有利于农产品质量的提升,但利用信息化技术进行网络营销的能力依然不足,仍处于初级阶段,有较大的进步空间。

（一）信息化硬件设施建设

1. 新型农业经营主体信息化硬件设施配备状况优于普通农户，并且呈现出良好的发展态势

电脑是农业信息化的重要工具，调查结果显示（见图1-34），2018年已经有83.92%的新型农业经营主体至少配备一台电脑，高出普通农户38.09%。从发展趋势来看，新型农业经营主体的电脑配备率也有所提升，从2017年的76.37%提高到2018年的83.92%，增长了7.55%；普通农户的电脑配备情况则保持在四成以上，未见明显增长。

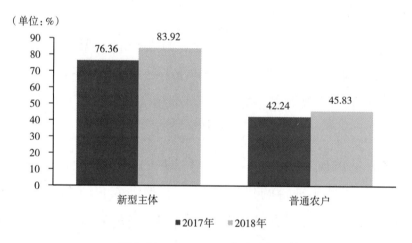

（单位：%）

图1-34 2017—2018年电脑拥有情况

2. 在新型农业经营主体内部，龙头企业与合作社电脑配备情况优于家庭农场与专业大户

根据图1-35可知，2018年农业产业化龙头企业与合作社的电脑拥有比率均在九成以上，分别99.19%与94.72%，而家庭农场与专业大户在七成以上，分别为77.07%与77.25%，龙头企业电脑配备比率高出家庭农场22.12%。

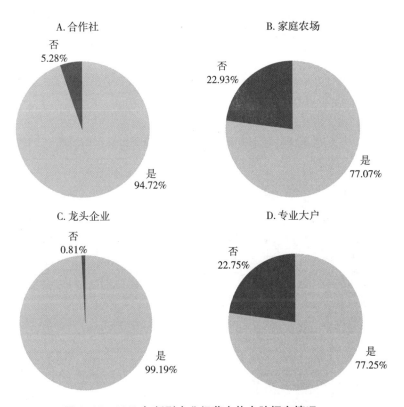

图1-35 2018年新型农业经营主体电脑拥有情况

3. 电脑的使用有利于促进"三品一标"农产品的生产,新型农业经营主体的电脑配备水平整体有利于农产品质量的提高

根据表1-45可知,是否拥有电脑是影响各类主体进行"三品一标"农产品生产的重要因素,拥有电脑的新型农业经营主体进行"三品一标"农产品生产的概率为42%,比没有电脑的新主体高出29%,且在1%的水平上显著。拥有电脑的普通农户进行"三品一标"农产品生产的概率比没有电脑的普通农户高出2%,但不具备统计显著性。相较于普通农户,电脑的使用对新型农业经营主体的促进作用更大。在新型农业经营主体内部,电脑的使用对合作社和家庭农场的促进作用更大,拥有电脑使得合作社和家

庭农场进行"三品一标"农产品生产的概率分别提高了25%和20%。根据前述分析,目前新型农业经营主体电脑配备水平相对较高,有利于"三品一标"农产品的生产,而普通农户的电脑拥有水平有待于进一步提升。

表1-45 电脑有无对"三品一标"农产品生产的影响 （单位:%）

主体类型	有	无	均值差（有—无）	T值
合作社	49	24	25	2.24
龙头企业	90	—	—	—
家庭农场	34	14	20	3.12
专业大户	21	10	11	1.82
新型主体合计	42	13	29	10.41
普通农户	15	13	2	0.26

注:不具备电脑的农业产业化龙头企业样本量较少,仅有3家,不具备比较意义。下同。

(二)网络接入情况

1. 目前新型农业经营主体网络建设较完备,且呈现出良好的发展态势

根据图1-36与图1-37可知,在2018年调查到的合作社样本和龙头企业样本中,全部接入宽带的比例分别达到了76.03%和89.76%,WIFI全部覆盖的比例分别达到了69.83%和83.83%,绝大部分新型农业经营主体均已接入宽带网络或实现WIFI全覆盖。

2. 固定宽带及移动网络的接入有利于"三品一标"农产品的生产,目前新型农业经营主体的网络接入水平有利于农产品质量的提升

由表1-46可以看出,在固定宽带全部接入的新型农业经营

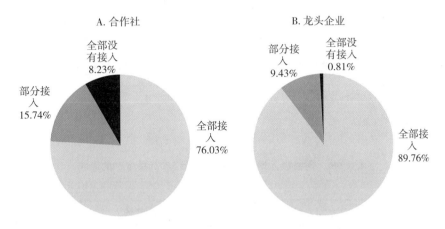

图 1-36　固定宽带接入情况

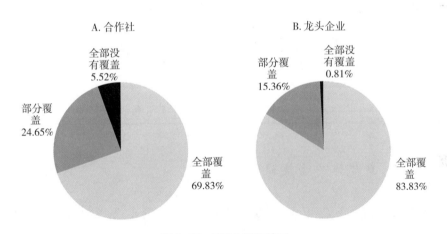

图 1-37　WIFI 覆盖情况

主体中,进行"三品一标"农产品生产的新主体所占比重为 62%,比完全未接入固定宽带的新主体进行"三品一标"农产品生产的概率高出 31%;在 WIFI 全部覆盖的新型农业经营主体中,进行"三品一标"农产品生产的新型主体所占比重为 62%,比完全没有覆盖 WIFI 的新型主体进行"三品一标"农产品生产的概率高出 41%。固定宽带接入情况与 WIFI 覆盖情况均说明进行网络接入的主体进行高质量产品生产的概率更高。此外,无论是固定宽带接入情况还是 WIFI 覆盖情况,对合作社的影响力度都很大,而龙头企业则由于未接入或者未覆盖的主体数量极少而不具备比较意义。根据前述数据,目前新型农业经营主体在固定宽带接入和 WIFI 覆盖方面已经较为完善,总体而言有利于"三品一标"农产品的生产。

表 1-46　网络接入情况对"三品一标"农产品生产的影响

（单位:%）

网络接入情况	主体类型	全部接入/覆盖	部分接入/覆盖	未接入/覆盖
固定宽带接入情况	合作社	44	74	27
	龙头企业	90	88	—
	新型主体合计	62	76	31
WIFI 覆盖情况	合作社	44	65	15
	龙头企业	90	86	—
	新型主体合计	62	70	21

(三)新媒体平台建设情况

1. 新型农业经营主体的新媒体平台建设水平总体而言不高,但已经有所提升

由图 1-38 可以看出,2018 年大部分合作社尚未建立起自有网站、微信公众号等新媒体平台,在所调查的样本中,建立起新媒体平台的合作社仅有 31.59%,相对而言龙头企业的建设比例略高,已经接近一半。从增长趋势来看,从 2017 年到 2018 年新媒体平台建设水平已经有所改善,其中合作社增长了 10%,龙头企业则增长了 4%。

2. 在新型农业经营主体内部,农业产业化龙头企业的新媒体平台建设水平优于合作社,但增速疲软

从图1-38可以看出,2017年进行新媒体平台建设的龙头企业高出合作社25.39%,2018年高出了17.47%。但从增长速度来看,从2017年到2018年,合作进行新媒体平台建设的主体增加了11.39%,但龙头企业仅有3.47%,相对于合作社增长缓慢。

（单位:%）

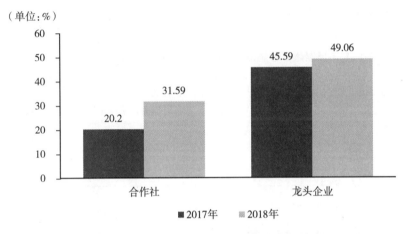

图1-38　2017—2018年新媒体平台拥有情况

3. 新媒体平台是影响"三品一标"农产品生产的因素之一,目前新型农业经营主体新媒体平台建设水平有待提升

自有网站、微信公众号等新媒体平台的建设促进了"三品一标"农产品的生产,设立自有网站、微信公众号等新媒体平台的合作社及龙头企业比未设立的主体生产"三品一标"农产品的可能性更高。由表1-47可以看出,设立自有网站、微信公众号等新媒体平台的合作社进行"三品一标"农产品生产的概率为50%,比没有设立的合作社高出了5个百分点;设立自有网站、微信公众号等新媒体平台的龙头企业进行"三品一标"农产品生产的概率则达到了92%,比没有设立的龙头企业高出了4个百分点。总体而

言,设立新媒体平台的新型农业经营主体相较于未设立的新型主体通过"三品一标"认证的概率高出 11 个百分点且在 1% 的水平上具备显著性,说明了新媒体平台建设对于提升农产品质量的促进作用。而根据前述数据分析,目前新型主体新媒体平台建设水平不高,仅有三成的合作社拥有新媒体平台,一半的龙头企业建设有新媒体平台,不足以发挥其提升农产品质量的重要作用,仍有较大的发展空间。

表 1-47   新媒体平台建设情况对"三品一标"农产品生产的影响

(单位:%)

主体类型	有	无	均值差(有—无)	T 值
合作社	50	45	5	1.03
龙头企业	92	88	4	1.49
新型主体合计	69	58	11	4.04

三、销售渠道建设情况

合作社和普通农户的销售渠道分布优于家庭农场和专业大户,但私人上门收购、合作社收购和市场销售仍然是各经营主体的重要销售渠道。销售渠道是影响"三品一标"农产品生产的因素之一,国有商业和供销社收购、农超对接、电商平台等方式农产品质量要求更高,且能够及时反馈消费者对于高品质农产品的需求信息,从而促进农户生产经营方式的改进,也有利于农产品质量提升。从目前销售渠道建设情况来看,各经营主体现阶段的销售渠道有待于进一步优化,大量主体仍以不利于"三品一标"农产品生产的私人上门收购和市场销售为主要销售渠道,长此以往不利于农产品质量提升。

（一）相对于家庭农场和专业大户，合作社和普通农户的销售渠道更为多样化，且层次更高

在 2018 年合作社的销售渠道分布中，批发市场、直供客户和客商上门是最主要的销售渠道，各渠道销售额在总销售额中的平均比重占到了 29.05%、26.13% 和 25.99%，此外，农贸市场，龙头企业，网上销售，出口客商上门，出口国外也是较为重要的销售渠道（见表 1-48）；在 2018 年的普通农户销售渠道分布中，各销售渠道分布较为平均，呈现出多样化趋势，除了较为传统的集市贸易、合作社销售之外，农超对接、电商平台等新型销售渠道已经占有一定的比重（见表 1-49）。对比之下，家庭农场与专业大户的销售渠道较为单一，私人商贩上门收购、集体和农民专业合作组织收购或代销、集市贸易自由出售是绝大部分农场和大户的主要销售渠道，以三者作为主要渠道的家庭农场和专业大户分别占到了 67.70% 和 66.63%，而以农超对接、电商平台等作为主要销售渠道的主体几近于无（见表 1-49）。

（二）私人上门收购、合作社收购和市场销售仍旧是各个农业经营主体的重要销售渠道

在合作社销售渠道中，客商上门和市场销售在销售额中占了较大比例，分别为 25.99% 和 52.69%，在家庭农场、专业大户和普通农户销售渠道中，以私人商贩上门收购、集体和农民专业合作组织收购或代销、集市贸易自由出售作为主要销售渠道的主体分别占到了 67.70%、66.63% 和 37.76%。网上销售或电商平台、对接超市等销售渠道在各主体中所占比例则较小，以电商平台和农超

对接作为主要销售渠道的家庭农场、专业大户分别只占 1.10%和1.61%。

表1-48 合作社各销售渠道销售额占总销售额比例 （单位:%）

渠道	比例
农贸市场	23.64
批发市场	29.05
龙头企业	22.73
对接超市	15.44
设专卖店	15.95
直供客户(如酒店)	26.13
出口客商上门,出口国外	16.34
网上销售(含微信、网店等)	17.28
客商上门	25.99
其他	27.89

表1-49 新型农业经营主体主要销售渠道 （单位:%）

渠道	家庭农场	专业大户	普通农户
国有商业、供销社收购	16.98	16.30	11.72
外贸、工业部门收购	9.15	13.36	11.72
集体和农民专业合作组织收购或代销	20.29	19.24	12.50
集市贸易自由出售	18.41	15.92	13.93
私人商贩上门收购	29.00	31.47	11.33
农超对接,直接销售给超市	0.99	1.42	11.85
通过电商平台(淘宝、微商等)销售	0.11	0.19	13.41
通过期货交易方式销售	0.00	0.09	13.41
其他销售渠道	5.07	1.99	0.13
合计	100.00	100.00	100.00

（三）产品销售渠道对农业经营主体"三品一标"农产品的认证有一定的影响，目前各主体主要销售渠道的分布不利于农产品质量提升

总体而言，从表1-50、表1-51、表1-52来看，目前以集市贸易自由销售、私人商贩上门收购作为主要销售渠道的农业经营主体生产"三品一标"农产品的概率比不以上述渠道为主要销售路径的农业经营主体生产"三品一标"农产品的概率低，而以国有商业和供销社收购、农超对接和电商平台作为主要销售渠道的农业经营主体生产"三品一标"农产品的概率比不以上述渠道为主要销售路径的农业经营主体生产"三品一标"农产品的概率高。根据前述数据分析，目前不利于"三品一标"农产品的集市贸易自由销售、私人商贩上门收购仍旧是大多数主体的主要销售渠道，而有利于家庭农场、专业大户进行"三品一标"农产品生产的国有商业和供销社收购、农超对接、电商平台并非多数经营主体的主要销售渠道，以上述三者作为主要销售渠道的家庭农场和专业大户分别只占据18.08%和17.91%。

表1-50　家庭农场产品主要销售渠道对"三品一标"农产品生产的影响

（单位:%）

渠道	是	否	均值差（是—否）	T值
国有商业、供销社收购	30	29	1	1.46
外贸、工业部门收购	25	30	-50	-0.72
集体和农民专业合作组织收购或代销	38	27	11	2.61
集市贸易自由出售	25	30	-50	-1.72
私人商贩上门收购	30	29	1	1.06

续表

渠道	是	否	均值差（是—否）	T 值
农超对接,直接销售给超市	44	29	15	0.34
通过电商平台(淘宝、微商等)销售	—	26	—	—
通过期货交易方式销售	—	29	—	—
其他销售渠道	9	30	−11	−0.82

注:以电商平台、期货交易作为主要渠道的家庭农场样本量极少,不具备比较意义。

表 1-51　专业大户产品主要销售渠道对"三品一标"农产品生产的影响

（单位:%）

渠道	是	否	均值差（是—否）	T 值
国有商业、供销社收购	22	18	4	0.75
外贸、工业部门收购	13	20	−7	−1.60
集体和农民专业合作组织收购或代销	20	18	2	0.30
集市贸易自由出售	18	19	−1	−0.34
私人商贩上门收购	16	19	−3	−0.81
农超对接,直接销售给超市	40	18	12	0.32
通过电商平台(淘宝、微商等)销售	50	18	32	0.39
通过期货交易方式销售	—	18	—	—
其他销售渠道	24	18	6	0.66

注:以期货交易作为主要渠道的专业大户样本量极少,不具备比较意义。

表 1-52　普通农户产品主要销售渠道对"三品一标"农产品生产的影响

（单位:%）

渠道	是	否	均值差（是—否）	T 值
国有商业、供销社收购	16	13	3	0.75
外贸、工业部门收购	21	13	8	1.62
集体和农民专业合作组织收购或代销	15	13	2	0.96
集市贸易自由出售	13	14	−1	−0.32
私人商贩上门收购	9	14	−5	−1.38
农超对接,直接销售给超市	15	13	2	0.22

续表

渠道	是	否	均值差(是—否)	T 值
通过电商平台(淘宝、微商等)销售	7	15	8	1.42
通过期货交易方式销售	15	14	1	0.58
其他销售渠道	—	14	—	—

注:以其他销售渠道作为主要渠道的普通农户样本量极少,不具备比较意义。

四、进一步讨论

综上所述,新型农业经营主体的品牌化发展路径对于农产品质量的提升具有一定的促进作用。其中,品牌化发展手段可细分为自有品牌建设、信息化硬件设施建设、固定宽带接入、WIFI 覆盖、新媒体平台建设。除销售渠道种类较多难以比较之外,按照新型农业经营主体在其他方面的表现情况和各个手段对"三品一标"农产品生产的促进效果的排序情况见表1-53。

表 1-53　品牌化发展手段采纳情况和效果的排序情况

品牌化发展手段	合作社		龙头企业		家庭农场		专业大户		新型主体	
	发展情况	提升效果	发展情况	提升效果	发展情况	提升效果	发展情况	提升效果	发展情况	提升效果
自有品牌建设	4	2	4	2	2	1	2	1	5	1
信息化硬件设施建设	1	1	1	—	1	2	1	2	3	2
固定宽带接入	3	4	3	4	—	—	—	—	2	4
WIFI 覆盖	2	3	2	3	—	—	—	—	1	5
新媒体平台建设	5	5	5	1	—	—	—	—	4	3

注:从1至5进行排序,其中1为最大,5为最小。

由此可以看出,总体而言,各类品牌化发展方式均能够促进农产品"三品一标"认证,对于农产品质量具有提升作用,但是新型农业经营主体对于一些能够明显提升农产品质量的手段采纳较少,不足以充分发挥其改善农产品品质的重要作用,需要进一步改善与优化。其中合作社需要着重进行自有品牌建设,龙头企业需要继续推进自有品牌建设和新媒体平台建设,家庭农场和专业大户需要着重发展进行自有品牌建设并兼顾信息化硬件设施建设。

第六节　农产品发展情况与进一步讨论

一、农产品发展情况

(一)新兴农业经营主体高品质农产品生产情况

总体而言,现阶段我国高质量农产品生产水平亟待提升。新型农业经营主体是高品质农产品生产的主力军,对高品质农产品生产的生产热情有趋涨之势,但除龙头企业的其他新型农业经营主体的高品质农产品销售呈现疲软态势;与此同时,新型农业经营主体也是新品种、新设备、新技术引进与研发的主力军,但是不同类型的新型农业经营主体的偏好侧重略有不同,其中合作社更倾向于引进新品种和新技术,家庭农场和专业大户对新品种和新设备的引进较多,而龙头企业对新技术的引进最多。从不同高品质农产品类型来看,当前新型农业经营主体高品质农产品的生产和销售主要以无公害农产品为主,质量有待于进一步提升;纵向来看,新型农业经营主体也在追求生产更高品质的农产品,相比于无公害农产品、绿色农产品,有机食品近五年的生产比例增幅最大。然而尽管高品质农产品的生产比例有所上升,但是生产规模大幅减少,其中绿色食品的生产规模减幅最多。这一方面是由于当前农业农村部农产品质量安全监管司停止了无公害农产品的认证工作,转而在全国范围内启动食用农产品合格证制度试行工作造成的;另一方面是由于大规模新型农业经营主体"三品一标"农产品的销售占比减少而小规模新型农业经营主体"三品一标"农产品的销售占比增加导致的两极分化格局造成。从地区来看,东部地区的高品质农产品的总体生产比例更高,但是西部地区生产的农产品品质更高,其销售额也更多。

(二)新型农业经营主体农产品绿色发展情况

新型农业经营主体在绿色化发展方面表现较好,但还有较大的提升空间。在化学品投入方面,新型农业经营主体对化学投入品的依赖性更弱且降幅明显。在绿色技术采纳方面,新型农业经营主体对节水灌溉技术的采纳情况较好。在测土配方施肥技术与病虫害绿色防控技术方面,虽然采纳占比较高,但对农产品质量提升效果较为有限。在废弃物再利用方面,推进农业有机废弃物再利用与牲畜粪便再利用对于农产品质量提升效果较好且采纳比例较高。

(三)新型农业经营主体农产品组织化发展情况

新型农业经营主体在组织化方面表现较好,但有待于进一步提升优化。在标准化生产方面,新型农业经营主体是标准化生产的主导力量,且标准化生产对提升农产品质量提升有促进作用,但是新型农业经营主体建设水平仍旧较低,有较大提升空间。在产业链整合方面,整合产业链对提升农产品质量提升有促进作用。新型农业经营主体在订单农业的展开方面发展较好,且开展订单农业对合作社、专业大户和龙头企业"三品一标"农产品的生产具有促进作用。在质量控制手段方面,设立质量检测系统有利于提升农产品质量,但是目前的建设水平仍有较大的提升空间。然而在建立可追溯体系、对上游生产环节进行质量控制和加强政府监管方面,新型农业经营主体的参与程度较高,但对农产品质量的提升效果较为有限。

(四)新型农业经营主体农产品品牌化发展情况

新型农业经营主体在品牌化发展道路上还需要大幅度提升。在品牌建设方面,自有品牌建设对于提升农产品质量具有促进作用,但是新型农业经营主体建设水平仍旧较低,有较大提升空间。在信息化建设方面,新型农业经营主体对信息化硬件设施以及网络覆盖的建设情况较好,能够显著促进农产品质量提升,但是在新媒体平台建设方面仍有较大的进步空间。在销售渠道建设方面,销售渠道的多元化发展有利于农产品质量的提升,新型农业经营主体在销售渠道建设方面仍旧任重而道远。

二、进一步讨论

基于上述主要结论,针对反映出的问题相应地提出下述 9 条政策建议。

(一)深入发展"两品一标"农产品

尽管无公害农产品认证与食用农产品合格证制度的衔接工作尚未完成,对高品质农产品的生产和销售造成了一定的冲击。但是为了提升农产品质量,需要大力扶持新型主体进行"两品一标"

认证并将高质量农产品更多地推向市场,尤其促进其更多地发展绿色、有机等更高层次的高质量农产品,可从资金、政策、技术培训等方面给予一定的支持。

(二)加强化肥、农药、农膜等化学投入品管控,提升利用效率

化学品减量施用能够促进农产品质量的提升,应积极引导新型农业经营主体与普通农户减少农药、化肥的使用,更多地转向果蔬有机肥、农家肥、生物防治等安全的方式,从源头上防范食品质量安全风险、确保优质农产品供给。

(三)加大相关科研投入,大力推广绿色技术

绿色技术的采纳能够促进农产品质量的提升,但是绿色技术采纳需要较高成本,因此,政府应该向采纳绿色生产技术的主体给予相关配套项目倾斜,对采纳绿色生产技术的主体增加财政、金融及税收优惠力度,以提升各主体对绿色技术的采纳意愿。另外,政府应建立健全农业担保体系,拓宽融资渠道,增加各经营主体获得贷款的机会,为其采用绿色生产技术提供资金支持,缓解资金约束。

(四)大力推进农业废弃物再利用,提升农业废弃物及牲畜粪便再利用水平

按照《国家质量兴农战略规划(2018—2022)》标准,到2022年,秸秆综合利用水平要达到86%,禽畜粪污综合利用率要达到75%,而2018年新型主体在这两方面分别相差58个百分点和60

个百分点,均需要长足发展。各级政府需要根据《规划》要求,以农业大县与畜牧业大县为重点,整县推进秸秆综合利用,整县推进禽畜粪污资源化利用,同时注重发挥新型农业经营主体的辐射带动作用。

(五)完善利益联结机制,完善组织经营形式,推动订单农业发展

鼓励新型主体积极参与"龙头企业+农户""合作社+龙头企业+农户""公司+合作社+农户""合作社+基地+农户""龙头企业+基地+农户""公司+(经纪人或协会)+农户""公司+贩销大户+农户"以及"合作社+基地+龙头企业+农户"的,积极开展订单农业,需加强引导和管理,充分发挥政府的作用,规范订单内容,完善订单的签订方式和管理规范。

(六)建立健全农产品全产业链上的质量控制手段

首先,要通过特定的经营组织模型整合产业链,大力发展订单农业与可追溯体系,加强对上游生产环节进行控制。其次,进一步推进标准化生产,全面推动质量检测系统建设。同时,继续发挥政府力量,加强政府监管力度,增加不定期抽检次数。

(七)继续推行农业品牌化战略,提升品牌建设数量与知名度水平

品牌建设对于提升农产品质量意义重大,然而当前各农业经营主体在品牌建设数量和品牌知名度上都不甚满意,因此需要加强品牌建设。提高新型主体的品牌化意识,激励其设立自有品牌

并加强品牌营销,政府可通过品牌农产品推介会和展览会以及打造区域特色农产品品牌等形式帮助建立品牌并扩大品牌影响力范围。

(八)规范农产品销售渠道,提升销售渠道的多样化水平

目前多数农业主体主要销售渠道仍旧为私人上门收购、市场销售等不利于农产品质量提升的渠道,下一步应当积极引导产品销往超市、批发市场等规范化程度更高的渠道,并鼓励新型主体与普通农户与电商平台对接,探索建设更加有利于农产品质量提升的销售渠道。

(九)根据新型农业经营主体的不同类型有针对性地改善和优化农产品质量提升措施

当前新型农业经营主体在绿色化、组织化、品牌化方面采取了多种多样的措施来提升农产品质量,但是总体提升效果欠佳。分析结果发现可能在于新型农业经营主体对于一些能够明显提升农产品质量的手段采纳较少,而对某些提升效果较差的手段采纳较多。因此需要对各项措施的经营方式或手段进行调整,针对各类新型农业经营主体,分析运用对其农产品质量提升效果更好的经营方式或手段。对合作社而言,需要继续发展节水灌溉技术、订单农业、对上游生产环节进行质量控制,着重进行自有品牌建设;对家庭农场而言,需要继续推进农业有机废弃物再利用与牲畜粪便再利用,改善标准化生产与订单农业发展的方式方法,着重发展进行自有品牌建设并兼顾信息化硬件设施建设;对龙头企业而言,需要继续推进标准化生产、进行产业链整合、设立质量检测,改变订

单农业发展与对上游生产环节进行质量控制的方式方法,继续推进自有品牌建设和新媒体平台建设;对于专业大户而言,需要着重发展节水灌溉技术、农业有机废弃物再利用与牲畜粪便再利用,继续推进标准化生产,进行产业链整合,进行自有品牌建设并兼顾信息化硬件设施建设。

第二章　新型农业经营主体农业新业态调查

第一节　研究背景

随着我国经济结构升级,各类新兴产业不断涌现,"新业态"这一概念也逐渐被引入农业领域。农业新业态是新型产业形态的农业,是现代农业的一种表现形式,具备与市场联系更紧密的基本特性。与传统农业相比,农业新生态转变传统观念,树立以工业的理念发展农业、以商业思维经营农业的现代化农业框架。市场的力量在农业新业态中发挥巨大作用,农业新业态依靠市场引导拓展提升了农业的产业内涵。与传统业态农业相比,农业新业态的农业产业形态、产业生态和经营方式都有所改变,尤其提高了农业与工业、信息、商贸、旅游服务业的关联度,并实现了一二三产业相互渗透、相互交融和相互支持。农业新业态是推进农村一二三产业融合的一个重要表现,有利于缓解我国农业附加值低、生产组织化程度不高、农民增收困难等政府和社会"三农"方面重点关注的问题。

在城镇化、工业化背景下,农村劳动力大量向城镇和非农领域转移,农业对专业化、规模化和集约化经营的需求越来越迫切。中央需要加快构建完善的新型农业经营体系,培育并推进新型农业经营主体的长效发展。新型农业经营主体的经营特征使其成为发展农业新业态的主力军。2020年中央"一号文件"提出,"重点培育家庭农场、农民合作社等新型农业经营主体,培育农业产业化联合体",让新型农业经营主体通过多种方式引导普通农户融入农业产业链。当下我国基础设施完善和市场需求转型为农业新业态提供了广阔空间。居民休闲旅游的需求、居民对高质量农产品的需求、电商日益提高的渗入程度和互动分享型电商销售模式的兴起为农业新业态提供了广阔平台。高效运输、信息技术和现代物流技术为农业新业态提供了技术支持。农业经营主体进行农业新业态的探索并提高农业附加值、带动农业经营方式变革,是我国经济社会发展成果对农业的红利,同时农业业态的创新反过来又继续促进全国经济社会的发展。

本章根据全国范围内新型农业经营主体调查数据,对我国农业新业态发展现状、新业态发展的影响因素和新业态发展的作用进行全面而系统的分析,以期为我国农业新业态的发展提供有益的借鉴。

第二节　农业新业态发展现状

一、农业新业态总体发展情况

加快转变农业发展方式、促进农业转型升级,这是我国发展现代农业的必经之路。农业新业态超越了传统农业发展的单一模式,融入了新的生产、经营、营销要素和技术,且与其他产业高度融合发展。随着农业新业态的不断深化发展,其越来越成为我国农业供给侧结构性改革和农业转型升级的重要抓手。总体来看,我国的农业新业态仍然处于发展的初级阶段,农业新业态主要集中在新型生产业态、新型流通业态,而象征着更高发展阶段的新型服务业态和新型融合业态涉及较少。且除了龙头企业之外,其他主体的农业新业态发展范围较窄(主要集中在 5 个新业态类型)。此外,农业新业态的地区发展也很不平衡,东部地区新业态的发展要远远高于中西部地区的发展。

总体来看,随着时间的推进,农业新业态的发展呈现稳定的上升趋势。2017 年,在新型农业经营主体调查样本中,有 831 个样本发展了农业新业态,占比为 22.14%。而在 2018 年,有 1178 个样本发展了农业新业态,占比为 30.07%(见图 2-1)。

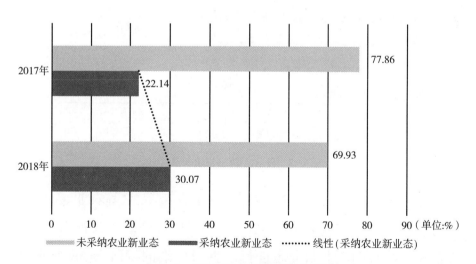

图 2-1 农业新业态发展的纵向对比

新型主体所发展的农业新业态主要是设施农业、生态循环农业、休闲旅游观光农业、农产品电商、有机农业和农产品加工。
2018年各农业新业态增长情况见图2-2。在发展农业新业态的经
营主体中,发展设施农业和农产品电商的比例最高,占比分别为
39.64%和35.9%,此外,发展生态循环农业、有机农业、休闲旅游
观光农业和农产品加工的比例也都较高,占比都大于15%。由于
会展农业和籽种农业为农业产业化龙头企业特有的新业态,因而
发展该业态的新主体占比并不高。纵向来看,各种业态普遍比
2017年有了较大幅度的增长,其中农产品加工和休闲旅游观光农
业增幅较大,设施农业、农产品电商和有机农业增幅也较为明显。
而籽种农业增幅较小,会展农业有一定程度下降。

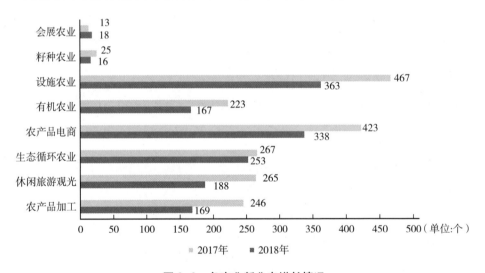

图2-2 各农业新业态增长情况

龙头企业特有的农业新业态包括体验农业、众筹农业、文化教
育功能农业、中央厨房和康养农业。在2018年最新调查中,对龙
头企业所特有的农业新业态进行了更为详细的调研,龙头企业特
有新业态类型详情见图2-3。在龙头企业特有新业态中,众筹农
业、文化教育功能农业和中央厨房发展较慢,而体验农业和康养

农业由于附加经济功能高成为发展最为迅速的业态,发展这两种农业新业态的龙头企业数量都超过 15 个,康养农业更是达到 40 个。

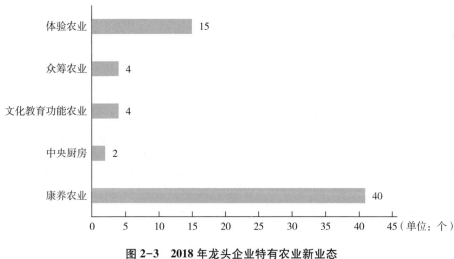

图 2-3　2018 年龙头企业特有农业新业态

就地区分布来看,在发展了农业新业态的经营主体中,东部分布最多,其次是中部地区和西部地区,分布最少的是东北。具体来看,有 64.2% 的主体位于我国的东部地区,位于中部地区和西部地区的经营主体占比相差不大,分别为 14.1% 和 13.5%,位于东北地区的经营主体占比最少,为 8.2%(见表 2-1)。

从农业新业态的行业分布来说,农业新业态主体经营经济作物种植业的概率最高,养殖业其次,粮食种植业和林业排在后两位。具体来看,有 34.3% 的农业新业态主体经营的是经济作物。经济作物虽然投资量大且属于劳动密集型行业,但其价值高且现金流充沛,所以尽管经济作物资金和劳动投入大,但其仍然是农业新业态发展的重要抓手。此外,养殖业也是农业新业态主体的主要经营形式,养殖业新业态主体占所有新业态主体的

32.9%（含禽畜养殖业17.5%和水产养殖业15.4%）。养殖行业也是农业价值量较高的行业，且很容易与农业其他业态形成融合发展趋势，因此是农业新业态发展的重要行业。此外，粮食种植业和林业也是农业新业态主体的经营形式，粮食种植业和林业新业态占所有新业态主体的比例分别为21.4%和11.4%（见表2-1）。

表2-1　农业新业态发展的分布特征

分类		未发展农业新业态				发展农业新业态			
		样本量		占比（%）		样本量		占比（%）	
		2017年	2018年	2017年	2018年	2017年	2018年	2017年	2018年
地区	东部地区	1614	1594	56.4	58.2	585	756	65.8	64.2
	中部地区	833	772	29.1	28.2	120	166	13.5	14.1
	东北地区	235	260	8.2	9.5	75	99	8.4	8.2
	西部地区	181	113	6.3	4.1	109	157	12.3	13.5
	合计	2863	2739	100	100	889	1178	100	100
子行业	粮食种植业	1157	1183	40.4	43.2	204	252	22.9	21.4
	经济作物种植业	346	285	12.1	10.4	235	404	26.4	34.3
	禽畜养殖业	647	531	22.6	19.4	177	206	19.9	17.5
	水产养殖业	214	205	7.5	9.3	119	181	13.4	15.4
	林业	479	458	16.7	17.7	124	135	13.9	11.4
	合计	2863	2739	100	100	889	1178	100	100
经营主体类型	普通农户	780	642	27.2	23.4	23	126	2.6	10.6
	专业大户	937	928	32.7	33.9	229	287	25.8	24.2
	家庭农场	594	440	20.7	16.1	182	314	20.5	26.5
	合作社	412	208	14.4	7.6	292	328	32.8	27.6
	龙头企业	140	127	4.9	4.6	163	123	18.3	10.4
	合计	2863	2739	100	100	889	1187	100	100

在发展农业新业态主体中，农业新业态主体主要的组织形式为合作社、家庭农场和专业大户。由表2-1可知，相比2017年，农业新业态主体三大主要组织形式的占比差距不断缩小。2018年三者占比依次为27.6%、26.5%和24.2%。另外，相比2017年，

2018 年普通农户发展农业新业态的人数迅速增加,其比重已经超过了龙头企业发展涉农农业新业态的比重。本调查发现,这些农业产业化龙头企业都在不同程度上存在非农化倾向,且其新业态发展规模一般都比较大,能够主导该地区某一业态的发展。因此同一地区很难出现龙头企业发展新业态"百花齐放"的现象。上述农业新业态行业分布差异说明我国农业新业态的发展主体仍然以新型经营主体为主,但是普通农户发展农业新业态有了一定程度的上升。

位于东部地区、从事经济作物种植行业,新型主体发展农业新业态的概率会更大。由表 2-1 可知,2018 年位于东部地区的新主体中发展农业新业态的比例比没有发展农业新业态的比例高出了6 个百分点。从事经济作物的新主体发展农业新业态的比例比没有发展农业新业态的比例高出了 19 个百分点。

(一)新型农业生产业态——设施农业

设施农业是指在环境相对可控的条件下,采用工程技术手段,进行动植物高效生产的一种现代化农业生产模式。设施农业属于农业新型生产业态的范畴。新型农业生产业态主要涉及农业产中及产前环节,是先进生产技术和生产方式的有机结合,重点解决农业的发展动力、生产效率和生产效益问题。与发达国家相比,我国农业生产环节存在综合效率低下、农产品市场竞争力不大等问题。新时代下,充分运用机械化、智能化、自动化等生产方式,以及基因工程、生物技术等现代农业生产的科技成果和创新的生产经营方式,推动规模化农业、循环农业、设施农业等新型生产业态在农业中大规模运用,能够促进农业生产水平提升、农业生产效率提高,有力地助力我国农业现代化进程。我国发展设施农业主要解决人多地少制约可持续发展水平的问题。

1. 各主体设施农业的基本情况

(1)设施农业发展组织形式

家庭农场和专业大户更倾向于发展设施农业,而普通农户和龙头企业这两类主体设施农业发展比例很小。由图 2-4 可知,在设施农业发展主体中,普通农户及龙头企业发展设施农业的比例均处于较低水平,分别为 5.73% 和 4.85%,明显低于其他经营主体。相比而言,家庭农场及专业大户这类具有一定规模的家庭经营组织形式发展设施农业比例较高,分别为 14.77% 和 14.60%。合作社发展新业态比例为 8.86% 和新主体 10.83% 的整体平均水平基本持平。

（单位：%）

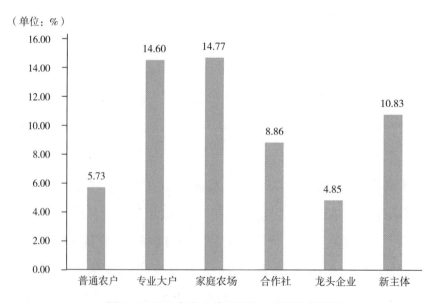

图 2-4 2018 年各主体设施农业发展比例状况

（2）设施农业发展地区分布

利用设施农业进行生产的各类农业经营主体在地区分布上存在明显差异,设施农业经营主体主要集中在东部地区。由图2-5可知,在发展设施农业经营主体中,东部地区经营主体占总数的42.35%;中部地区经营主体及东北地区经营主体比例相近,分别为22.36%和25.44%;西部地区主体占比较低,仅为9.85%。

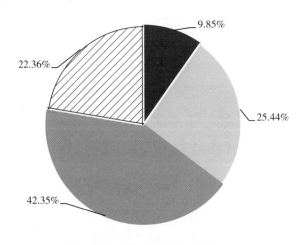

图2-5　2018年分地区设施农业利用率情况

在同一地区不同主体发展农业新业态的积极性各不相同。各地区不同主体发展设施农业的比重如表2-2所示。在同一地区,专业大户发展设施农业的比例明显高于其他经营主体,西部地区和中部地区专业大户发展设施农业的比例分别达到19.4%和17.55%。在东部地区,家庭农场在各类主体中发展农业新业态的比例最高,为19.12%。不同地区的相同主体发展设施农业情况也存在较大差别。对于普通农户来说,东部地区普通农户发展设施农业比率较高(11.14%),而中部地区比率极低(0.4%)。而专业大户在各地区发展设施农业比率差异不大,但与其他主体不同的是,专业大户西部地区发展农业新业态的比率反而最高。家庭农场东部地区发展设施农业比率最高。龙头企业发展设施农业的比例在各地区均处于较低水平。

表2-2　2018年不同地区总体样本设施农业发展情况　　（单位:%）

	普通农户	专业大户	家庭农场	合作社	龙头企业
西部	1.82	19.40	4.35	6.15	0
中部	0.40	17.55	11.96	2.42	3.39
东部	11.14	15.32	19.12	13.51	5.75
东北部	3.76	12.82	8.77	12.00	0

（3）设施农业发展行业差异

不同经营类型合作社发展设施农业行业差异显著,各类型合作社发展设施农业可能性最高的是蔬菜类种植合作社产品,最低的是粮油类种植合作社。由表2-3可知,畜牧类养殖合作社发展设施农业比例较高,达到15.07%,畜牧类养殖合作社发展设施农业的可能性也比较高;家禽类养殖合作社和水产品养殖合作社在蔬菜类种植合作社和畜牧类养殖合作社之后,为8.81%和14.52%。

表2-3　2018年不同经营类型合作社参与设施农业情况　　（单位:%）

经营产品情况	粮油类产品	蔬菜类产品	林木类产品	家禽类产品	畜牧类产品	水产品	其他类产品
合作社	5.22	21.63	6.25	8.81	15.07	14.52	15.46

以家庭为单位的经营主体在不同经营类型上发展设施农业比例差异较大（见表2-4）。三类家庭经营的经营主体上,主营经济作物及粮食经济混合经营的主体设施农业发展比例较高。

具有一定规模的专业大户及家庭农场在水产养殖、畜牧类养殖及种养结合经营中发展设施农业比例也很高。主营粮食作物的经营主体采用设施农业比例较低,农产品加工及种养加一体化的经营发展设施农业的意愿也很低。其中,可能的原因为设施农业为高投入高产出的新业态。经济作物及水产、畜牧养殖利润较粮食作物较高,投入也较高,因此上述经营类型上,比较偏好发展设施农业。

表2-4　不同经营类型农户参与设施农业情况　　　（单位:%）

经营类型情况	普通农户	专业大户	家庭农场
主营粮食作物	0.59	7.45	6.72
主营经济作物	23.74	29.81	42.23
粮食经济混合经营	15	12.5	20.63
畜牧类为主	8.33	18.38	15.2
水产养殖为主	2.94	16.39	21.88
种养结合	0	13.79	23.08
农产品加工	0	0	0
种养加一体化	—	0	0
其他	0	8.33	40

注:由于主体性质不同,统计指标不同,合作社和农户在经营类型分类上有较大差异。

（4）设施农业经营绩效

①设施农业经营规模

不同新型主体设施农业经营规模差异较大,按照平均经营规模从大到小排序为家庭农场、专业大户、普通农户。由表2-5可知,不同主体之间规模差异较大,其中设施农业平均规模最大,达到178.37亩,中位数50亩;专业大户在以家庭为单位经营主体中经营规模最大,平均规模为102.44亩;家庭农场次之,为 66.47 亩。普通农户设施平均规模较低,约为 6.03 亩,中位数为 3.5 亩。

表 2-5 不同主体设施农业经营规模   (单位:亩每户)

	平均值	标准差	最小值	中位数	最大值
普通农户	6.03	7.90	2	3.5	40
专业大户	102.44	103.76	2	60	300
家庭农场	66.47	91.33	2	30	300

注:合作社及龙头企业未统计该指标;普通农户参与设施农业中,有4人未填写规模。

②各主体设施农业投资及销售情况

不同主体对设施农业的期初投入及平均年投入存在差异,其中家庭农场对设施农业的投资额水平最高、专业大户次之,而普通户平均投入相对较少,见表 2-6。家庭农场和专业大户及发展设施农业期初平均投资额为 23.90 万元及 10.59 万元,之后每年平均投入分别为 6.61 万元和 4.15 万元。家庭农场对设施农业投入高于专业大户,但两者相差较少。相比而言,普通农户平均投资额较低,平均期初设施农业投资额为 3.63 万元,之后平均每年投入 1.14 万元。可见,普通农户由于规模小,资金有限,普遍在农业设施中投入的资金有限,而专业大户及家庭农场资金较为充裕,有能力面对更高风险,在设施农业上投入较多。

各主体自身在设施农业投资上差异较大。普通农户、专业大户及家庭农场在设施农业投入资金的标准差分别为 3.91、15.27和 41.20,平均每年投入的标准差分别为 1.16、10.35 和 7.43,均大于其平均值;并且其中位数远远小于平均值。

表 2-6　各主体设施农业投入情况　　　　（单位：万元）

指标	新主体类型	平均值	标准差	最小值	中位数	最大值
建立设施农业 之初投入	普通农户	3.63	3.91	0.05	3	18
	专业大户	10.59	15.27	0.01	3.7	400
	家庭农场	23.90	41.20	0.03	3.7	1010
平均每年投入	普通农户	1.14	1.16	0.1	0.9	5
	专业大户	4.15	10.35	0	0.8	30
	家庭农场	6.61	7.43	0.03	0.8	30

　　从设施农业销售额绝对值看，普通农户设施农业销售额较低，专业大户及家庭农场销售额较高，见表 2-7。普通农户设施农业销售额平均值约为每年 5.08 万元，销售额相对较小；专业大户及家庭农场设施农业销售额平均值分别为每年 20.33 万元和 25.67 万元，具有一定规模；普通农户内部相较于其他两类主体个体间差异较小。普通农户销售额标准差相对较小，专业大户和家庭农场销售额标准差较大，各类主体内部也存在发展不均衡问题。

表 2-7　各主体设施农业销售额　　　　（单位：万元）

	平均值	标准差	最小值	中位数	最大值
普通农户	5.08	5.04	0	4	30
专业大户	20.33	35.28	0	1.9	180
家庭农场	25.67	98.72	0	5	1000
涉农龙头企业（2017）	245.08	161.51	2	250	500
涉农龙头企业（2018）	296.51	177.54	0	300	600

　　龙头企业设施农业销售额呈现稳步增长态势，且龙头企业间的异质性相对较小。2017 年至 2018 年，龙头企业设施农业平

均销售额增长率达到近 20%。销售额标准差显著小于平均值,因此龙头企业之间销售额差距不大,各类龙头企业发展较为平均。

2. 对设施农业的主观看法

普通农户及专业大户扩张设施农业的意愿较低,家庭农场意愿较高(见图 2-6)。各类主体总体有 49.33%,接近半数愿意进一步扩大规模。具体来看,分别有 29.85% 和 47.08% 的普通农户和专业大户有加大投资的意愿,均低于半数,而 55.62% 的家庭农场表示愿意加大投资规模,扩张设施农业。

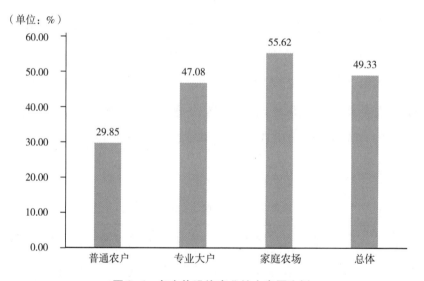

图 2-6　各主体设施农业扩大意愿比例

在对设施农业的看法中,各类主体对设施农业现有规模认识并不清晰,认为现有设施农业过少的新主体稍多于认为现有设施农业过多的新主体,见图 2-7。因此,我国对设施农业的投入应因地制宜,了解经营主体是否对设施农业有真正需求后再分地区发展。

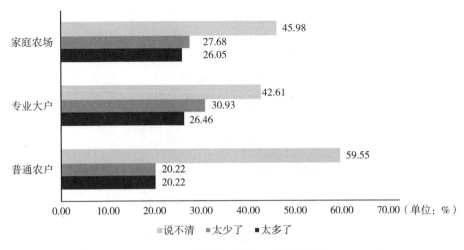

图 2-7 各主体对设施农业普遍看法

3. 未利用设施农业原因分析

各主体未参与设施农业的因素各不相同,土地问题并不是其中的主要因素。由图 2-8 可以看出,制约家庭农场及专业大户从事设施农业生产的主要因素为技术要求高、自有技术不足,其次是生产风险较大和自家劳动力短缺,另外还有投资较大、自有资金短缺。制约普通农户从事设施农业的主要因素则为自有资金短缺、技术不足,劳动力不足以及生产风险较大也是重要考虑因素。

总体来看,以家庭为单位的新型主体未利用设施农业进行农业生产最主要的因素为技术标准较高和资金不足。因此,加强技术指导,以及完善农村金融体系来化解农业经营主体借贷难的问题是现阶段提高设施农业参与度的两大关键措施。

4. 各主体设施农业发展纵向对比

从纵向看,除普通农户较上一期发展比例略有下降外,其他主体设施农业发展比例均呈现增长态势,见图 2-9。专业大户增长

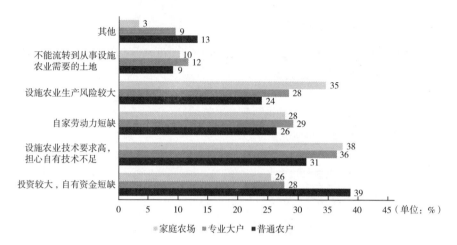

图 2-8　各主体未参与设施农业因素分析

幅度最大,增长 2% 多。专业大户和家庭农场依旧占据设施农业的主体地位。普通农户在近两期数据中发展比例下降,但是下降幅度不大。设施农业作为新型生产业态,初期投入较高,发展主体多为规模农户,而普通农户可能由于不能承担初期投入过多的风险,发展意愿较小并且发展较为缓慢。

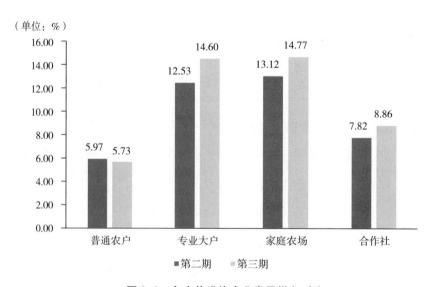

图 2-9　各主体设施农业发展纵向对比

　　从设施农业销售额及经营面积看,各主体两方面变化差异较大,普通农户设施农业销售额和经营面积均有一定下降,而规模农户均呈现增长态势(见图2-10和图2-11)。尽管普通农户设施农业规模有所上升,但普通农户设施销售额却呈现一定幅度下降。专业大户、家庭农场销售额和经营面积均有一定幅度的上升。其中,家庭农场和专业大户销售额增长缓慢可能的原因有两点:首先,专业大户经营效率可能出现较为明显的下降;其次,新发展设施农业生产模式的专业大户有较大的经营面积但还未形成较大的营业额。因此,现阶段应当更加关注设施农业的经营效率,为发展设施农业的经营主体提供更好的支持,提供更好的条件。

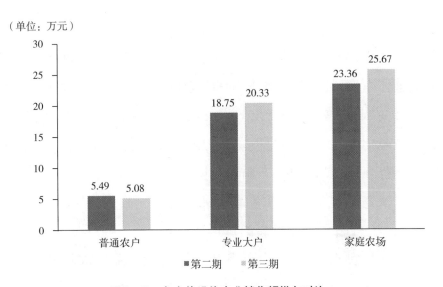

图2-10　各主体设施农业销售额纵向对比

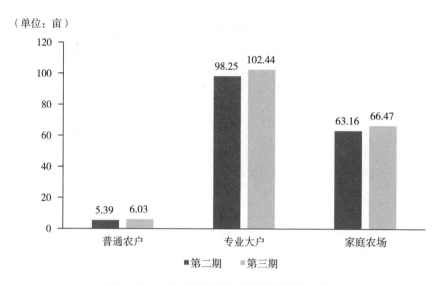

（单位：亩）

图 2-11　各主体设施农业经营面积纵向对比

（二）新型农业生产业态——生态循环农业

生态循环农业是将种植业、畜牧业、渔业等与加工业有机联系的综合经营模式，其利用微生物科技在农、林、牧、副、渔多模块间形成整体生态链的良性循环。它将为解决农业污染、优化产业结构、节约农业资源、提高产出效果、改造农业生态、保障食品安全等提供系统化解决方案，并打造一种新型的多层次循环农业生态系统，呈现出一种良性的生态循环环境。

1. 生态循环农业发展基本情况

（1）生态循环农业发展组织形式

与设施农业不同，实力更强和规模更大的家庭农场和龙头企业生态循环农业发展比例较高，合作社和专业大户次之，普通农户发展比例最低（见图 2-12）。在新型农业经营主体中，专业大户和合作社的生态循环农业比例均低于平均水平，分别为 10.03% 和 10.47%。由此可见，经济实力更强的新型农业经营主体更能发挥其生态循环生产优势,带来更多社会绩效。这也从侧面反映出,龙头企业及合作社等经营主体需要承担更多的社会义务与责任,发展环境友好型产业,因此投入到生态循环农业的比例较高。

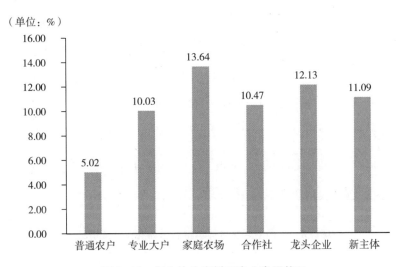

图2-12　各主体生态循环农业发展状况

（2）生态循环农业发展地区分布

农业生产中利用生态循环模式的新型农业经营主体在地区上存在明显差异,生态循环农业经营主体主要集中在中部地区及东部地区,分别占总数的33.48%和32.69%;东北地区和西部地区的新型农业经营主体发展的比例较低,分别为23.49%和10.34%（见图2-13）。

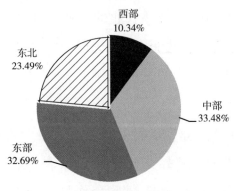

图2-13　分地区生态循环农业发展情况

在同一地区不同主体发展生态循环农业比例积极性各不相同,地处不同地区的各主体发展比例也存在较大差异(见表2-8)。在东部及中部合作社及涉农龙头企业生态循环农业发展比例明显高于其他农业经营主体,其中最高的东部地区合作社达到17.82%,中部地区普通农户的发展比例也较高达到18.95%,明显高于其他地区普通农户发展比例。此外,东北部地区龙头企业、家庭农场以及专业大户都未涉及生态循环农业,并且东北部地区生态循环农业发展和全国总体而言极不平衡,发展生态循环农业的主体,即合作社以及普通农户表现较为强劲,可见东北部地区生态循环农业发展程度较低,且不平衡。

表2-8 不同地区总体样本生态循环农业发展情况 （单位:%）

	普通农户	专业大户	家庭农场	合作社	龙头企业
西部	1.82	0.97	2.90	7.70	7.14
中部	18.95	3.76	11.04	9.27	12.70
东部	4.52	6.73	12.53	17.82	12.33
东北部	10.53	0	0	14	0

各类主体中,专业大户生态循环农业发展比例显著低于其他经营主体。西部地区也仅有0.97%的专业大户在生产中利用生态循环农业。参与生态循环农业的农业主体多为组织化程度较高的合作社、家庭农场和龙头企业,普通农户也有一定的参与比例。总体来看生态循环农业的发展比例并不高,因此今后应当推广生态循环生产模式。

(3)生态循环农业发展行业差异

水产品合作社、家禽类合作社以及畜牧类合作社发展生态循环农业的可能性较高,粮油类合作社发展生态循环农业的可能性较低。由表 2-9 可知,水产品合作社、家禽类合作社以及畜牧类合作社发展生态循环农业的比例分别达到 33.33%、33.07% 以及 30.16%。经营粮油类的合作社发展生态循环农业模式的比例最低,仅为 9.90%;其他类则为 13.61%。在不同行业上,以家庭为单位的经营主体发展生态循环农业比例差异较大。在农产品加工行业上,各类主体发展生态循环农业的比例均处于较高水平。而在其他行业中,三类主体发展比例各不相同。主营粮食作物中,普通农户发展的比例最高,达到 12.85%;主营经济作物中,家庭农场发展可能性最高,达到 19.70%(见表 2-10)。

表 2-9 不同经营类型合作社参与生态循环农业情况　　（单位:%）

经营产品情况	粮油类产品	蔬菜类产品	林木类产品	家禽类产品	畜牧类产品	水产品	其他类产品
合作社	9.90	21.28	23.15	33.07	30.16	33.33	13.61

表 2-10 不同经营类型农户参与生态循环农业情况　　（单位:%）

经营类型情况	普通农户	专业大户	家庭农场
主营粮食作物	12.85	4.33	7.75
主营经济作物	3.60	11.18	19.70
粮食经济混合经营	5	2.5	0
畜牧类为主	16.67	2.57	6.4
水产养殖为主	2.94	9.84	3.16
种养结合	0	3.45	7.69
农产品加工	33.33	25	50
种养加一体化	——	0	0
其他	3.45	0	0

注:由于主体性质不同,统计指标不同,合作社和农户在经营类型分类上有较大差异。

(4)生态循环农业发展绩效

对生态循环农业销售额分析对比发现,各主体之间生态循环农业销售额差异较大,其中龙头企业销售额较高;以家庭为单位的经营主体生态循环农业销售额较低,明显低于龙头企业销售额。由表2-11可知,普通农户、专业大户以及家庭农场生态循环农业平均年销售额仅分别为1.18万元、4.33万元、6.58万元。三类主体销售额的分布状况存在明显差异。普通农户标准差较小,同质化明显。而专业大户和家庭农场标准差较大,因此主体内部销售额分布较为分散。由此可见,以家庭为单位的新型农业经营主体生态循环农业发展还处于初级阶段,未达到一定规模。

表2-11　各主体生态循环农业年销售额　　　　（单位:万元）

类型	样本数	平均值	标准差	最小值	中位数	最大值
普通农户	16	1.18	0.80	0.2	1	2
专业大户	53	4.33	6.41	0.5	2	45
家庭农场	95	6.58	8.90	0.2	1	75
龙头企业（2017年）	126	135.63	257.03	4	80	950
龙头企业（2018年）	131	137.59	288.28	7	75	1040

注:家庭农场生态循环生产模式销售额极端值较多,对数据影响较大,未统计。农业龙头企业样本中多数填写未参与生态循环农业而其销售额存在,此部分统计在表格中,表格中的数据排除销售额过亿元的极端值,后两行数据排除了两家过亿元销售额的极端值影响。

龙头企业生态循环农业规模较大,明显高于以家庭为单位的农业经营主体,并且销售额显著增加,有较好的发展趋势。2017年龙头企业平均年销售额已达到135.63万元,2018年达到137.59万元(见表2-11)。由此可见,现如今生态循环农业主要为龙头企业带动发展,已经具备较大的规模与较强的实力。而普通农户开展程度较低,还需进一步制定有效政策,逐步普及生态循环农业。

2. 生态循环农业发展纵向对比

各类新型经营主体生态循环农业发展比例均呈现增长态势。普通农户及家庭农场生态循环农业发展比例增长幅度较大,其中普通农户增长幅度最大,达到 2.71%,发展迅速(见图 2-14)。合作社和专业大户生态循环农业发展比例增长幅度较小。龙头企业生态循环农业发展比例也出现了较大幅度的增长,具有良好的示范效应。在国家生态文明建设的号召下,新型农业经营主体以及普通农户总体上发展生态循环农业进行生产的比例有一定增加,但参与比例仅达到 10.38%,还有相当一部分比例的农业经营主体未发展,因此生态循环农业依然具有很大的发展潜力。

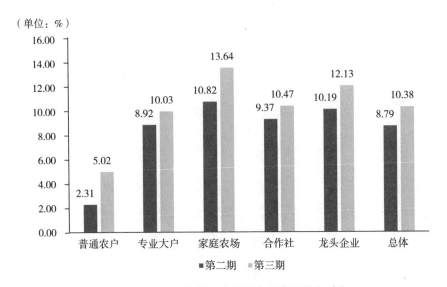

（单位：%）

图 2-14　各主体生态循环农业发展纵向对比

从纵向看,专业大户和家庭农场两类新型农业经营主体的生态循环农业平均销售额呈现下降趋势,而普通农户有一定比例的上涨(见图 2-15)。普通农户不仅发展生态循环农业比例上升,销售额也上涨,可见,其发展势头强劲。专业大户以及家庭农场虽然发展比例上升,平均销售额明显高于普通农户,但出现了小幅下降。因此,需要稳住其发展势头,并为新发展生态循环农业的经营主体提供良好的环境,促进其发展。

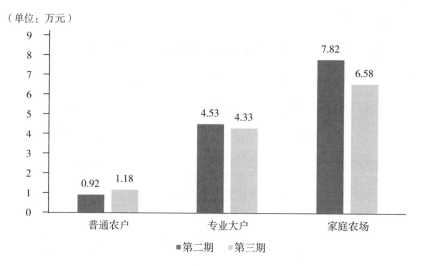

（单位：万元）

图2-15　各主体生态循环农业销售额纵向对比

（三）新型产业融合业态——休闲观光农业

休闲观光农业是把休闲观光旅游与农业结合在一起的一种旅游活动。它存在很多形式和类型。休闲观光农业相对投入较小,可以利用当地优越的自然条件体现地区迥异的文化特色。我国农业生产历史悠久,民族众多,各个民族和地区都有明显的差异,为休闲观光农业提供了很好的自然和人文条件。

1. 休闲观光农业发展基本情况

（1）休闲观光农业组织形式

除专业大户外,各类新型农业经营主体与普通农户发展休闲观光农业比例相差不大,专业大户比例显著低于其他主体。由图

2-16可知,除专业大户的各类新型经营主体以及普通农户中,发展比例维持在11%—15%的水平上,均高于平均值10.31%,发展比例最高的合作社达到14.63%,最低的普通农户也达到11.20%。而专业大户休闲观光农业发展比例仅为4.55%,明显低于平均值以及其他农业经营主体。

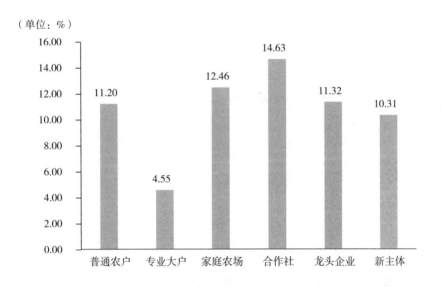

图2-16　各主体休闲观光农业发展状况

（2）休闲观光农业发展地区分布

　　发展休闲观光农业的各类经营主体在地区分布上存在明显差异,呈现东强西弱态势。通过发展休闲观光农业进行服务性商品生产的经营主体中,东中部地区相对广泛且之间相差较小,分别达到了32.62%及34.60%（见图2-17）。东北部地区紧随其后,达到21.08%。休闲观光农业为农业生产和旅游相结合模式,可能由于其地处位置较为偏远,多为山地,基础设施尤其是交通设施建设相对落后,而且西部地区当地居民较少等因素限制,西部地区休闲观光农业发展比例较低,仅为11.70%。

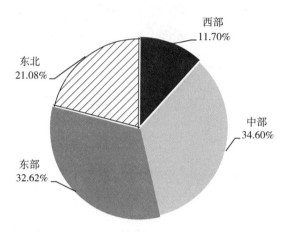

图 2-17　分地区休闲观光农业利用率情况

　　位于同一地区各类经营主体以及同一经营主体不同地区之间休闲观光农业发展比例差异均较大。各地区休闲观光农业的发展形式不尽相同。西部地区开展休闲观光农业模式普遍比例较低，多为具有一定规模的龙头企业和合作社带动形式发展。从表 2-12 可知，西部地区龙头企业在所有地区发展中比例最高，为 14.29%。东部地区发展形式同西部地区类似，龙头企业及合作社起到举足轻重的作用，但不同于西部地区的是，东部地区家庭农场发展比例较高。中部地区则多为普通农户自发发展休闲观光农业，比例达到最高的 22.58%。而东北地区除合作社外各类主体很少发展休闲观光农业。

表 2-12　不同地区总体样本休闲旅游农业发展情况　　　　（单位:%）

地区	普通农户	专业大户	家庭农场	合作社	龙头企业
西部地区	1.82	0	4.35	9.23	14.29
中部地区	22.58	4.70	11.04	10.08	11.90
东部地区	6.02	5.56	16.26	17.82	11.01
东北部地区	6.77	0	0	22	0

（3）休闲观光农业发展行业差异

各不同经营类型主体发展休闲观光农业差异较大，不同行业中，主营经济作物的家庭农场发展休闲旅游农业的可能性最高（见表2-13）。休闲观光农业主要和畜牧及水产养殖相结合，为游客提供农家乐式的乡村旅游产业，这也是今后乡村旅游发展的方向（见表2-14）。

表 2-13　不同经营类型合作社参与休闲旅游农业情况　　（单位:%）

经营产品情况	粮油类产品	蔬菜类产品	林木类产品	家禽类产品	畜牧类产品	水产品	其他类产品
合作社	14.19	19.68	12.96	21.16	23.02	27.38	9.47

表 2-14　不同经营类型农户参与休闲旅游农业情况　　（单位:%）

经营类型情况	普通农户	专业大户	家庭农场
主营粮食作物	12.85	4.33	5.17
主营经济作物	6.47	12.42	29.17
粮食经济混合经营	5	2.5	6.35
畜牧类为主	25	1.47	5.6
水产养殖为主	14.71	1.64	9.38
种养结合	20	10.34	3.85
农产品加工	0	0	25
种养加一体化	—	0	0
其他	3.45	0	0

注:由于主体性质不同,统计指标不同,合作社和农户在经营类型分类上有较大差异。

（4）休闲旅游农业经营绩效

以家庭为单位的经营主体休闲观光农业销售额一般较小，

而龙头企业销售额较大,并呈现明显的增长趋势。由表 2-15 可知,新型农业经营主体中,普通农户、专业大户和家庭农场销售额平均为 1.27 万元、4.04 万元和 6.28 万元。其中专业大户和家庭农场最大销售额达到 50 万元。可见,以家庭为单位的经营主体休闲观光农业一般规模较小,销售额也较低。而龙头企业自身经济实力雄厚,经营规模较大,能够更好地为消费者提供全面的服务,并且有足够的资金开展休闲旅游产业,因此,龙头企业休闲旅游农业销售额普遍较高,2017 年平均销售额达到 102.19 万元,2018 年收入增长极为明显,达到 171.89 万元,销售额明显高于其他经营主体。

表 2-15 各主体休闲旅游环农业年销售额　　　（单位:万元）

	平均值	标准差	最小值	中位数	最大值
普通农户	1.27	0.96	0	1.01	2
专业大户	4.04	8.42	0	3.41	50
家庭农场	6.28	10.27	0	4.35	50
龙头企业(2017 年)	102.19	85.34	0	30	300
龙头企业(2018 年)	171.89	488.75	0	50	1500

注:家庭农场数据进行了 1% 的缩尾,龙头企业进行了 2% 的缩尾。

2. 休闲观光农业发展纵向对比

各类新型经营主体休闲观光农业发展比例均呈现增长态势,其中家庭农场增长幅度最高,仅专业大户出现一定幅度的下降(见图 2-18)。作为一种新兴业态,休闲观光农业受到各类农业经营主体的青睐。由新型农业经营主体第二期和第三期数据对比显示,不仅总体上休闲观光农业的发展比例有很大提升,各主体发展均实现稳增长的态势。家庭农场增长比例最高,和上一期相比增长将近2.4%,发展迅猛。合作社也实现了较为快速增长。普通农户增长幅度较小,而专业大户略有下降。随着消费者的多元化需求,休闲观光农业集农业、旅游以及餐饮等为一体,开发出有创意的形式,得到广大消费者的喜爱,吸引了更多农业经营主体发展休闲观光农业经营。可见,休闲观光农业整体发展形势向好,有很大的发展潜力。

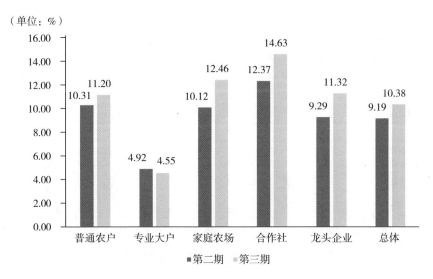

图2-18　各主体休闲观光农业参与纵向对比

(四)新型流通业态——电商销售

1.电商销售发展基本情况

(1)电商销售发展组织形式

以家庭为单位的经营主体发展电商销售的可能性相差不大,组织化程度更高的合作社与龙头企业发展电商销售的可能性明显更高。由图2-19可知,在新型主体中,专业大户、家庭农场发展电商销售的比例分别为 13.87% 和 18.15%,同为家庭经营的普通农户的这一比例很小,仅为 4.65%。龙头企业发展电商销售的比例最大,为 49.89%,合作社次之,为 24.63%,均明显高出家庭经营主体的相应占比。可见,新型主体的组织化程度越高,农产品销售需求越大,对电商销售渠道的探索和使用也愈加广泛。

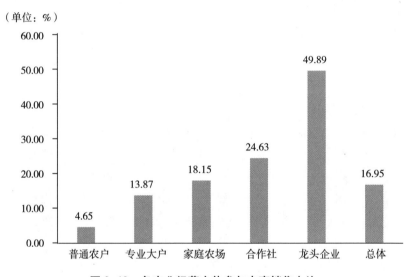

（单位：%）

图 2-19　各农业经营主体参与电商销售占比

（2）电商销售发展地区分布

发展电商销售的农业经营主体的地区分布存在明显差异。发展电商销售的各类农业经营主体,在东部地区分布最为广泛,占比超过半数(50.89%),在中部地区次之,占比近 40%,西部地区再次之,占比 5.11%,东北地区占比最低,为 4.44%(见图 2-20)。

位于同一地区的不同新型主体发展电商销售的比例存在较大差异(见表 2-16)。在同一地区,龙头企业在各个地区发展电

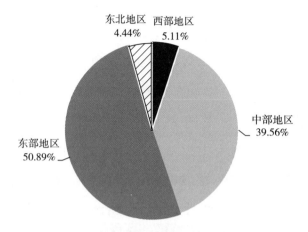

图 2-20 各农业经营主体电商销售的地区分布

商销售的比例均最大且明显高出其他主体,在东部地区、中部地区、西部地区发展电商销售比例都很接近,分别为 58.74%、57.63% 和 49.23%。此外,同一新主体在地区之间分布差异也很明显,专业大户在东部地区发展电商销售比例最大,为9.76%,高于其在西部地区(1.94%)、中部地区(7.21%)、东北地区(0)的这一数值;家庭农场则在中部地区发展电商销售比例最大,为 13.68%;合作社在东北地区发展电商销售比例最大,为26.67%。

表 2-16 各农业经营主体各地区电商销售发展情况 (单位:%)

地区	普通农户	专业大户	家庭农场	合作社	龙头企业
西部地区	3.64	1.94	2.50	20.45	49.23
中部地区	3.97	7.21	13.68	18.87	57.63
东部地区	5.12	9.76	13.17	18.15	58.74
东北地区	6.77	0.00	0.00	26.67	35.00

（3）电商销售发展行业差异

不同经营类型的农业经营主体发展电商销售的可能性差异较大,以水产养殖为主和以经济作物为主的新型主体发展电商销售的比例较高。由表2-17可知,从参与农业生产的新型主体整体来看,以水产养殖为主的新型主体发展电商销售的比例为19.44%,以经济作物为主的新型主体次之,比例为17.56%,以粮食作物为主的新型主体发展电商销售比例最低,仅为8.56%。从参与农业生产的各类新型主体差异来看,合作社发展电商销售的比例均高于其他新主体,其中粮食作物和经济作物混合经营的合作社发展电商销售的比例最高,为25%,同时均有超过五分之一经营经济作物和畜牧类养殖的合作社进行电商销售。在专业大户和家庭农场中,进行水产养殖的专业大户和家庭农场发展电商销售比例最高,分别为18.03%和23.33%。其中原因可能是水产养殖和经济作物等类型农业,投入大、易变质,对市场依赖性强,通过电商销售可以更好地打开市场,扩大销路。

表2-17 不同经营类型的各农业经营主体电商销售比例情况

（单位:%）

经营类型	普通农户	专业大户	家庭农场	合作社	新主体
主营粮食作物（小麦、玉米、水稻等）	12.45	5.05	7.69	16.37	8.56
主营经济作物（蔬菜、水果、花卉等）	5.04	14.29	17.58	22.43	17.56
粮食作物和经济作物混合经营	7.5	6.25	14.04	25	10.74
以畜牧类养殖为主	8.33	6.62	10.58	24.39	9.35
以水产养殖为主	11.76	18.03	23.33	17.65	19.44
种养结合	0	13.79	13.04	5.56	11.43
其他	6.25	2.78	14.29	20.18	15.92

不同经营类型的新型主体和普通农户电商销售比例的差异较大。在新型主体中,以水产养殖、种植经济作物、种养结合为主的新主体更可能发展电商销售,在普通农户中,主营粮食作物更可能发展电商销售,其进行电商销售的比例为12.45%。这可能与普通农户从事粮食作物种植的农户比较普遍相关。

(4)电商销售发展绩效

①各主体电商销售额

不同新型主体电商销售的销售额差异悬殊,按照平均销售额从大到小排序依次为龙头企业、合作社、专业大户、家庭农场。根据对各主体2018年电商销售额调查数据测算,新型主体电商销售额的变异系数为216.4%,不同类型新主体的电商销售额差异巨大(见表2-18),其中龙头企业电商销售额平均高达511.1万元,中位数为405万元;合作社电商销售额平均数远低于龙头企业为58.06万元,中位数为20万元。相比而言,受访专业大户和家庭农场电商销售收益更低,平均销售额分别为11.05万元和10.09万元。龙头企业和合作社本身经营规模更大,产品量级更高,电商销售应用程度更高,因此销售额相对也更高。而专业大户和家庭农场均主要以家庭经营为单位,相比龙头企业和合作社的绝对销售额也相对较低,但专业大户和家庭农场之间的差异较小。另外,合作社和龙头企业在农业产业链中是流通销售阶段的重要构成主体,因此其销售额也包括其向上游收购的农产品,并不必然是其自身生产的。因此,该销售额也能够体现出其对普通农户的带动作用。

从电商销售额的绝对值来看,对比发现,新型主体电商销售额均远高于普通农户,见表2-18。普通农户电商销售额平均为3.26万元,中位数为2万元。新型主体电商销售额平均为88.41万元,是普通农户的 156.7 倍,中位数为 10 万元,是普通农户的 5 倍。专业大户和家庭农场的电商销售额平均值与普通农户的差距最小,分别是 3.38 倍和 3.1 倍。

表2-18 不同农业经营主体电商销售额情况　　（单位:万元）

农业经营主体	平均值	标准差	最小值	中位数	最大值
普通农户	3.26	1.87	1	2	8
专业大户	11.05	10.73	1	5	100
家庭农场	10.09	29.09	1	5	400
合作社	58.06	98.84	0.2	20	1000
龙头企业	511.1	1220	60	405	5430
新主体	88.41	1127	0.2	10	5430

②各主体电商销售占经营收入比重

龙头企业电商销售额在其经营收入中的比重最大,其余三个新主体该比值差距不大。由表2-19可知,从平均值角度出发,龙头企业电商销售额的比重最大,占到经营收入的三分之一;而专业大户、家庭农场和合作社的电商销售占比相近,分别为14%、12%和17%。从中位数角度出发,龙头企业和合作社电商销售额占比与各自平均值基本相当,分别为32%和15%,而专业大户和家庭农场电商销售额占比的中位数低于平均值。由此可见,龙头企业的电商销售是其重要而稳定的经营收入来源。

从电商销售的相对值来看,新型主体电商销售额占比远高于普通农户。新型主体的电商销售额占比平均值为22%,中位数为17%,而普通农户电商销售额占比远低于此,分别仅为6%和3%。

表 2-19　各农业经营主体电商销售额占比情况　　（单位:%）

农业经营主体	平均值	标准差	最小值	中位数	最大值
普通农户	6	7	0	3	25
专业大户	14	18	1	7	8
家庭农场	12	12	14	9	8
合作社	17	12	5	15	68
龙头企业	33	17	2	32	98
新主体	22	19	1	17	98

2.合作社和龙头企业电商销售具体情况

(1)运营人员及人数

对于电商销售应用程度较高的两类新主体,合作社和龙头企业均有超过两成比例设置了专门的网络运营人员。调查数据显示,在应用网络进行销售的新主体中,分别有 21.8% 的合作社和近三成(29.2%)的龙头企业设置了专业的技术人员负责互联网的销售和运营。与此同时,平均每个合作社和龙头企业互联网销售运营的技术人员数量分别为 2.59 人和 1.92 人。

(2)发展电商销售后变化

电商销售对合作社和龙头企业的生产经营产生了显著的促进作用,相对于龙头企业,电商销售对合作社产生的促进效果更为明显,见表 2-20。在开展电商销售业务后,合作社销售量和利润增加的占比分别为 67.34%(含明显增加和稍有增加)和 62.45%(含明显增加和稍有增加),龙头企业销售量和利润增加的占比分别为 50.00% 和 50.02%。另外,在产品产量、销售价格、总成本方面,合作社表现出稍有增加和明显增加的占比分别为 61.00%、49.38%、51.43%,而龙头企业分别为 45.20%、36.00%、43.20%。

表2-20 合作社和龙头企业电商销售的前后变化 （单位:%）

变化情况	合作社					龙头企业				
	产品产量	销售价格	销售量	总成本	利润	产品产量	销售价格	销售量	总成本	利润
明显增加	24.07	13.28	23.67	16.33	22.45	19.6	15.20	20.40	19.20	17.67
稍有增加	36.93	36.10	43.67	35.10	40.00	25.60	20.80	29.60	24.00	32.53
没什么变化	27.80	36.51	20.82	33.88	25.71	27.20	31.20	22.00	25.60	19.28
稍有降低	6.22	9.54	7.76	8.98	6.12	12.80	20.00	13.20	20.00	14.86
明显降低	4.98	4.56	4.08	5.71	5.71	14.80	12.80	14.80	11.20	15.66

（3）合作社销售渠道

不少合作社建立了电商销售渠道。调查数据显示,46.64%的合作社建立了电商销售渠道,其中少部分合作社(16.98%)电商销售渠道较为多元,具备2—4种电商销售渠道。在自建手机APP电商平台、自建门户网站电商平台、入驻第三方电商平台、微信等新媒体渠道四种渠道中,合作社更倾向于入驻第三方电商平台或者微信等新媒体渠道,总共占比43.10%,其中入驻第三方电商平台的方式最受青睐,24.63%的合作社建立了该种销售渠道,微信等新媒体渠道次之,占比为18.47%;相比之下,合作社选择自建平台的比例较低,其中自建手机APP电商平台、自建门户网站电商平台的比例分别为15.49%和17.16%(见图2-21)。

3.未发展电商销售原因分析

没有发展电商的原因十分多样,"不懂网络经营"和"不知道相关技术"是两个主体共同面临的问题。由图2-22可知,与合作社相比,龙头企业受到的阻碍因素更为多元。在没有发展电商的诸多原因中,合作社最普遍的两个原因分别为"不懂网络经营"(24.81%)和"不知道相关技术"(20.71%),龙头企业最普遍的两个原因分别为"物流不完善"(33.47%)和"不知道相关技术"

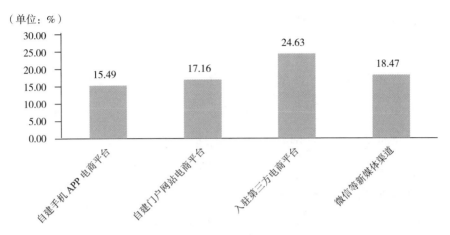

图 2-21 合作社电商销售主要途径占比

（27.82%）。"没有电脑设备"和"没有网络或网速太慢"的问题在
合作社和龙头企业中相对较轻,在合作社中存在两种问题的占比
分别为 5.78% 和 4.48%,而在龙头企业中分别为 6.80% 和
6.83%。此外,"生产规模小"和"市场使用推广费用高"对龙头企
业发展电商的阻碍作用也更为普遍,存在该问题的比重分别为
26.40% 和 25.20%,合作社则分别为 7.46% 和 7.65%。此外,分别
有超过四成的合作社和龙头企业打算发展电商。

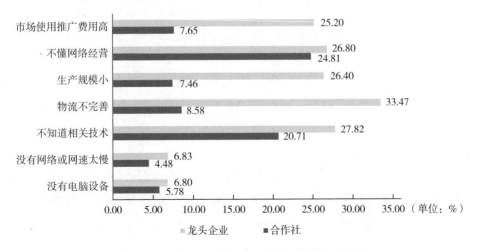

图 2-22 合作社和龙头企业没有发展电商的主要原因

4.各主体电商销售发展纵向对比

(1)电商销售参与

所有新型经营主体的电商销售发展均较上年有所增加。其中龙头企业电商销售发展增长幅度最大,增长 8.14 个百分点,且龙头企业参与电商销售的发展仍然居所有经营主体之首(见图2-23)。普通农户、家庭农场和专业大户电商销售发展比例增长幅度较小,普通农户和专业大户的电商销售发展比例均低于新主体整体水平。从整体比例来看,2018 年新主体电商销售发展比例仅为 16.95%,电子商务在新主体农产品销售领域已经初具规模。

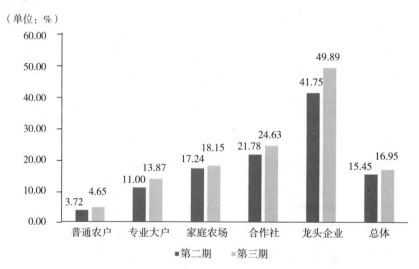

图 2-23　2017—2018 年各主体电商销售增幅发展对比

(2)电商销售金额

除家庭农场外,其余新型经营主体 2018 年农产品电子商务销售额均较上年度有所增长。分类别来看,受到电商销售发展比例大幅增加的影响,各主体电商销售额均有所上升。普通农户和专业大户的农产品电商销售额小幅增长,同样是受到电商销售发展比例提升的影响。家庭农场的农产品电商平均销售额与上期相比并未发生明显变化,且有所下降,从 2017 年的 10.36 万元变为 2018 年的 10.09 万元。从整体来看,新型经营主体电商平均收入呈显著增长态势,平均每个新型主体电商收入从 2017 年的 82.82 万元增长至 88.41 万元,增长 6.75%(见图 2-24)。

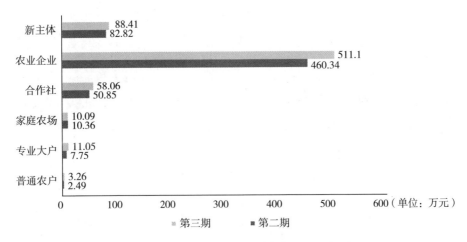

图 2-24　各主体电商平均销售额纵向对比

二、农户特有农业新业态发展分析

以家庭为单位的经营主体主要包括普通农户、专业大户以及家庭农场,这三类主体特有经营的两类新业态为农产品加工和有机农业,而其他农业经营主体未涉及。

农产品加工是用物理、化学和生物学的方法,将农业的主、副产品制成各种食品或其他用品的一种生产活动,是农产品由生产领域进入消费领域的一个重要环节。主要包括粮食加工、饲料加工、榨油、酿造、制糖、制茶、烤烟、纤维加工以及果品、蔬菜、畜产品、水产品等的加工。农产品加工过程及采用方法因产品种类及消费要求而定。农产品加工可以缩减农产品的体积和重量,便于运输,可以使易腐的农产品变得不易腐烂,保证品质不变,保证市场供应;还可以使农产品得到综合利用,增加价值,提高农民收入。农产品加工多为企业带动型。

有机农业是指在生产中完全或基本不用人工合成的肥料、农药、生长调节剂和畜禽饲料添加剂,而采用有机肥满足作物营养需求的种植业,或采用有机饲料满足畜禽营养需求的养殖业。有机农业的发展有助于解决现代农业发展中的一系列问题,如严重的土壤侵蚀和土地质量下降,农药和化肥大量使用造成环境污染和能源消耗,物种多样性减少等;还有助于提高农民收入,发展农村经济。因此,有机农业有极大的发展潜力。

(一)农户特有农业新业态组织形式

规模农户(包括家庭农场和专业大户)发展这两类农业新业态比例显著高于普通农户,其中,家庭农场的两种业态的发展比例略高于专业大户。由图2-25可知,在农产品加工上,普通农户相较于其他主体发展的比例较低,为5.12%,明显低于新主体整体12.03%的发展比例;家庭农场基本略高于新主体平均水平,为13.81%;专业大户农产品加工的发展比例略低于新主体平均水平,达到11.74%。有机农业上,家庭农场发展比例较高,为12.04%;专业大户发展比例为9.07%,略低于总体的10.76%发展比例;普通农户发展比例依旧较低,为5.72%。有机农业对生产技术要求较高,并且需要对环境进行较为严苛的改造,因此普通农户发展比例较低。有机农业作为农产品品质提升的一种模式,得到各国政府的重视,在未来会得到更好的推广和应用。

（单位：%）

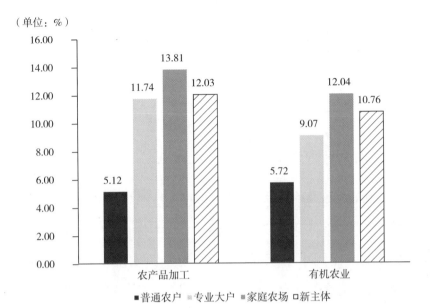

图 2-25　各主体农产品加工及有机农业发展比例

（二）农户特有农业新业态地区分布情况

农产品加工和有机农业在地域分布上基本相同,中部地区和东部地区发展比例高,西部地区发展比例相对较低。由表 2-21 可知,发展两类业态的经营主体东部地区发展比例最高,其次是中部地区,而西部地区和东北地区发展比例最低。各主体分地区发展比例具体如表 2-21 所示,各地都是规模农户在两类业态中发展比例较高,而普通农户在两种业态中占比较小。西部地区所有主体发展比例均较低,东北地区在有机农业发展上表现出一定的优势。

表 2-21　两种业态分地区及主体发展状况　　　　（单位:%）

地区	农产品加工			有机农业		
	普通农户	专业大户	家庭农场	普通农户	专业大户	家庭农场
西部	2.82	6.97	7.45	2.82	7.97	8.90
中部	5.40	10.11	13.74	5.37	9.02	11.26

续表

地区	农产品加工			有机农业		
	普通农户	专业大户	家庭农场	普通农户	专业大户	家庭农场
东部	6.02	14.05	17.53	6.52	8.23	13.29
东北	4.27	11.10	13.02	8.02	10.14	21.75

（三）农户特有农业新业态发展绩效

两类新业态在销售额上差异较大。农产品加工销售额明显大于有机农业,各主体之间差异也较大,但主体内部差异较小;专业大户尽管发展比例小于家庭农场,但销售额规模较大;普通农户由于规模较小,销售额也较小(见表2-22)。农产品加工平均销售额达到9.26万元,明显大于有机农业的4.84万元销售额。各主体之间,农产品加工的销售额差异较大,家庭农场达到16.36万元,而最少的普通农户仅为1.59万元;而有机农业销售额最高的专业大户平均值为5.24万元,而销售额最小的普通农户达到1.75万元。但主体内部的变异系数有机农业明显大于农产品加工,这表明有机农业各主体销售额差异较大。总体上,两类新业态发展模式有明显差异。农产品加工各主体内部发展较为平均,但不同主体之间差异较大;而有机农业主体之间差异较小但各个家庭之间差异较大。农产品经营规模普遍大于有机农业。

表2-22　两种业态分主体平均销售额　　　　(单位:万元)

主体类别	农产品加工		有机农业	
	平均值(万元)	变异系数	平均值(万元)	变异系数
普通农户	1.59	1.176	1.75	1.822
专业大户	14.51	5.776	5.24	3.968
家庭农场	16.36	6.730	4.86	3.823
总体	9.26	2.022	4.84	3.893

三、龙头企业特有农业新业态发展分析

龙头企业在农业经营主体中经济实力最强,管理经营能力最强,且经营业务涉及农业各个产业链,对于发展新业态有着天然优势。龙头企业发展新业态的种类多样,除了一些常见的农业新业态以外,还包括体验农业、众筹农业、文化教育农业、会展农业和中央厨房等龙头企业特有的农业新业态。龙头企业特有业态如下:

体验农业:指利用田园景观、自然生态及环境资源,结合农林渔牧生产,农业经营活动,农村文化及家庭生活,景观规划设计与建设,使游人体验农业及农村生活,达到休闲、观光、娱乐为目的的农业经营。因为其存在的模式是基于城市的基础之上,与传统意义上的农业有一定的差别。

众筹农业:指由消费者众筹资金,农户根据订单决定生产,等农作物成熟后,将农产品直接送到消费者手中的一种模式。众筹农业的做法是农场作为项目的发起方,在众筹网站上发起一个项目,大家先众筹资金,然后农场根据需求进行种植,等农产品成熟了,再进行配送,直接送到用户的手里。换言之,也可以理解成农产品的预售。

文化教育农业:主张文化关怀,侧重对人的精神需求的研究。文化教育农业将农业发展与第三产业发展相结合的方式,以发展农业文化、乡土文化、民俗风俗、科学教育为主,将文化教育与传统农业有机结合。

会展农业:因各类农业会议、论坛、农业博览会、展览会、展示会、交易会和农业竞赛、节庆、旅游活动等带动发展起来的的具有区域特色的集优质生产、休闲体验、旅游观光、景观展示和科普教

育于一体的农业产业体系。

中央厨房:是餐饮制造业的一种,泛指可以在单一用餐时间里,能够提供 1000 人份以上餐点,或是可同时提供不同地点 2 处以上餐饮场所之熟食供应,或是制造仅需简易加热之预制食材业者。采用中央厨房配送后,比传统的配送要节约 30% 左右的成本。中央厨房采用巨大的操作间,采购、选菜、切菜、调料等各个环节均有专人负责,半成品和调好的调料一起,用统一的运输方式,赶在指定时间内运到分店。

康养农业:是传统农业的升级版,将传统的第一产业与第三产业相融合,以健康为宗旨,以"三农"(农村、农业和农民)为载体,以科学养生方法为指导的新业态。康养农业是乡村振兴战略的重要内容。《乡村振兴战略规划(2018—2022 年)》中提到"开发农村康养产业项目。大力发展生态旅游、生态种养等产业,打造乡村生态产业链。城乡居民消费拓展升级趋势,结合各地资源禀赋,深入发掘农业农村的生态涵养、休闲观光、文化体验和健康养老等多种功能和多重价值"。

籽种农业:指以种子研发、育种、推广和销售为主要业务的现代农业产业、籽种农业具有高端、高效、高价值的特征,是农业科技的重要载体,是保证作物产量和质量的根本内因。高端种子研发,是掌握农业竞争的主动权的关键,也是发展现代农业的必然选择。

(一)龙头企业特有新业态组织形式

新业态中的会展农业是龙头企业的主流选择,会展农业的发展比例为 36.08%,除会展农业外,龙头企业发展各新业态的发展比例均低于 1/3。发展比例位列第二、三位的分别是新型农业融合业态中的康养农业和新型农业流通业态中的中央厨房,其发展比例分别为 21.56% 和 18.19%,两类业态发展尚处于起步阶段,见图 2-26。体验农业、众筹农业、文化教育农业三种特有新业态均只有极个别龙头企业发展,这可能与业态自身特点与龙头企业特征不匹配有关。

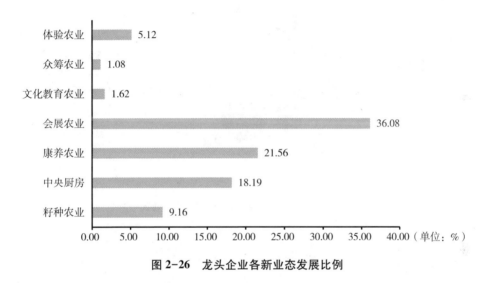

图 2-26　龙头企业各新业态发展比例

(二)龙头企业特有新业态地区分布情况

东部地区龙头企业更倾向于会展农业和中央厨房,而中部地区和西部地区龙头企业更倾向于发展康养农业。总体来看,中部地区与西部地区各类龙头企业特有新业态的发展偏好分布大致相似,中部地区龙头企业对特有新业态模式的发展意愿最高。分类别来看,东北地区只涉及康养农业和会展农业两种特有新业态模式,这可能与东北地区的极端的地理与气候环境有关。中央厨房在中部地区、东部地区和东北部地区的发展比例均超过60%,其中东北部地区龙头企业对中央厨房的发展比例达到了75%,但这可能是由于调查样本中东北部地区的样本量过少导致的。各地区对文化教育、众筹农业和体验农业业态的发展比例都处在较低水平,因此在今后应加强对这三类业态的推广工作,见图2-27。

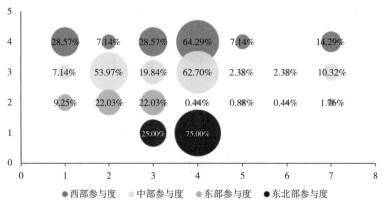

图2-27　龙头企业各业态分地区发展情况

(三)龙头企业特有新业态发展绩效

籽种农业和会展农业销售呈现稳定增长趋势,但是龙头企业间销售额差异较大。由表2-23可知,从销售额来看,籽种农业在2017年的平均销售额仅为59.4万元,但在2018年籽种农业的平均销售额增长至71.2万元,增长19.87%。会展农业的销售增长相对平缓,一年增长3.78%。籽种农业在2017年平均销售额约占会展农业的四分之一,但在2018年平均销售额增长为会展农业的三分之一,两者之间的差距逐渐缩小。从变异系数来看,籽种农业销售额在各龙头企业中分布更为均匀,会展农业销售额在各主体间差异相对较大,说明会展农业的发展规模参差不齐。

与此同时,在籽种农业和会展农业中各龙头企业销售差异有逐年扩大趋势。

表 2-23　龙头企业新业态发展绩效

新业态类型	2017 年		2018 年	
	平均销售额（万元）	变异系数（%）	平均销售额（万元）	变异系数（%）
籽种农业	59.4	8.84	71.2	11.91
会展农业	232.7	23.60	241.5	27.31

第三节　农业新业态发展特征

一、链式化发展

大多数经营主体发展新业态已经呈现链式发展趋势,产业链条相近的业态呈现融合发展状态。由图 2-28 可知,各类主体中,发展新业态的模式各不相同。多数经营主体发展新业态形式较为单一,还未形成链式发展,详情见图 2-28。尽管如此,在发展新业态的经营主体中仍然有一定比例的经营主体融合发展了"生产+服务型业态或者生产+销售业态或者生产+销售+服务型"业态。不同主体对比上,龙头企业的业态融合发展较好,融合发展多类业态的龙头企业已经初具规模,占比超过 50%。部分家庭农场也融合发展了多类型业态,占比超过三分之一,形成一定的链式发展趋势。而专业大户和合作社仅发展生产业态比例分别达到 61.74% 和 66.92%,发展新业态形式单一。

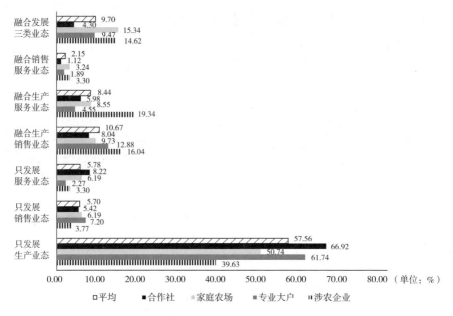

图 2-28 各主体新业态融合发展情况

二、资本化倾向明显

由表 2-24 可知,发展新业态的各经营主体在投入、收入以及利润上呈现的差异各不相同,普通农户、家庭农场是否发展新业态在各方面差异不大,专业大户和龙头企业差异较大。由表 2-24 可知,普通农户是否发展新业态对其经营费用投入影响不大,虽可增加其经营性收入,然而却抑制了其他收入来源。家庭农场是否发展新业态对其各方面影响不大,对其他收入有一定的促进作用。专业大户和龙头企业的农业新业态发展呈现一定资本化发展趋势,发展新业态的专业大户和龙头企业投资额、经营费用等投入比未发展新业态的专业大户和龙头企业高出很多。除此之外,其投资额、经营费用等投入比其他经营主体也高出很多,这两类主体也是发展新业态的主体。这表明发展新业态存在资金门槛,需要一定的资本量进行前期投入和经营后的持续投资,在发展中慢慢呈现出一定的资本化倾向,对普通农户具有排斥作用。

表2-24　新业态各主体经营情况

主体	普通农户(元)		专业大户(元)		家庭农场(元)		龙头企业(万元)	
新业态	未发展	发展	未发展	发展	未发展	发展	未发展	发展
总资产	105779	125928	222017	240369	116987	144340	1605	2229.8
总收入	75638	63856	297859	560722	360247	423436	1627.5	2408.9
营业收入	41654	47517	257598	469312	306162	316784	775	1187.7
投资	—	—	—	—	—	—	517.5	1009.1
营业利润	29845	36398	101824	250487	170298	170298	68.75	496
经营费用	11809	11119	155774	218825	135864	139499	—	—

第四节　发展农业新业态的影响因素分析

一、普通农户发展农业新业态的影响因素

(一)描述性统计分析

由表2-25可知,普通农户平均可借到钱的亲朋户数仅为4户不到,距金融机构距离约为6.5千米,而互联网接入比例较高,约为83%,获得信息和技术的途径大大拓展。第四类自变量是地区特征因素,依次为距县城距离、距农贸市场距离、所在地区(以中部地区为参照)。由表2-25可知,距最近的市场距离平均为6.13千米,距较大市场——县城的距离平均为25.88千米,地区主要分布在东部和中部。最后一类自变量为行业特征,所在行业以粮食种植为参照。

表2-25 普通农户发展新业态描述性统计分析

变量类型	变量	平均值	标准误	最小值	最大值
因变量	发展农业新业态(否=0,是=1)	0.229	0.421	0	1
自变量	是否有过往非农工作经历(否=0,是=1)	0.555	0.497	0	1
	从事当前经营年数	29.93	16.09	1	76
	受教育程度(小学及以下=1,初中=2,高中或中专=3,本科或大专=4,研究生及以上=5)	2.113	0.910	1	5
	是否接受农业培训(否=0,是=1)	0.397	0.489	0	1
	是否有专业技术职称(否=0,是=1)	0.187	0.390	0	1
	是否是科技示范户(否=0,是=1)	0.377	0.499	0	1
	劳动人数(人)	4.141	4.075	1	18
	是否购买农业保险(否=0,是=1)	0.062	0.242	0	1
	家庭总收入(元)	67733.45	130739.1	1000	1650000
	是否加入新主体(否=0,是=1)	0.1691	0.129	0	1
	互联网接入情况(否=0,是=1)	0.838	0.367	0	1
	可以借到钱的亲朋户数	3.958	6.639	0	100
	距最近金融机构距离(km)	6.51	8.43	0	20
	距县城距离(km)	25.88	49.42	0	80
	距最近市场距离(km)	6.13	8.64	0	60
所在地区(以西部为参照)	东部	0.534	0.498	0	1
	中部	0.657	0.939	0	1
	东北	0.048	0.215	0	1
所处行业(以粮食种植业为参照)	经济作物种植业	0.216	0.412	0	1
	养殖业	0.249	0.432	0	1

(二)模型回归分析

将普通农户进行 Probit 回归,普通农户发展农业新业态受到户主受教育程度、从业年限、有无专业技术职称、是不是科技示范户、劳动力人数、可以借到钱的亲朋户数、家庭年收入、是否购买农业保险和距市场距离的影响,见表2-26。此外,相比西部地区,东部地区普通农户发展新业态的可能性更大。并且相比在粮食种植业发展新业态,普通农户更倾向于经济作物种植业和养殖业发展新业态。

表2-26　普通农户发展农业新业态影响因素回归分析

变量	发展新业态
受教育程度(小学及以下＝1,初中＝2,高中或中专＝3,本科或大专＝4,研究生及以上＝5)	0.0856 ** (0.0385)
R^2	0.1876
参加农业培训	0.1130 (0.1709)
从业年限	−0.0101 ** (0.0040)
过往非农工作经历	0.0737 (0.0485)
有专业技术职称	0.077 * (0.045)
科技示范户	0.4157 * (0.2507)
劳动力人数	0.0769 * (0.0410)
可以借到钱的亲朋户数	0.0136 * (0.0076)
家庭总收入	0.1130 * (0.0646)
互联网接入情况	0.0899 (0.1310)
农业保险购买情况	0.4346 * (0.2467)
是否加入新主体	0.1942 (0.4723)
距金融机构距离	0.0096 (0.0062)
距县城距离(km)	−0.0101 *** (0.0022)

续表

变量	发展新业态
距最近市场距离(km)	−0.0042 (0.0063)
经济作物种植业	0.4741 *** (0.1542)
养殖业	0.5322 *** (0.1867)
东部	0.2591 ** (0.1216)
中部	0.1105 (0.2176)
东北	−0.1551 (0.2177)
Constant	−1.7305 *** (0.5130)
Observations	768

注:括号里为标准误差,***、**、*分别表示在1%、5%、10%的水平下显著。

具体而言,受教育水平高、有专业技术职称以及是科技示范户的普通农户更倾向于发展农业新业态这说明发展新业态具有一定的技术门槛,其技术倾向明显。劳动力的数量也会显著影响普通农户发展农业新业态的概率,说明在当前普通农户技术条件不是十分成熟的情况下,存在一定的劳动对技术的替代。可以借到钱的亲朋户数和家庭年收入会显著影响普通农户发展农业新业态的概率,可以看出新业态的发展需要一定的资本投入,因此资金的充裕度是其发展的重要保障。是否购买农业保险会显著影响普通农户发展农业新业态的概率,充分说明当前发展新业态具有一定的风险,各主体需要一定的风险承担能力。距县城的远近也会显著影响普通农户发展农业新业态的概率,可能原因是,当前新业态的发展以经济作物以及第二、第三产业融合业态为主,需要靠近市场以便获得更好的营收。

二、规模农户发展农业新业态的影响因素

(一)描述性统计分析

由表2-27可知,普通农户平均可借到钱的亲朋户数仅为7户左右,距金融机构距离约为8.61千米,而互联网接入比例较高,为88.2%,获得信息和技术的途径大大拓展。第四类自变量是地区特征因素,依次为距县城距离、距农贸市场距离、所在地区(以中部地区为参照)。由表2-27可知,距最近的市场距离平均为8.6千米,距较大市场——县城的距离平均为35.83千米,地区主要分布在东部和中部。最后一类自变量为行业特征,所在行业以粮食种植为参照。

表2-27 规模农户发展新业态描述性统计分析

变量类型	变量	平均值	标准误	最小值	最大值
因变量	发展农业新业态(否=0,是=1)	0.364	0.410	0	1
自变量	是否有过往非农工作经历(否=0,是=1)	0.582	0.451	0	1
	从事当前经营年数	25.93	16.09	1	76
	受教育程度(小学及以下=1,初中=2,高中或中专=3,本科或大专=4,研究生及以上=5)	3.139	0.855	1	5
	是否接受农业培训(否=0,是=1)	0.177	0.381	0	1
	是否有专业技术职称(否=0,是=1)	0.308	0.311	0	1
	是否是科技示范户(否=0,是=1)	0.366	0.249	0	1
	劳动人数(人)	3.141	1.075	0	8
	是否购买农业保险(否=0,是=1)	0.211	0.408	0	1

续表

变量类型	变量	平均值	标准误	最小值	最大值
自变量	家庭总收入(元)	245378.2	311748	100	1650000
	是否加入经济组织(否=0,是=1)	0.204	0.403	0	1
	互联网接入情况(否=0,是=1)	0.882	0.465	0	1
	可以借到钱的亲朋户数(户)	6.958	6.639	0	100
	距最近金融机构距离(km)	8.61	11.83	0	100
	距县城距离(km)	35.83	29.62	0	180
	距最近市场距离(km)	8.60	11.94	0	100
所在地区(以西部为参照)	东部	0.432	0.495	0	1
	中部	0.645	0.935	0	1
	东北	0.173	0.378	0	1
所处行业(以粮食种植业为参照)	经济作物种植业	0.180	0.385	0	1
	养殖业	0.059	0.237	0	1

(二)模型回归分析

将规模农户样本(包括专业大户和家庭农场)进行 Probit 回归,规模农户发展农业新业态受到户主受教育程度、有无专业技术职称、参加农业培训、过往非农工作经历、可以借到钱的亲朋户数和是否加入经济组织(专业协会、合作社和龙头企业)等因素的显著影响(见表2-28)。此外,对规模农户来说,相比西部,东部、中部发展农业新业态的可能性更大。相比在粮食种植业发展新业态,规模农户更倾向于经济作物种植业和养殖业发展新业态。在地域分布特征和行业分布特征上与普通农户并无差别。

表 2-28 规模农户发展农业新业态影响因素回归分析

变量	发展新业态
受教育程度(小学及以下=1,初中=2,高中或中专=3,本科或大专=4,研究生及以上=5)	0.2154*** (0.0807)
参加农业培训	0.3378** (0.1701)
从业年限	0.0231 (0.0240)
过往非农工作经历	0.2468* (0.1462)
有专业技术职称	0.4033* (0.2033)
科技示范户	0.0014 (0.1497)
劳动力人数	-0.1382 (0.0885)
可以借到钱的亲朋户数	0.0436* (0.0246)
家庭总收入	1.49e-07 (2.23e-07)
互联网接入情况	0.2570 (0.2141)
农业保险购买情况	0.1672 (0.2467)
是否加入经济组织(专业协会、合作社和龙头企业)	0.3222*** (0.1846)
距金融机构距离	0.00006 (0.00041)
距县城距离(km)	0.00005 (0.00004)
距最近市场距离(km)	-0.00045 (0.00035)
经济作物种植业	0.2771** (0.1292)
养殖业	0.2207* (0.1275)
东部	1.084*** (0.3937)

续表

变量	发展新业态
中部	0.3474 * (0.2073)
东北	0.3215 (0.2417)
Constant	−1.7941 *** (0.6870)
Observations	1055
R^2	0.1532

注:括号里为标准误差,***、**、*分别表示在1%、5%、10%的水平下显著。

　　与普通农户相似,对规模农户来说,户主受教育程度高、有专业技术职称、参加过农业培训会显著提升规模农户发展农业新业态的概率。这进一步说明发展新业态具有一定的技术门槛,论证了其明显的技术倾向。对规模农户来说,劳动力的数量并不会显著提升其发展农业新业态的概率,因为规模农户的农业经营规模较大,在这种情况下,劳动力很难替代技术。对规模农户来说,家庭年收入并不会提升其发展农业新业态的概率,但可以借到钱的亲朋户数会显著影响其发展农业新业态的概率,这说明新业态的发展需要一定的资本投入。对规模农户来说,其经营规模较大,家庭年收入远远不能满足其资金需要,需要向亲朋或银行借款。调查数据显示,是否加入经济组织也会显著影响规模农户发展新业态的概率,进一步印证了规模农户对于外部资金的依赖,加入经济组织不仅意味着可以在农资采购、销售、技术方面获得帮助,也意味着更多的资金来源。另外,市场的远近不会显著影响规模农户发展农业新业态的概率,这表明规模农户发展新业态淡化了对于市场的依赖,这可能跟规模农户和其他经济组织往往形成了较为稳固的产业链、供应链有关。

三、合作社发展农业新业态的影响因素

(一)描述性统计分析

由表 2-29 可知,合作社距金融机构较近,但贷款获取难度较大,从技术可得性来看,技术来源渠道较广。第四类自变量是地区特征因素,依次为距县城距离、所在地区(以中部地区为参照)。由表 2-29 可知,合作社与大市场距离平均为 24.39 千米,地区主要分布在东部和中部。最后一类自变量为行业特征,所在行业以粮食种植为参照。

表 2-29　合作社发展新业态描述性统计分析

变量类型	变量	平均值	标准误	最小值	最大值
因变量	发展农业新业态(否=0,是=1)	0.315	0.464	0	1
自变量	年龄	48.22	7.70	25	70
	性别(男=1,女=0)	0.836	0.369	0	1
	受教育程度(小学及以下=1,初中=2,高中或中专=3,本科或大专=4,研究生及以上=5)	3.791	0.917	1	5
	在政府部门亲友数量	10.36	27.21	0	210
	是否有过往非农工作经历(否=0,是=1)	0.789	0..408	0	1
	合作社成员数	33.64	204.03	0	5000
	合作社成员凝聚力(1=非常低;2=比较低;3=一般;4=比较高;5=非常高)	3.507	1.082	1	5
	合作社纵向一体化联合程度(1=低;2=一般;3=高)	2.063	0.539	1	3
	经营面积(亩)	113.8	637.9	0	15000
	总资产(万元)	199.73	714.13	0	20000
	二次返利	0.361	0.473	0	1

续表

变量类型	变量	平均值	标准误	最小值	最大值
自变量	贷款获取难度（1＝容易；2＝不易；3＝苛刻；4＝较难）	2.44	0.877	1	4
	技术获取渠道（1＝有；0＝无）	0.797	0.402	0	1
	距最近金融机构距离（km）	10.12	15.23	0	35
	距县城距离（km）	24.39	17.45	0	65
所在地区（以西部为参照）	东部	0.503	0.500	0	1
	中部	0.369	0.494	0	1
	东北	0.168	0.253	0	1
行业特征（以粮食种植业为参照）	经济作物种植业	0.326	0.418	0	1
	养殖业	0.149	0.356	0	1
	林业	0.0342	0.102	0	1

（二）模型回归分析

将合作社新业态选择与相关变量进行 Probit 回归，由表2-30可知，其合作社发展农业新业态受到合作社负责人年龄、性别、受教育程度、政府部门亲友数量等因素的影响。合作社层面，合作社社员凝聚力、经营面积、总资产、贷款获取难度、技术获取通道和距离县城的距离也会影响合作社发展农业新业态的概率。另外，对合作社来说，相比西部，东部和中部的合作社发展农业新业态的概率并没有显著提高。从行业层面来说，相比在粮食种植业发展新业态，合作社更倾向于经济作物种植业和养殖业发展新业态。

对合作社来说，合作社负责人的社会关系、合作社资产、合作社贷款获取会显著影响合作社发展农业新业态的概率。这进一步说明新业态是一种资本密集型产业，其资金需求量较大。相比传统农业,其相关设施、技术培训、开拓新的营销途径都需要大量且较为持久的前期投入。负责人的受教育程度高、技术获取通道多会显著提升合作社发展农业新业态的概率,这进一步印证了在前面提到的新业态具有一定的门槛,包括技术和营销管理知识,这一门槛也是其区别于传统农业的显著标志。此外,距离县城较近会显著提升合作社发展农业新业态的概率,这说明与农户一样,合作社发展农业新业态还未融入成熟的供应链,其发展依赖于市场的远近。合作社社员的凝聚力以及经营面积也会影响合作社发展农业新业态的概率,这是因为选择新业态意味着开拓一个与之前不一样的领域,具有一定的风险和转变的阵痛,较为团结、经营面积较小的合作社能够发挥齐心易统一、船小好调头的优势。

表 2-30　合作社发展农业新业态影响因素回归分析

变量	发展新业态
年龄	−0.0118[*] (0.0071)
性别(男=1,女=0)	0.3250[**] (0.1527)
受教育程度(小学及以下=1,初中=2,高中或中专=3,本科或大专=4,研究生及以上=5)	0.1154[**] (0.0585)
在政府部门亲友数量(个)	0.0167[*] (0.0083)
是否有过往非农工作经历(否=0,是=1)	0.0433 (0.1124)
合作社成员数(个)	−0.0004 (0.0005)
合作社成员凝聚力(1=非常低;2=比较低;3=一般;4=比较高;5=非常高)	0.0960[*] (0.0536)
合作社纵向一体化联合程度(1=低;2=一般;3=高)	0.0057 (0.1009)
经营面积(亩)	−0.00002[*] (0.00001)

续表

变量	发展新业态
总资产(万元)	0.1961* (0.1083)
二次返利	0.1512 (0.1215)
贷款获取难度(1=容易;2=不易;3=苛刻;4=较难)	-0.1297** (0.0618)
技术获取渠道(1=有;0=无)	0.2869** (0.1401)
距最近金融机构距离(km)	0.0032 (0.0041)
距县城距离(km)	0.0001* (0.0000)
东部	0.4109 (0.5321)
西部	0.1532 (0.0990)
东北	0.3519 (0.2565)
经济作物种植业	0.2054* (0.1210)
养殖业	0.2433* (0.1437)
林业	0.1342 (0.1534)
Constant	0.1566*** (0.0570)
Observations	701
R^2	0.1821

注:括号里为标准误差,***、**、*分别表示在1%、5%、10%的水平下显著。

四、龙头企业发展农业新业态的影响因素

(一)描述性统计分析

由表2-31可知,龙头企业抵押资产最大可贷金额平均为

1768.872万元,获国家信贷支持的比列为51.4%,对龙头企业来说其贷款可得性较高。从其技术可得性来看,技术来源渠道较广,自身也具备一定的研发创新能力。第四类自变量是地区变量,为龙头企业所在地区(以中部地区为参照)。由表2-31可知,地区主要分布在东部和中部。

表2-31　龙头企业发展新业态描述性统计分析　　（单位:%）

变量类型	变量	平均值	标准差	最小值	最大值
因变量	发展农业新业态（否=0,是=1）	40.7	49.1	0	1
自变量	性别(男=1,女=0)	85.1	35.5	0	1
	年龄	48.68	7.22	28	70
自变量	受教育程度（小学及以下=1,初中=2,高中或中专=3,本科或大专=4,研究生及以上=5）	3.36	1.11	1	5
	是否有过往非农工作经历（否=0,是=1）	0.916	0.277	0	1
	从事当前经营年数(年)	12.84	7.25	1	35
	对龙头企业有过帮助的政府工作人员个数(个)	6.70	12.07	0	100
	对龙头企业有过帮助的商业伙伴个数(个)	5.44	12.12	0	111
	员工数(个)	103.02	223.15	1	3500
	龙头企业前三股东占股比例(%)	77.14	28.33	28	100
	资产抵押最大融资额(万元)	1768.87	4955.36	0	50000
	龙头企业拥有专利数量(个)	2.00	6.04		70
	龙头企业经营面积(亩)	456.74	1223.52	0	10000
	是否享受国家补贴(否=0,是=1)	0.563	0.496	0	1
	是否税收减免(否=0,是=1)	0.598	0.490	0	1
	是否信贷支持(否=0,是=1)	0.514	0.500	0	1

续表

变量类型	变量	平均值	标准差	最小值	最大值
自变量	总资产(万元)	2875.64	12909.44	0	200000
	贷款可得性	2.34	0.719	1	4
	纵向一体化	0.690	0.463	0	1
	联合体	0.247	0.432	0	1
	东部	0.511	0.432	0	1
	中部	0.279	0.487	0	1

(二)模型回归分析

将龙头企业新业态选择与相关变量进行 Probit 回归,由表2-32可知,龙头企业发展农业新业态的概率受到龙头企业负责人受教育程度、从事当前经营年数和负责人社会关系的影响。此外,企业层面,股权结构、可抵押资产、总资产、国家补贴、国家信贷支持和拥有专利数会影响龙头企业发展农业新业态的概率。此外,其是否形成纵向一体化和是否形成联合体也会影响龙头企业发展农业新业态的概率。相比西部,东部、中部的龙头企业更可能发展新业态。

表2-32 龙头企业发展农业新业态影响因素回归分析

变量	平均值
性别(男=1,女=0)	0.2274 (0.2227)
年龄	−0.0047 (0.0115)
受教育程度(小学及以下=1,初中=2,高中或中专=3,本科或大专=4,研究生及以上=5)	0.0393 * (0.0211)
是否有过往非农工作经历(否=0,是=1)	−0.1028 (0.3100)
从事当前经营年数(个)	0.0355 *** (0.0119)

续表

变量	平均值
对龙头企业有过帮助的政府或金融工作人员个数(个)	0.0277 * (0.0150)
对龙头企业有过帮助的商业伙伴个数(个)	0.0141 ** (0.0071)
员工数(个)	0.0001 (0.0005)
龙头企业前三股东占股比例(%)	−0.0086 *** (0.0029)
资产抵押最大融资额(万元)	0.1295 ** (0.0612)
龙头企业拥有专利数量(个)	0.0290 ** (0.0134)
龙头企业经营面积(亩)	−0.0002 ** (0.0001)
是否享受国家补贴(否=0,是=1)	0.5306 *** (0.1960)
是否税收减免(否=0,是=1)	0.1295 (0.2156)
是否信贷支持(否=0,是=1)	0.3704 *** (0.1850)
总资产	0.1911 ** (0.091)
贷款可得性	0.0290 (0.1157)
纵向一体化	0.7855 *** (0.1943)
联合体	0.6343 *** (0.1867)
东部	0.4152 * (0.229)
西部	0.4731 ** (0.1996)
Constant	−1.4199 ** (0.9389)
Observations	367
R^2	0.2821

注:括号里为标准误差,***、**、*分别表示在1%、5%、10%的水平下显著。

对龙头企业来说,发展新业态同合作社与农户一样受到资金的制约。但总体来看,龙头企业负责人的社会关系能够为龙头企业带来非正式信用贷款,总资产、可抵押资产和国家信贷支持也会减少其信贷约束,国家补贴则能为其带来政策扶持资金。因此,相比农户和合作社,龙头企业受到的资金约束较小,发展农业新业态的比例更高。调查数据显示,龙头企业负责人的受教育程度、从业年数和龙头企业专利拥有量也能显著影响龙头企业发展农业新业态的概率。这说明发展农业新业态有一定的技术和经营管理知识的要求,具有创新能力且有经营管理能力出众的负责人的龙头企业更有可能发展农业新业态。此外,龙头企业形成纵向一体化和形成联合体能够显著提升龙头企业发展农业新业态的概率。发展农业新业态具有一定的规模经济效应、范围经济效应和学习效应,形成纵向一体化和形成联合体意味着在区域内形成一定的规模,更容易形成成熟的产业链、供应链和价值链,更容易发展壮大。

第五节　发展农业新业态对经营主体运营的影响

一、绿色化生产

(一)化肥投入情况

与没有发展新业态的经营主体相比,发展新业态的合作社和家庭农场的化肥投入更低,而专业大户和普通农户则并没有因为发展新业态而降低化肥施用量水平。当前,使用化肥是农业生产增产的重要措施,尽管会造成一定的污染,短期内,化肥投入很难降低。从表2-33可知,无论是参加新业态还是未参加新业态的主体,其化肥施用量并没有很大的区别。但是总体上看,发展农业新业态的农业经营主体比未发展农业新业态的农业经营主体化肥施用量更少。

表2-33　化肥投入情况　　　　　(单位:元/亩)

类型		均值	标准差	中位数	最小值	最大值
合作社	总体	517.31	876.63	130	0	1792
	开展新业态	514.42	1395.94	125	0	1200
	不开展新业态	533.04	7270.35	150	0	1792
家庭农场	总体	551.75	1766.56	240	0	1800
	开展新业态	530.81	1335.29	250	0	1500
	不开展新业态	568.01	1284.26	200	0	1800
专业大户	总体	653.19	1487.4	230	0	2150
	开展新业态	661.60	1064.28	200	0	2150
	不开展新业态	640.21	1283.61	250	0	1300
普通农户	总体	658.30	975.94	260	0	2500
	开展新业态	705.139	1537.90	220	0	2250
	不开展新业态	636.667	1358.31	300	0	2500

(二)农药投入情况

家庭农场、专业大户和合作社在发展新业态后农药使用量显著减少。普通农户在参加新业态农药的投入方面并没有发生显著变化,发展新业态的农药施用量甚至大于未发展新业态的普通农户,这可能是因为普通农户往往更为追求短期收益,而忽略了农产品品质对塑造品牌,打造价值链的重要影响。新主体在发展新业态后,其农药使用量都有不同程度的下降,绿色生产行为倾向更明显。从发展新业态的各类主体的农药使用量来看,普通农户农药的使用量最高,家庭农场次之,专业大户再次之,合作社的农药使用量最低,见表2-34。各主体经营理念的差异会显著影响其绿色生产行为,规模农户和合作社在生产中的绿色生产理念更先进,而普通农户的生产则显得更粗放。

表2-34　农药投入情况　　　　　　(单位:元/亩)

类型		均值	标准差	中位数	最小值	最大值
合作社	总体	361.114	761.07	150	0	2090
	开展新业态	344.089	674.561	150	0	2090
	不开展新业态	385.979	633.312	105	0	1896
家庭农场	总体	413.037	962.293	200	0	3700
	开展新业态	381.234	850.970	210	0	2100
	不开展新业态	441.061	1021.680	200	0	3700
专业大户	总体	452.922	972.831	150	0	3200
	开展新业态	436.113	701.633	145	0	3200
	不开展新业态	485.045	1068.321	150	0	2000
普通农户	总体	529.704	758.744	150	0	3000
	开展新业态	585.842	885.842	150	0	3000
	不开展新业态	428.913	688.256	160	0	2450

二、市场广化——销售渠道升级

合作社在发展新业态后显著拓宽了销售渠道。通过分析发现,开展新业态的合作社在销售渠道种类上更为丰富,见表2-35。开展新业态的合作社平均有3.75种销售渠道,而不开展新业态的合作社平均只有 2.63 种销售渠道。由此可见,新业态的实施使得新型经营主体销售方式更加多元化,打开了市场。

表 2-35　销售渠道数量情况　　　　　　(单位:种)

类型		均值	标准差	中位数	最小值	最大值
合作社	总体	2.98	2.090	3	0	10
	开展新业态	3.75	1.696	4	0	10
	不开展新业态	2.63	2.160	2	0	7

在采用新业态后,家庭农场、普通农户的销售渠道均有明显改变,见表 2-36。对于合作社而言,发展新业态与不发展新业态其主要销售渠道均为农贸市场、批发市场和客商上门三类,并无明显变化;在发展新业态后,家庭农场的主要销售渠道新增加了国有商业、供销社收购;对于专业大户而言,排名前三的主要销售渠种类没有变化,顺序发生改变,占比最高的销售渠道由原来的私人商贩上门收购转变为国有商业、供销社收购;新业态对普通农户销售渠道的影响最为显著,在发展新业态后,外贸、工业部门收购和农超对接成为普通农户的主要销售渠道,新业态的自身特点促使了这种改变的发生。

表 2-36　各主体主要销售渠道情况

类型		主要销售渠道(前三名)		
合作社	总体	农贸市场	客商上门	批发市场
	开展新业态	农贸市场	批发市场	客商上门
	不开展新业态	农贸市场	客商上门	批发市场

续表

类型		主要销售渠道（前三名）		
家庭农场	总体	私人商贩上门收购	集体和农民专业合作组织收购或代销	集市贸易自由出售
	开展新业态	集体和农民专业合作组织收购或代销	国有商业、供销社收购	私人商贩上门收购
	不开展新业态	私人商贩上门收购	集市贸易自由出售	集体和农民专业合作组织收购或代销
专业大户	总体	私人商贩上门收购	集体和农民专业合作组织收购或代销	国有商业、供销社收购
	开展新业态	国有商业、供销社收购	集体和农民专业合作组织收购或代销	集市贸易自由出售
	不开展新业态	私人商贩上门收购	集体和农民专业合作组织收购或代销	集市贸易自由出售
普通农户	总体	集市贸易自由出售	电商平台销售	期货方式交易
	开展新业态	外贸、工业部门收购	农超对接	集市贸易自由出售
	不开展新业态	电商平台销售	集市贸易自由出售	期货方式交易

三、市场深化——产品质量提升

各类新型经营主体在发展新业态之后"三品一标"认证率均显著上升。从数据来看，无论是合作社、家庭农场、专业大户还是普通农户，他们在发展新业态后，无公害农产品认证、绿色农产品认证、有机农产品认证和农产品地理标志的认证率均显著增加。这表明新业态的发展有助于新主体生产更高质量的农产品，这有利于各主体接下来进一步打造农产品品牌。因此，有理由相信新业态的发展加速了各主体经营农产品的市场深化效应。

表 2-37 各主体"三品一标"通过情况 （单位:%）

类型		三品一标通过率	无公害农产品认证	绿色农产品认证	有机农产品认证	农产品地理标志
合作社	总体	47.12	24.33	30.66	22.50	8.72
	开展新业态	65.18	41.52	45.09	36.16	15.63
	不开展新业态	38.81	16.43	24.02	16.22	5.54
家庭农场	总体	29.33	14.99	13.01	6.17	3.20
	开展新业态	54.76	23.02	25.40	16.27	6.75
	不开展新业态	19.54	11.91	8.24	2.29	1.83
专业大户	总体	18.48	10.52	9.38	4.93	1.23
	开展新业态	50.60	33.93	18.45	18.45	3.57
	不开展新业态	12.40	6.09	7.67	2.37	0.79
普通农户	总体	13.80	3.26	8.59	2.08	1.17
	开展新业态	23.30	6.25	10.23	6.25	3.98
	不开展新业态	10.98	2.36	8.11	0.84	0.34

第六节 农业新业态发展思路

一、政府鼓励新业态的发展要因地制宜且分类施策

受资源分布情况、交通运输情况、生态多样性情况、自然变化情况等外在因素影响,以及各主体自身的资源禀赋不同,其适合发

展的新业态也有所差异。此外,每种业态适合的行业也不同,发展与行业特征相匹配的新业态将更有利于发挥出新业态正向作用。因此,政府在鼓励新业态的发展时要尊重各主体的自身选择,具体问题具体分析,因地制宜,合理施策。

二、完善技术培训和信息发布等农业社会化服务体系

各主体负责人的教育程度和技术水平会显著影响新业态的发展,尤其是对普通农户和规模农户来说,户主教育、是否接受农业培训、农户是否科技示范户和户主是否具有农业技术职称对新业态的发展影响很大,说明农业新业态的发展具有一定的技术门槛。

各地政府需完善农业培训体系。要提高农业经营主体的农业技术水平,针对各地亟须技术、发展瓶颈设计实用的培训课程,增加农业信息技术培训,丰富各主体获取技术渠道。除技术外,各主体经营管理能力也是影响新业态发展的重要因素,农业培训不仅是农业生产的技术指导,也要适当增加农业经营管理知识培训。同时,要激发多类新型主体供给农业社会化服务的能力,让龙头企业、合作社、社会化服务组织发挥社会化服务供给的带动引领作用,让有能力的规模农户适当为普通农户提供农业社会化服务,帮助普通农户在进行农业经营过程中采纳新的生产和信息技术,提高生产效率,采纳现代经营理念,发展农业新业态。

三、鼓励返乡创业,培养更多年轻化的职业农民

年轻化的、具有非农工作经历且社会人际关系丰富的经营主

体负责人更容易发展新业态。原因是负责人年轻更易接受新事物且具有较高的冒险精神。而在公职人员、外出务工、村干部、当兵等非农工作中会接触到更多信息技术,接触更多能掌握销路和信息的人。拥有更广的社会人际关系则是在进行农业新业态经营时有更高的概率获得更多人的帮助,发展更多农业新业态形式和有效销售渠道,提高管理水平。

因此建议农村地区可根据自身需要,鼓励优秀的村民返乡从事农业新业态经营,享受新业态经营带来的盈利,同时也让农业新业态为周边农户提供更多就业机会,带动乡村整体的发展。

四、完善新业态发展的扶持政策,加强信贷支持

各主体新业态的发展与国家的补贴、税收减免和信贷支持政策息息相关。新业态的发展需要较多的资本投入,各主体在发展新业态时具有不同程度的资金约束,且贷款难度较大,新业态发展的资金压力很大。因此,国家扶持政策要适度向发展新业态的农业经营主体倾斜。

五、鼓励新业态发展主体联合发展

各主体加入经济组织、联合体,纵向一体化对其新业态的发展具有重要影响。这说明新业态的发展具有规模经济效应和范围经济效应,联合发展能使学习效应更好发挥,有效降低成本,更容易形成产业链、供应链。因此,政府需要引导各地的新业态发展主体联合发展,形成发展的共同体,最大限度地发挥新主体在新业态发展中的带动作用。

六、发挥农业新业态在绿色化发展、市场广化和市场深化的示范作用

各主体发展新业态对其绿色化生产、市场广化和市场深化具有促进作用。新业态的发展与我国当前"绿色兴农、质量兴农"的发展倾向高度一致,因此政府制定政策时要着重考虑新业态发展对我国农业绿色发展和高质量发展的示范带动作用。

第三章　新型农业经营主体社会化服务调查

第一节　研究背景和思路

一、研究背景

长期以来,"大国小农"一直是中国农业的基本格局,通过加强社会化服务促进农业适度规模经营来推进农业现代化的策略日益受到农业经营者和政策制定者的关注。近年来,在坚持家庭联产承包经营基础上,培育从事农业生产与服务的新型农业经营主体已经成为关系中国农业现代化的重大战略。据《新型农业经营主体和服务主体高质量发展规划(2020—2022年)》[①],当前我国新型农业经营主体培育成效初步显现,整体数量快速增长,发展质量不断提升,带动效果越发明显,引领作用持续发挥。截至2018

---

① 农业农村部:《新型农业经营主体和服务主体高质量发展规划(2020—2022年)》,2020年3月3日。

年年底,全国家庭农场达到近 60 万家,经营土地面积达 1.62 亿亩,年销售农产品总值 1946.2 亿元,平均每个家庭农场 32.4 万元;全国依法登记的农民合作社达到 217.3 万家,各类农民合作社在按交易量(额)返还盈余的基础上,平均为每个成员二次分配 1400 多元;全国从事农业生产托管的社会化服务组织数量达到 37 万个,托管面积为 3.64 亿亩,托管服务组织的服务对象数量达到 4630 万个(户)。全国已有农业产业化龙头企业 8.7 万家,其中国家重点龙头企业 1542 家。各类新型农业经营主体和服务主体快速发展,数量已经超过 300 万家,成为推动现代农业发展的重要力量。

农业社会化服务体系的建设与发展是现代农业的重要组成部分和体现。尤其对于小农经济,农业社会化服务是实现农业生产组织化、专业化和规模化的重要手段,也是小农户与大市场对接的重要途径。改革开放以来,中国政府高度重视农业社会化服务体系建设工作。目前,多主体、社会化的农业社会化服务主体所形成的服务体系基本形成,以家庭承包经营为基础、以公共服务机构为主导,多元化和社会化的市场主体广泛参与的新型农业社会化服务体系不断完善;各农业社会化服务主体在农业产前、产中、产后的服务上与农民经营有机结合,创新出了很多有效的农业社会化服务模式。

从 2004 年开始连续十个中央"一号文件"都对"健全农业社会化服务体系"提出了要求。2018 年中央"一号文件"着重提出"健全农业社会化服务体系,实现小农户与现代农业发展有机衔接"。从该文件可以看出,实现小农户与现代农业发展衔接成为未来一段时期内中国农业政策的目标,其主要途径便是健全农业社会化服务体系。

农业社会化服务体系是在家庭承包经营的基础上,为农业产前、产中、产后各个环节提供服务的各类机构和个人所形成的网络。农业社会化服务涉及的内容十分宽泛,包括物资供应、生产服务、技术服务、信息服务、金融服务、保险服务以及农产品的运输、加工、贮藏、销售等各个方面。农业社会化服务体系有两个基本含义:一是服务的社会化,农业作为社会经济再生产的一个基本环节,其再生产过程不是由个别农业生产经营者完成的,而要依赖其他产业部门的服务活动;二是组织的系统性,各个产业部门依据其服务内容和服务方式,构建相应的组织载体,围绕农业再生产的各个环节,形成有机结合、相互补充的组织体系,为农业提供综合配套的服务,实现农业生产经营活动的科学和高效(孔祥智,2007)。完善的农业社会化服务体系是我国建设现代农业的基础。面对新形势、新任务,农业社会化服务体系体制不顺、机制不活、队伍不稳、保障不足等问题急需解决。

现实中,农业社会化服务体系是一个复杂的系统,具有立体多位互动性,如图 3-1 所示。显然,一些新型农业经营主体也提供部分农业社会化服务,既是经营主体也是服务供给主体,兼具双重特征,而这种双重特征在调查中也取得了切实的数据支持。

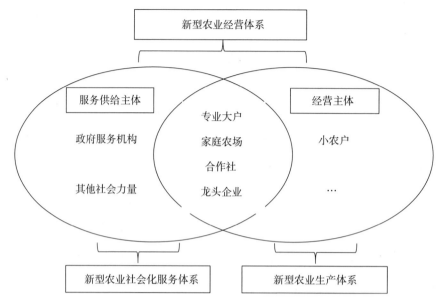

图 3-1 新型农业经营主体的社会化服务供需互动关系

二、研究思路

近年来,农业社会化服务的发展受到越来越多的重视。那么,目前农业社会化服务的需求状况是怎样的? 农业社会化服务的供给状况又是怎么样的? 农业社会化服务供需主体有什么特征,又有什么差异? 对于供需两方主体来说,农业社会化服务是否真正发挥了效力,增加了新主体的收益? 农业社会化服务供给和需求之间是否匹配? 这将是本章所要重点探讨的问题。

据此,本章立足于农业社会化服务供给、需求两端,首先,阐述不同新型农业经营主体对农业生产服务、金融服务、信息服务、农业保险服务和销售服务五类服务的需求情况。其次,描述不同新型农业经营主体有关上述五种社会化服务的供给情况。此外,本章进一步对比了农业社会化服务需求主体与供给主体的特征变量用以说明服务需求主体和服务供给主体之间的差异。最后,本章研究了农业社会化服务供需匹配程度的问题。有关本章的分析框架见图3-2。

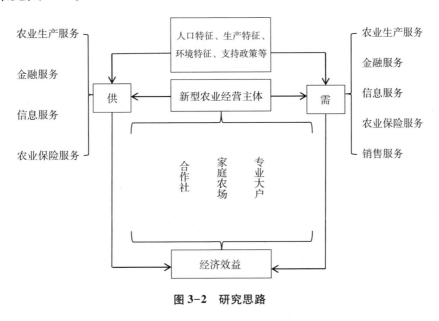

图3-2　研究思路

第二节　新型农业经营主体对农业社会化服务的需求

厘清社会化服务的需求为进一步完善农业社会化服务体系提供了方向。农业社会化服务体系是一个复杂的系统,新型农业经营主体在提供社会化服务的同时也存在对社会化服务的需求。即新型农业经营主体在作为社会化服务供给主体的同时也是社会化服务的需求主体,具有双重性。因此,本章从农业社会化服务需求角度出发,阐述不同新型农业经营主体对农业生产服务、金融服务、信息服务、农业保险服务和销售服务五类服务的需求情况。

一、农业生产服务

本小节探讨新型农业经营主体与农业生产相关的社会化服务基本情况。根据生产性质的特点,农业生产服务可以分为生产环节服务与生产技术服务。其中,生产环节服务包括产前、产中、产后以及生产全过程中为保证产品质量安全所需要的各类实质性服务。具体指标包括:(1)产前服务——农业生产资料购买服务、良种引进和推广服务;(2)产中服务——集中育苗育秧服务、机械机播机种机收等机械化服务、肥料统配统施服务、灌溉排水服务、病疫防疫和统治服务;(3)产后服务——农产品加工服务、农产品运输及储藏服务、产品质量检测检验服务。总体来看,小农户是生产性社会化服务的主要需求方。家庭农场和专业大户了解各项社会化服务的比例高于小农户,接受/购买相关农业生产社会化服务的比例远低于小农户。新型农业经营主体借助规模化经营,在大型农机械购买上占据优势,从而弱化其对生产性社会化服务的需求,而小农户受限于自身财力,较大规模新型农业经营主体而言缺乏购买大型农机械的条件。

从整体上看,新型农业经营主体相较小农户对社会化服务的了解程度更高。且随着时间的推移,新主体和小农户对社会化服务的了解程度均有所提升。根据两期调查数据显示,绝大多数的小农户不了解有关农业生产的各类社会化服务。2017年小农户对于各类具体服务的了解比例仅在2.74%到9.73%之间。家庭农场和专业大户对农业生产社会化服务的了解程度比农户高,其了解比例在12.55%到45.87%之间,且主要集中在20%到30%之间。2018年,家庭农场和专业大户对农业生产社会化服务的了解程度相较小农户更高,其了解比例在30.85%到50.45%之间,而小农户了解比例则在12.99%到36.61%之间(见表3-1、表3-2)。在了解农业生产社会化服务的基础之上,各类生产主体接受/购买相关服务的比例较高,主要集中在40%到70%之间。这表明各类生产主体对于农业生产社会化服务的接受度较高,未来可通过加大宣传普及力度,让更多生产主体了解农业生产社会化服务,满足各主体对农业生产社会化服务的需求,促进农业生产社会化服务的发展。

表3-1　经营主体对各类农业生产社会化服务的了解比例　(单位:%)

农业生产社会化服务种类	2017 年			2018 年		
	小农户	家庭农场	专业大户	小农户	家庭农场	专业大户
农业生产资料购买服务	7.61	29.53	21.96	15.35	48.64	41.45
良种引进和推广服务	7.11	34.41	31.21	27.56	48.52	42.50
集中育苗育秧服务	9.32	30.10	25.22	12.99	51.36	42.22
机械机播机种机收等机械化服务	9.73	35.01	30.32	28.22	44.89	36.77
肥料统配统施服务	6.48	26.49	20.24	13.91	46.14	33.81
灌溉排水服务	7.36	30.22	25.15	36.61	48.75	38.97
病疫防疫和统治服务	8.73	31.82	45.87	24.67	47.84	44.13
农产品加工服务	2.74	14.38	12.55	14.96	33.07	30.85
农产品运输与储藏服务	2.74	18.26	14.45	14.83	40.45	35.82
产品质量检测检验服务	3.37	22.54	21.26	12.99	38.86	36.68
农业技术推广和培训服务	7.63	45.02	38.12	23.62	50.45	42.50

表3-2　经营主体在了解各类生产性社会化服务的前提下接受/购买服务的比例

(单位:%)

农业生产社会化服务种类	2017 年			2018 年		
	小农户	家庭农场	专业大户	小农户	家庭农场	专业大户
农业生产资料购买服务	65.57	62.28	65.49	67.23	57.95	42.66
良种引进和推广服务	61.40	66.92	70.44	63.21	6.59	1.79
集中育苗育秧服务	29.73	51.93	48.46	50.00	47.63	40.90

续表

农业生产社会化服务种类	2017 年			2018 年		
	小农户	家庭农场	专业大户	小农户	家庭农场	专业大户
机械机播机种机收等机械化服务	70.51	65.31	64.77	84.02	51.10	38.76
肥料统配统施服务	51.92	60.98	51.91	37.04	46.47	34.82
灌溉排水服务	45.76	57.51	61.30	56.38	55.61	39.95
病疫防疫和统治服务	57.14	65.04	76.74	52.63	54.17	48.71
农产品加工服务	31.82	32.43	34.93	34.48	36.91	26.38
农产品运输及储藏服务	45.45	46.10	44.05	33.91	48.20	36.94
产品质量检测检验服务	44.44	58.05	68.42	48.51	43.71	39.18
农业技术推广和培训服务	50.85	74.43	74.94	63.74	57.24	45.41

各类经营主体对农业生产各个环节的社会化服务的需求存在差异。各类生产主体对农业生产环节社会化服务的了解及需求主要集中在与生产有直接相关的产前、产中环节,对产后的农产品加工、运输和储藏、质量检验检测的社会化服务了解及需求较少。根据 2017 年的调查数据发现,对小农户来说,其接受/购买过农业生产环节社会化服务前三名的种类为机械机播机种机收等机械化服务、农业生产资料购买服务、良种引进和推广服务,所占总农户数的比例分别为 70.51%、65.57%、61.40%。对家庭农场来说,其接受/购买过农业生产环节社会化服务前三名的种类为农业技术推广与培训服务、良种引进和推广服务、机械机播机种机收等机械化服务,所占总家庭农场数的比例分别为 74.43%、66.92%、65.31%。对专业大户来说,其接受/购买过农业生产环节社会化服务前三名为病疫防疫和统治服务、农业技术推广和培训服务、良种引进和推广服务,所占总专业大户数的比例分别为 76.74%、74.94%、70.44%。根据 2018 年的调查数据发现,对小农户来说,在了解各类生产性社会化服务基础上其

接受/购买过的农业生产环节社会化服务前三名的种类为机械机播机种机收等机械化服务、农业生产资料购买服务、农业技术推广和培训服务,所占总小农户数的比例分别为84.02%、67.23%、63.74%。对家庭农场来说,其接受/购买过的农业生产环节社会化服务前三名的种类为农业生产资料购买服务、农业技术推广和培训服务、灌溉排水服务,所占总家庭农场数的比例分别为57.95%、57.24%、55.61%。对专业大户来说,其接受/购买过的农业生产环节社会化服务前三名为病疫防疫和统治服务、农业技术推广和培训服务、农业生产资料购买服务,所占总专业大户数的比例分别为48.71%、45.41%、42.66%。由此可见,各类经营主体对农业技术推广和培训服务的接受/购买的比例均较高(见表3-2)。

综合来看,家庭农场、专业大户和小农户均对农业生产技术社会化服务存在显著需求。根据问卷统计结果,农业生产技术是制约农业生产发展的重要因素,包括家庭农场、专业大户、小农户在内的多数农业经营主体认为存在农业生产技术方面的困难。根据2017年的调查结果,35.16%的小农户觉得存在农业生产技术困难,50.13%的家庭农场觉得存在农业生产技术困难,44.81%的专业大户觉得存在生产技术困难。但只有3.88%的农户、33.51%的家庭农场、28.57%的专业大户接受/购买了农业生产技术推广和培训的社会化服务。根据2018年的调查结果46.33%的小农户认为存在农业生产技术困难,52.05%的家庭农场认为存在农业生产技术困难,48.62%的专业大户认为存在生产技术困难。

二、金融服务

本小节内容主要分析新型农业经营主体内部融资需求情况，包括龙头企业与合作社的借款需求及其银行贷款类型，家庭农场、专业大户、小农户借款途径及借款金额。总体来看，各经营主体获取正规借贷的能力不同，对非正规融资渠道的选择与自身经营特点密切相关。近半数的龙头企业的融资渠道为商业银行贷款，体现了龙头企业在银行贷款方面的优势，其余的贷款需求由人情借贷补充。近半数的合作社由于"感觉自己肯定贷不到款"而放弃银行借贷，转而使用合作社自有资金，或者通过社员筹集资金。家庭农场、专业大户比小农户的借款意愿更强烈，更加倾向于选择正规渠道进行借款。

就借款渠道而言，龙头企业和合作社之间存在差异，但商业银行贷款和人情借贷均为主要借款方式，见表3-3、表3-4。根据2017年的调查数据，在存在借款需求的企业中，亲朋好友成为企业第一大借款来源，商业银行位居第二。调查显示，前三大借款渠道分别为向亲朋好友借款、商业银行、贷款公司或村镇银行，其占比分别为44.77%、38.63%、7.94%。2018年的调查显示，龙头企业前三大借款渠道分别为向亲朋好友、商业银行、贷款公司或村镇银行借款，其占比分别为42.39%、35.87%、13.77%（见表3-3）。而当需要资金时，有相当一部分的农民专业合作社会首先依靠自身积累资金解决"燃眉之急"。选择正规借贷渠道的合作社不足三成，自有资金和人情借贷是合作社融资的主要方式。合作社前三大筹款方式则是依靠自身积累资金、人情借贷、筹集社员资金，三者占比分别为23.06%、18.39%、17.96%，其中人情借贷中无息人情借贷占比11.03%，有息人情借贷占比7.36%。其次，合作社选择商业银行借贷筹款的占比为 17.11%,较之龙头企业这一比例低了 18.76 个百分点(见表 3-4)。合作社未进行银行贷款的原因中,"感觉自己肯定贷不到款"而没有申请贷款是主要原因。2017年,当被问及需要贷款而没有银行贷款的原因时,得到的 93 个有效回答中,有 19.35% 的合作社负责人选择"不知道如何申请","感觉自己肯定贷不到"的占比为 29.03%,还有 35.48% 的合作社负责人回答"贷款手续繁杂"。2018 年,当被问及需要贷款而没有银行贷款的原因时,得到的 225 个有效回答中,有超过半数的合作社负责人认为"感觉自己肯定贷不到",11.11% 的负责人认为"贷款成本太高",还有 8.89% 的合作社负责人认为"贷款手续烦琐"(见表 3-5)。

表 3-3　龙头企业借款渠道

渠道	2017 年		2018 年	
	观测值(个)	百分比(%)	观测值(个)	百分比(%)
亲朋好友处借款	124	44.77	117	42.39
商业银行	107	38.63	99	35.87
贷款公司或村镇银行	22	7.94	38	13.77
互助组织	9	3.25	9	3.26
政策性银行	15	5.42	13	4.71

表 3-4　合作社需要资金时最优先考虑的筹款渠道

渠道	观测值(个)	百分比(%)
合作社自有资金	163	23.06
筹集社员资金	127	17.96
人情借贷(无息亲朋好友)	78	11.03
人情借贷(有息亲朋好友)	52	7.36
农村信用社等商业银行	121	17.11

续表

渠道	观测值（个）	百分比（%）
贷款公司等非银行金融机构	49	6.93
轮会、抬会等非正规金融机构	32	4.53
民间高利贷	24	3.39
农发行等政策性银行	60	8.49
其他	1	0.14

表 3-5　合作社没有银行贷款原因

原因	2017 年		2018 年	
	观测值（个）	百分比（%）	观测值（个）	百分比（%）
不知道如何申请	18	19.35	17	7.56
感觉自己肯定贷不到	27	29.03	115	51.11
贷款手续烦琐	33	35.48	20	8.89
没靠山、没关系	—	—	12	5.33
贷款成本太高	—	—	25	11.11
贷款期限太短	—	—	9	4.00
没有合格抵押品	—	—	17	7.56
银行不发放合作社贷款	—	—	9	4.00
其他	15	16.13	1	0.44

　　表 3-6 展示了合作社和龙头企业不同的贷款方式。就银行贷款而言，龙头企业与合作社更加青睐信用贷款和联保贷款。2017 年的调查显示，龙头企业较多选择信用贷款、抵押贷款以及担保贷款，此三类贷款所占比重依次为 17.76%、17.21%、14.48%，联保贷款和质押贷款使用较少，所占比重分别为 7.10% 和 4.10%。农民专业合作社较多选择信用贷款、担保贷款、联保贷款和抵押贷款，此四类贷款所占比重依次为 14.87%、10.76%、6.52%、6.37%，选择质押贷款的比重仅占 0.71%。2018 年的调查

显示,龙头企业较多选择信用贷款、联保贷款以及抵押贷款。合作社较多选择信用贷款、联保贷款、抵押贷款和担保贷款。银行贷款服务面向新型农业经营主体的拓展纵深仍然很大。分别有21.08%的龙头企业和74.12%的合作社没有申请过银行贷款。

表3-6　龙头企业和合作社银行贷款方式占比①　　（单位:%）

贷款类型		2017 年		2018 年	
		龙头企业	合作社	龙头企业	合作社
银行贷款	信用贷款	17.76	14.87	31.84	49.46
	联保贷款	7.10	6.52	33.18	21.20
	担保贷款	14.48	10.76	12.11	11.96
	抵押贷款	17.21	6.37	18.39	12.50
	质押贷款	4.10	0.71	1.35	3.80
没有申请过银行贷款		56.83	68.38	21.08	74.12
担保贷款	政府担保	3.83	1.84	9.42	4.17
	企业担保	9.29	1.70	10.31	2.22
	小额担保公司	2.46	0.99	2.24	1.95
	小额贷款公司	1.09	0.14	1.35	0.56
	保险公司	0.00	0.28	0.90	0.28
	个人	5.74	9.63	7.17	1.95
抵押贷款	个人房产	9.29	3.40	10.47	3.80
	土地承包经营权	6.56	2.69	4.04	3.26
	林权	0.55	0.00	0.66	0.54
	企业设备	9.56	1.27	0.41	1.90
质押贷款	地上物收益权质押	4.92	1.70	0.19	3.59
	仓单质押	2.19	0.14	0.85	0.11

① 注:选择担保贷款的企业或者合作社可以同时有政府担保及企业担保等多种担保方式。同样地,选择抵押贷款的企业或者合作社可以同时有多种抵押物。选择质押贷款的企业或者合作社可以同时有多种质押物。

就担保贷款而言,龙头企业和合作社的担保方式均主要为企业担保和政府担保。2017 年的调查数据显示,农业龙头企业选择企业担保和个人担保的比重依次为 9.29%、5.74%;农业专业合作社选择个人担保和政府担保的比重依次为 9.63%、1.84%。此外,农业龙头企业的政府担保比重仍旧高出合作社 1.99 个百分点,一定程度上反映出政府对于这两类主体的重视程度是有所差异的。2018 年的调查数据显示,农业龙头企业选择企业担保和政府担保的比重依次为 10.31%、9.42%;合作社选择企业担保和政府担保的比重依次为 2.22%、4.17%。

就抵押贷款而言,房产和土地承包经营权是龙头企业和合作社的重要抵押物。2017 年的调查数据显示,农业产业化龙头企业的抵押物主要为企业设备、个人房产、土地承包经营权,其所占比例由大到小依次为 9.56%、9.29%、6.56%;农业专业合作社的抵押物主要为个人房产抵押、土地承包经营权、企业设备,其所占比重由大到小依次为 3.40%、2.69%、1.27%,其中合作社企业设备抵押贷款比重低于龙头企业 8.29 个百分点,或是因为合作社集体产权难以界定社内产权主体的原因所致。2018 年的调查数据显示,农业产业化龙头企业的抵押物主要为个人房产、土地承包经营权,所占比例由大到小依次为 10.47%、4.04%;合作社的抵押物主要为个人房产、土地承包经营权,其所占比重由大到小依次为 3.80%、3.26%,其中合作社个人房产贷款比重低于龙头企业 6.67 个百分点。

就质押贷款而言,龙头企业和合作社质押物主要为地上物收益权和仓单,占比均较小。2017 年的调查数据显示,农业龙头企业选择地上物收益权质押与仓单质押的比例分别为 4.92%、

2.19%;而农业专业合作社大比例地以地上物收益权作为质押物,其比重占到有效样本总数的 1.70%,选择仓单质押的仅为 0.14%。2018 年的调查数据显示,龙头企业选择地上物收益权质押与仓单质押的比例分别为 0.19%、0.85%;合作社大比例地以地上物收益权作为质押物,其比重占到有效样本总数的 3.59%,选择仓单质押的仅为 0.11%。

家庭农场、专业大户比小农户的借款意愿更强烈,且更加倾向于选择正规渠道进行借款。2018 年有借款需求的家庭农场、专业大户、小农户分别占比 71.77%、63.83%、46.98%,其中,超过八成的家庭农场和专业大户优先考虑的借款方式为信用社等商业银行或亲朋无息借款,小农户优先考虑的借款方式则更为分散,各类借款方式的占比均在 8.68% 和 15.26% 之间。对于不同主体所认为的最可靠的借款途径,家庭农场、专业大户和小农户都认为银行是最可靠的。家庭农场将朋友和生意伙伴视为最可靠的借款途径的占比则分别为 5.63% 和 4.23%,专业大户的对应比例为 9.57% 和 6.38%,小农户的对应比例则分别为 19.55% 和 21.00%(见表 3-7)。

表 3-7　家庭农场、专业大户、小农户借款渠道占比统计　　(单位:%)

内容	家庭农场	专业大户	小农户
考虑通过借款的方式获得发展所需资金比例	71.77	63.83	46.98
首先考虑的借款方式			
亲朋无息	37.33	47.50	12.37
亲朋有息	8.00	8.33	10.79
民间高利贷	0.00	0.83	10.79
贷款公司或村镇银行	6.00	5.00	10.79

内容	家庭农场	专业大户	小农户
合作社或合会、资金互助社等互助组织	1.33	0.00	8.68
信用社等商业银行	45.33	35.00	10.00
自身积累	0.00	0.00	11.05
农发行等政策性银行	1.33	3.33	10.26
其他	0.67	0.00	15.26
认为最可靠的借款途径			
银行	57.75	56.91	33.07
亲戚	30.99	25.00	25.46
朋友	5.63	9.57	19.55
生意伙伴	4.23	6.38	21.00
其他(合会、资金互助社等)	1.41	2.13	0.92

在实际借款情况中,家庭农场和专业大户的借款金额要显著高于小农户。对比 2016 年、2017 年两年的数据发现,专业大户 2016 年、2017 年内累计借款分别为 5.20 万元、5.90 万元,而家庭农场 2016 年、2017 年内累计借款分别为 6.40 万元、5.61 万元,2016 年高出专业大户 22.91%,2017 年其水平有所降低,低于专业大户 4.83%。就两者的借款结构来看,私人借款权重占主体,但其比重有所差异。具体而言,家庭农场 2016 年、2017 年私人借款平均占比 34.65%、34.69%,专业大户 2016 年、2017 年私人借款平均占比 41.42%、40.02%,分别高出家庭农场 6.77 个、5.33 个百分点。对于借款结构中银行借款和信用社借款的占比,二者并无明显差异。与家庭农场和专业大户相比,小农户无论从年内累计借款水平还是从借款结构来看,都显著异于以上两类经营主体。首先,年内累计借款水平远低于家庭农场或专业大户。2016 年、2017 年小农户平均借款水平分别为 1.27 万元、1.29 万元。其次,

借款结构中,私人借款占据主导地位,银行和信用社贷款处于次要地位。2016 年、2017 年小农户私人借款平均占比分别高达74.27%、82.60%;银行和信用社贷款所占比例则很小,2016 年银行与信用社贷款占比分别为 12.05%和13.74%,2017 年其比例分别仅为 8.21%和5.12%。2018 年家庭农场、专业大户和小农户的平均借款金额分别为 23.84 万元、32.70 万元、4.59 万元,其中专业大户的平均借款金额最高,另外,三者近 5 年,向农村信用社(银行)等正规渠道申请过贷款比例分别为 32.85%、43.75%和10.24%(见表3-8)。

表 3-8　家庭农场、专业大户、小农户借款情况

	内容	家庭农场	专业大户	小农户
2016	累计借入款金额(万元)	6.40	5.20	1.27
	银行贷款(万元)	4.06	2.90	0.73
	信用社贷款(万元)	4.25	2.17	0.40
	私人借款(万元)	2.57	2.63	1.90
	银行贷款占比(%)	26.82	22.50	12.05
	信用社贷款占比(%)	31.12	27.91	13.74
	私人借款占比(%)	34.65	41.42	74.27
2017	累计借入款金额(万元)	5.61	5.90	1.29
	银行贷款(万元)	3.52	2.76	0.61
	信用社贷款(万元)	2.83	2.00	0.21
	私人借款(万元)	2.04	3.34	2.00
	银行贷款占比(%)	27.90	25.14	8.21
	信用社贷款占比(%)	28.57	29.56	5.12
	私人借款占比(%)	34.69	40.02	82.60
2018	平均借款金额(万元)	23.84	32.70	4.59
	近 5 年,向农村信用社(银行)等正规渠道申请过贷款比例(%)	32.85	43.75	10.24

三、信息服务

本小节内容主要分析新型农业经营主体信息服务的需求情

况,包括龙头企业、合作社、家庭农场和专业大户信息服务的需求类别和禀赋差异。总体来看,不同主体信息获取的资源禀赋存在较大不同,由此导致不同主体信息获取差异较大。新型农业经营主体获取信息的比例高于小农户,以生产经营类信息为例,近六成龙头企业获得该信息,近四成家庭农场获得该信息,专业大户和小农户对应的比例分别为三成和两成。其他类别信息获取情况与生产经营类相似。在获取信息服务禀赋方面,基本所有的龙头企业拥有电脑且能连接上互联网,家庭农场与专业大户对应的比例为80%左右,而仅有半数的小农户家中有电脑且能联网。

不同主体获取信息服务的禀赋存在差异,龙头企业最具优势。基本所有的龙头企业拥有电脑且能连接上互联网,家庭农场与专业大户对应的比例为80%左右,而仅有半数的小农户家中有电脑且能联网。86.79%的龙头企业负责人使用互联网购买过生活用品,60.38%的龙头企业使用互联网购买过生产资料,39.08%的龙头企业使用互联网销售过农产品。合作社对应的比例为67.51%、52.18%、39.10%;家庭农场对应的比例为36.71%、21.61%、14.55%;专业大户对应的比例为34.69%、19.81%、11.66%;小农户对应的比例为35.81%、10.16%、4.56%(见表3-9)。

表3-9 农业经营主体信息服务禀赋差异 (单位:%)

获取信息禀赋	家庭农场	专业大户	合作社	龙头企业	小农户
电脑数量(台)	1.17	1.03	4.54	7.44	0.58
拥有电脑的比例	77.07	77.25	93.39	99.19	45.83

续表

获取信息禀赋	家庭农场	专业大户	合作社	龙头企业	小农户
能够联网占比	80.37	86.92	91.00	99.19	52.47
使用互联网购买生活用品	36.71	34.69	67.51	86.79	35.81
使用互联网购买生产资料	21.61	19.81	52.18	60.38	10.16
使用互联网销售农产品	14.55	11.66	39.10	39.08	4.56

不同主体之间获取的信息类型存在差异。随着时间的推移,各主体获取信息服务的比例都较前一年有所提高。不同主体信息获取的资源禀赋存在较大不同,由此导致不同主体信息获取差异也较大。2017年,农业产业化龙头企业获取最多的信息类别依次为市场供求类、生产经营类、农技推广类、农产品质量安全管理类、疫病疫情类、政策法规类、品牌建设类、保险类、金融供给类、社会化服务类和村务管理类。其中分别有54.25%、50.55%、40.71%的农业产业化龙头企业获得过市场供求类、生产经营类、农技推广类信息服务。家庭农场获取最多的信息类别依次为农技推广类、生产经营类、疫病疫情类、市场供求类、保险类、农产品质量安全管理类、政策法规类、村务管理类、社会化服务类、品牌建设、金融供给类。其中分别有41.03%、37.03%、33.33%的家庭农场获得过农技推广类、生产经营类、疫病疫情类信息服务。专业大户获取最多的信息类别依次为疫病疫情类、农技推广类、生产经营类、市场供求类、保险类、农产品质量安全管理类、政策法规类、村务管理类、社会化服务类、品牌建设类、金融供给类。其中分别有42.15%、32.59%、32.19%的专业大户获得过疫病疫情类、农技推广类、生产经营类信息服务。农民专业合作社获取最多的信息类别依次为农技

推广类、市场供求类、疫病疫情类、生产经营类、农产品质量安全管理类、政策法规类、保险类、村务管理类、品牌建设类、社会化服务类、金融供给类。其中有 41.75%、36.98%、33.19% 的农民专业合作社获得过农技推广类、市场供求类、疫病疫情类信息服务。

2018 年龙头企业获取最多的信息类别依次为生产经营类、市场供求类、农产品质量安全管理类、农技推广类、疫病疫情类、政策法规类、品牌建设类、保险类、金融供给类、社会化服务类、村务管理类。其中分别有 59.64%、54.71%、41.70% 的龙头企业获得过生产经营类、市场供求类、农产品质量安全管理类。专业大户获取最多的信息类别依次为生产经营类、疫病疫情类、农技推广类、市场供求类、农产品质量安全管理类、社会化服务类、政策法规类、村务管理类、保险类、金融供给类、品牌建设。其中分别有 32.57%、32.09%、29.61% 的专业大户获得过生产经营类、疫病疫情类、农技推广类服务。家庭农场获取最多的信息类别依次为农技推广类、生产经营类、疫病疫情类、市场供求类、农产品质量安全管理类、村务管理类、政策法规类、社会化服务类、保险类、品牌建设类、金融供给类。其中分别有 45.68%、42.50%、41.59% 的家庭农场获得过农技推广类、生产经营类、疫病疫情类服务。小农户获取最多的信息类别依次为农技推广类、生产经营类、疫病疫情类、市场供求类、村务管理类、农产品质量安全管理类、保险类、社会化服务类、政策法规类、金融供给类、品牌建设类。其中有 21.00%、20.60%、13.39% 的小农户获得过农技推广类、生产经营类、疫病疫情类服务(见表 3-10)。

表 3-10　获取过各类型信息的新型农业经营主体占比

（单位：%）

2017 年					
信息类别	龙头企业	合作社	家庭农场	专业大户	小农户
生产经营类	50.55	32.28	37.03	32.19	4.49
农技推广类	40.71	41.75	41.03	32.59	4.73
疫病疫情类	34.34	33.19	33.33	42.15	6.85
农产品质量安全管理类	39.62	27.38	23.64	21.01	2.12
市场供求类	54.25	36.98	26.87	24.19	3.24
品牌建设类	26.85	14.55	14.08	9.35	0.62
金融供给类	21.10	10.10	13.82	9.26	0.25
保险类	26.10	18.30	24.03	22.30	4.86
政策法规类	31.23	20.75	22.90	18.37	2.62
村务管理类	15.93	14.84	15.14	12.88	4.11
社会化服务类	17.63	14.41	14.34	9.79	1.75
未曾获得任何以上信息	22.40	36.69	35.57	36.54	80.59
2018 年					
信息类别	龙头企业	合作社	家庭农场	专业大户	小农户
生产经营类	59.64	56.41	42.50	32.57	20.60
农技推广类	32.29	78.63	45.68	29.61	21.00
疫病疫情类	27.80	32.48	41.59	32.09	13.39
农产品质量安全管理类	41.70	39.32	34.20	22.54	9.45
市场供求类	54.71	43.59	40.57	27.89	12.47
品牌建设类	21.52	13.68	16.93	9.74	4.07
金融供给类	19.73	11.11	15.80	10.70	4.72
保险类	19.73	11.11	21.14	14.71	8.14
政策法规类	26.01	12.82	31.02	18.15	6.56
村务管理类	14.35	8.55	31.59	17.96	11.81
社会化服务类	16.14	5.98	26.48	18.91	7.35
未曾获得任何以上信息	0.00	0.00	2.98	0.76	0.78

四、农业保险服务

本小节讨论家庭农场、专业大户、小农户以及合作社的农业保险需求情况。总体来看,目前农业保险的普及率仍旧很低,但新型农业经营主体购买农业保险的比例高于小农户,投保金额高于小农户。仅有两成左右的家庭农场和专业大户购买了农业保险,小农户购买比例不足 10%。家庭农场和专业大户的投保金额高于小农户。七成目前未购买农业保险的合作社以后也不想购买农业保险,"保险赔付少","收入少,不值得投保"是造成合作社不想购买农业保险的主要原因。

就购买农业保险的比例来看,家庭农场、专业大户、小农户三类经营主体中,大多数主体没有购买农业保险,其中家庭农场购买比例最高、小农户购买比例最小。具体表现为,2016 年家庭农场、专业大户、小农户购买农业保险的比例分别为 30.41%、21.78% 和 19%;2017 年家庭农场、专业大户、小农户购买农业保险的比例分别为 28.36%、22.26% 和 21.31%;2018 年家庭农场、专业大户、小农户购买农业保险的比例分别为 21.70%、20.92% 和 6.24%。这个结果显示,这三类经营主体对农业保险的需求普遍不强烈,并且三类经营主体对农业保险的需求差别略大,原因可能是家庭农场面临的生产风险最大,小农户面临的生产风险最小。三类经营主体的保险平均投入金额也有差距。专业大户的平均投入金额最多,小农户的平均投入金额最少。2016 年,购买了农业保险的家庭农场、专业大户、小农户平均投保金额分别为 4672.87 元、4334.78 元、278.14 元。2017 年,购买了农业保险的家庭农场、专业大户、小农户平均投保金额分别为 4354.74 元、5895.88 元、323.04 元。2018 年购买了农业保险的家庭农场、专业大户、小农户平均投保金额分别为 1357.82 元、1348.67 元和 64.19 元(见表3-11)。有约四成的合作社没有购买农业保险,在目前没有购买农业保险的合作社中,有七成的合作社表示以后也不想购买农业保险。57.41%的合作社由于"保险赔付少"没有购买农业保险,38.43%的合作社由于"收入少,不值得投保"没有购买农业保险,23.61%的合作社由于"当地灾害少,没必要"没有购买农业保险(见表3-12)。

表3-11　家庭农场、专业大户、小农户农业保险投保比例及投保金额

主体名称		投保比例(%)	投保金额平均值(元)	投保金额最小值(元)	投保金额最大值(元)
2016 年	家庭农场	30.41	4672.87	0	100000
	专业大户	21.78	4334.78	0	80000
	小农户	19	278.14	0	6000
2017 年	家庭农场	28.36	4354.74	0	40000
	专业大户	22.26	5895.88	0	170000
	小农户	21.31	323.04	0	6000
2018 年	家庭农场	21.70	1357.82	0	400000
	专业大户	20.92	1348.67	0	400000
	小农户	6.24	64.19	0	10000

表3-12　合作社不想购买农业保险的原因

农业保险购买	合作社数量(家)	所占比例(%)
目前已经购买农业保险	417	58.65
目前没有购买农业保险	294	41.35
以后不想购买农业保险	216	73.47
不购买原因:当地灾害少,没必要	51	23.61
收入少,不值得投保	83	38.43
保险赔付少	124	57.41
投保程序复杂	30	13.89
理赔程序复杂	34	15.74

续表

农业保险购买	合作社数量（家）	所占比例（%）
保费太高	25	11.57
对保险公司或政府不信任	18	8.33
不了解保险条款	19	8.80
这是个人选择问题,合作社无此义务	36	16.67

五、销售服务

本小节分析家庭农场、专业大户、小农户农产品销售服务以及市场营销服务的需求。总体来看,销售渠道单一仍是各经营主体面临的主要问题,新型农业经营主体在拓宽各主体多元化销售渠道方面的潜力仍有待开发。在小农户与大市场的衔接上,政府和合作社发挥的作用最大,龙头企业发挥的作用最小。市场营销服务是拓宽销售渠道的重要手段,但接受该服务的家庭农场、专业大户以及小农户不足 1/5。

就农产品销售服务的接受或购买程度而言,家庭农场、专业大户、小农户接受或购买过该服务的比例较低,同时存在销售渠道单一的问题。2017 年的调查显示,家庭农场、专业大户、小农户接受或购买过农产品销售服务的比例分别为 13.31%、11.38%、4.36%。此外,分别有 58.09%和 53.65%的家庭农场和专业大户遇到过销售渠道单一的问题,小农户遇到该问题相对最少,但比例也达到了 31.88%。2018 年的调查显示,家庭农场、专业大户、小农户接受或购买过农产品销售服务的比例分别为 30.45%、17.10%、31.50%。此外,分别有 58.88%和 52.70%的家庭农场和专业大户遇到过销售渠道单一的问题,小农户遇到该问题相对最少,但比例也达到了 46.61%。

就提供农产品销售服务的主体而言,政府在提供或出售农产品销售服务的作用最大。2017 年的调查显示,家庭农场、专业大户和小农户接受来自政府提供的市场销售服务比例分别为35.64%、19.85%、34.29%。2018 年的调查数据显示,家庭农场、专业大户和小农户接受来自政府提供的市场销售服务比例分别为41.79%、31.84%、69.16%,接受来自合作社提供的市场销售服务比例分别为34.70%、30.17%、11.68%,接受来自龙头企业的市场销售服务比例则分别为 16.04%、13.97%、3.41%。此外,其他社会力量在提供农产品销售服务方面也发挥了一定的作用,尤其在为小农户提供农产品销售服务方面(见表 3-13)。

表 3-13　农产品销售服务接受或购买情况　　　　　　　(单位:%)

经营主体		接受/购买过农产品销售服务比例	农产品销售服务提供主体比例						遇到过销售渠道单一问题的比例
			政府	合作社	龙头企业	其他社会力量	其他农村专业大户或小农户	其他	
2017年	家庭农场	13.31	35.64	14.85	7.92	18.81	17.82	20.79	58.09
	专业大户	11.38	19.85	17.56	6.87	24.43	19.08	16.79	53.65
	小农户	4.36	34.29	2.86	0	20.00	57.14	42.86	31.88
2018年	家庭农场	30.45	41.79	34.70	16.04	22.76	19.40	19.4	58.88
	专业大户	17.10	31.84	30.17	13.97	20.67	19.55	6.15	52.70
	小农户	31.50	69.16	11.68	3.41	7.48	3.02	6.82	46.61

针对市场营销服务的提供主体来看,政府和合作社发挥的作用更大。2017 年的调查数据显示家庭农场、专业大户和小农户接受来自政府提供的市场销售服务比例分别为 32.03%、27.34%、27.59%,接受来自合作社提供的营销服务比例分别为 17.97%、19.42%、27.59%。2018 年的调查数据显示家庭农场、专业大户和

小农户接受来自政府提供的市场销售服务比例分别为 47.83%、39.33%、80.75%,接受来自合作社提供的营销服务比例分别为35.40%、33.71%、18.79%(见表3-14)。

表3-14 市场营销服务接受或购买情况 （单位:%）

经营主体		接受/购买过市场营销服务比例	市场营销服务提供主体比例					
			政府	合作社	龙头企业	其他社会力量	其他农村专业大户或小农户	其他
2017年	家庭农场	9.39	32.03	17.97	5.47	14.84	14.84	14.84
	专业大户	7.65	27.34	19.42	5.76	17.27	12.23	17.99
	小农户	1	27.59	27.59	0	0	6.90	37.93
2018年	家庭农场	18.30	47.83	35.40	24.22	32.92	22.98	11.18
	专业大户	8.50	39.33	33.71	16.85	14.61	11.24	5.18
	小农户	19.82	80.75	18.79	4.97	6.52	3.11	7.14

第三节 新型农业经营主体对农业社会化服务的供给

《新型农业经营主体和服务主体高质量发展规划(2020—2022年)》中强调,要立足大国小农和小农户长期存在的基本国情农情,正确处理扶持小农户发展和促进各类新型农业经营主体和服务主体发展的关系,实现新型农业经营主体和服务主体高质量发展与小农户能力持续提升相协调。强化新型农业经营主体的社会化服务功能,让新型农业经营主体在生产和服务等不同领域发挥带头作用,有利于引领并帮助小农户实现与现代农业的对接。

因此,本章从农业社会化服务供给角度出发,阐述不同新型农业经营主体对农业生产服务、金融服务、信息服务、农业保险服务、销售服务五类服务的供给情况。

一、农业生产服务

本小节内容主要分析新型农业经营主体农业生产服务的供给情况。总体来看,政府或者公共服务组织在农业生产社会化服务供给中扮演重要的主体角色,但近年来合作社、龙头企业、家庭农场以及专业大户越来越体现出其"以大带小"的辐射带动优势。此外,不同主体提供的农业生产社会化服务在种类上存在差异。

从整体上看,2018 年与 2017 年情况相同,政府或者公共服务组织在农业生产社会化服务供给中均扮演重要的主体角色。在包含政府或公共服务组织、龙头企业、合作社、其他家庭农场或专业大户或小农户在内的农业生产社会化服务供给体系中,政府或者公共服务组织的占比 2017 年达到 53.97%,2018 年达到 55.11%,远高于其他供给对象。合作社是农业生产社会化服务供给体系的重要支撑力量,其供给所占比例 2017 年为 22.98%,2018 年为 22.98%。农业产业化龙头企业是农业生产社会化服务供给体系的有效补充,其供给所占比例 2017 年为 17.51%,2018 年为 8.94%。目前其他家庭农场、专业大户或者小农户在农业生产社会化服务方面的供给能力较弱,其所占比例 2017 年仅为 5.54%,2018 年为 9.37%(见表 3-15)。

表 3-15　各供给主体提供的各类农业生产社会化服务的比例

（单位:%）

农业生产社会化服务种类	政府或公共服务组织		合作社		龙头企业		其他家庭农场、专业大户或小农户	
	2018 年	2017 年	2018 年	2017 年	2018 年	2017 年	2018 年	2017 年
农业生产资料购买服务	10.34	6.33	8.81	10.22	8.41	14.23	11.91	11.26
良种引进和推广服务	9.30	11.21	2.97	10.96	4.16	17.39	5.77	11.26
集中育苗育秧服务	4.32	6.25	21.46	12.33	16.64	10.28	7.47	11.39
机械机播机种机收等机械化服务	10.07	7.02	6.70	9.38	4.70	3.56	12.57	22.15
肥料统配统施服务	9.49	5.60	8.97	10.01	9.76	15.81	6.71	8.01
灌溉排水服务	8.40	8.85	14.85	8.85	13.29	3.56	10.21	8.51
病疫防疫和统治服务	12.27	19.12	7.95	8.75	8.23	12.65	9.55	9.26
农产品加工服务	2.81	2.19	4.41	5.58	6.42	4.35	7.66	3.38
农产品运输及储藏服务	10.55	2.88	5.94	6.32	8.86	5.14	10.87	4.51
产品质量检测检验服务	10.60	10.11	8.17	6.64	9.76	2.77	7.47	2.75
农业技术推广和培训服务	11.84	20.42	9.77	10.96	9.76	10.28	9.83	7.51
总计	55.11	53.97	22.98	22.98	8.94	17.51	9.37	5.54

　　从横向看,各类供给主体主要提供的农业生产社会化服务种类存在差异。2017 年数据显示,政府或公共服务组织主要提供农业技术推广和培训服务（20.42%）、疫病防控和统治服务（19.12%）、良种引进和推广服务（11.21%）、产品质量检测检验服务（10.11%）。合作社提供的各类农业生产社会化服务较为均衡,主要集中在 10% 左右。龙头企业主要提供良种引进和推广服务（17.39%）、肥料统配统施服务（15.81%）、农业生产资料购买

（14.23%）。其他家庭农场、专业大户或小农户主要提供机械机播机种机收等机械化服务（22.15%）、集中育苗育秧服务（11.39%）、农业生产资料购买（11.26%）、良种引进和推广服务（11.26%）。2018年数据显示，政府或公共服务组织主要提供病疫防疫和统治服务（12.27%）、农业技术推广和培训服务（11.84%）、产品质量检测检验服务（10.60%）、农产品运输及储藏服务（10.55%）。合作社主要提供集中育苗育秧服务（21.46%）。龙头企业同样主要提供集中育苗育秧服务（16.64%）、灌溉排水服务（13.29%）。其他家庭农场、专业大户或小农户主要提供机械机播机种机收等机械化服务（12.57%）、农业生产资料购买（11.91%）、农产品运输及储藏服务（10.87%），具体见表3-15。由此可见，政府或公共服务组织主要提供专业技术性较强、与产品质量安全密切相关的农业生产社会化服务，体现了政府或公共组织的专业性和公益性的主体特点。而龙头企业、其他家庭农场、专业大户和小农户主要提供和实际生产相关的一些农业生产社会化服务，体现了其经验性与经营性的主体特点。

二、金融服务

本小节内容主要分析新型农业经营主体金融服务的供给情况。总体来看，新型农业经营主体各具特色的金融服务方式有效缓解了各主体资金短缺的困境，为正规借贷的多样化发展提供了有益参考。龙头企业主要提供农业信贷担保服务，为其他经营主体在正规金融渠道贷款提供便利。合作社提供最多的融资服务类型为是赊销农资，分别是预付定金、提供借款、贷款担保以及内部资金互助，体现了合作社合作互助的作用。此外，22%的家庭农场以及 16% 的专业大户向小农户提供过借款帮助,且家庭农场提供借款的平均水平要高于专业大户。

龙头企业通过为小农户贷款提供信贷担保帮助小农户获得金融服务,并且龙头企业的信贷担保比例有所上升。调查分别取得 2016 年和 2017 年各 350 家、2018 年 371 家的龙头企业有效样本,其中 2016 年仅有 61 家龙头企业提供此服务,占有效样本总数的 17.43%;2017 年这一比例有所下降,为 17.14%,2018 年这一比例大幅增加,为 97.84%。2016 年平均每一家龙头企业可为 8.53 户小农户提供农业信贷担保,2017 年龙头企业平均贷款担保小农户数为 8.67 户,2018 年龙头企业平均贷款担保小农户数为 8.87 户,基本保持不变(见表 3-16)。

表 3-16　龙头企业提供信贷担保情况

内容	2016 年信贷担保小农户数(户)	2017 年信贷担保小农户数(户)	2018 年信贷担保小农户数(户)
观测值(个)	350	350	371
平均值	8.53	8.67	8.87
提供担保	61	60	363
提供占比(%)	17.43	17.14	97.84
不提供担保	289	290	8
不提供占比(%)	82.57	82.86	2.16

合作社通过提供赊销农资、预付定金、提供借款、贷款担保以及内部资金互助的服务类型,发挥了合作社合作互助的作用。2017 年样本结果显示,在所取得的 706 家农业专业合作社有效样本中,有 66.01% 的合作社没有为社员提供过任何融资服务。就具体融资服务类型而言,提供最多的融资服务是赊销农资,提供此服

务的农民专业合作社占比为 17.71%%，其次分别是贷款担保
（8.22%）、内部资金互助（7.93%）、提供借款（7.65%）、预付定金
（7.51%）。就合作社为社员提供的金融中介服务而言，在所取得
的 706 家农业专业合作社有效样本中，有 77.20% 的合作社没有为
社员提供过任何融资中介服务。就具体融资中介服务而言，提供
最多的融资中介服务是协调外部借款和寻找担保人，占比分别为
7.65% 和 6.66%，其次是协助开展信用评级（6.09%），其他
（0.42%）。就融资增量比例来看，2017 年较之 2016 年，融资额下
降的合作社仅有 7.03%，融资额增加的合作社占比 11.93%，余下
81.04% 的合作社，其帮助社员融资的额度并无发生变化。2018
年样本结果显示，就合作社为社员提供的融资服务类型而言，在
所取得的 711 家合作社有效样本中，有 64.93% 的合作社没有为
社员提供过任何融资服务。就具体融资服务类型而言，提供最
多的融资服务是赊销农资，提供此服务的合作社占比为
33.77%，其次分别是预付定金（31.90%）、提供借款（20.71%）、
贷款担保（16.79%）、内部资金互助（13.25%）。就合作社为社
员提供的金融中介服务而言，在所取得的 711 家合作社有效样
本中，有 70.52% 的合作社没有为社员提供过任何融资中介服
务。就具体融资中介服务而言，提供最多的融资中介服务是协
助开展信用评级和寻找担保人，占比分别为 30.60% 和 22.57%，
其次是协调外部借款（16.79%），其他（2.80%）。此外，合作社
还向社员提供融资服务，2016 年平均每家合作社为其社员融资
15.01 万元，2017 年为 20.33 万元，2018 年为 44.68 万元（见表
3-17、表 3-18）。

表3-17 合作社的金融服务供给 （单位:%）

融资服务	2018年占总体百分比	2017年占总体百分比	金融中介服务	2018年占总体百分比	2017年占总体百分比
赊销农资	33.77	17.71	协调外部借款	16.79	7.65
预付定金	31.90	7.51	协调外部借款	16.79	7.65
提供借款	20.71	7.65	寻找担保人	22.57	6.66
贷款担保	16.79	8.22	协助开展信用评级	30.60	6.09
内部资金互助	13.25	7.93	其他	2.80	0.42
未提供过任何融资服务	64.93	66.01	未提供过任何金融中介服务	70.52	77.20

表3-18 合作社为社员提供融资情况①

内容	2016年为社员融资（万元）	2017年为社员融资（万元）	2018年为社员融资（万元）
观测值(个)	344	331	607
平均值	15.01	20.33	44.68
提供融资数	104	92	529
提供占比(%)	30.23	27.79	87.15
不提供融资数	240	239	78
不提供占比(%)	69.77	72.21	12.85

家庭农场与专业大户主要通过对小农户提供借款来提供相关的金融服务,但与龙头企业和合作社相比,专业大户和家庭农场对于小农户借款提供率较低,提供年均借贷金额较少,从时间维度看,专业大户的借款提供能力降低,而家庭农场的借款提供能力提高。2017年样本结果显示(见表3-19),就向周围农户提供借款帮助而言,家庭农场的帮助提供率仅为19.33%(有效样本总数为

① 注:观测值个数小于样本总个数是因为部分样本并未回答该问题,本报告将这种情况作为缺失值处理。

776),而专业大户的帮助提供率也仅为 23.76%(有效样本总数为 1166)。近三年来在有向农户提供过借款帮助经历的家庭农场和专业大户中,平均每一个家庭农场向 5.30 个农户提供借款帮助,平均每一个专业大户则向 5.58 个农户提供借款帮助,二者并无显著差异。此外,专业大户提供借款的平均水平要高于家庭农场。近三年来在有向农户提供过借款帮助经历的家庭农场和专业大户中,平均每一个专业大户累计提供借款 10.19 万元,年均 3.40 万元;而家庭农场累计提供借款的平均水平为 10.00 万元,年均 3.33 万元。2018 年样本结果表明,就向周围小农户提供借款帮助而言,专业大户的借款提供率为 16.21%,家庭农场的借款提供率为 21.61%。近三年来在有向小农户提供过借款帮助经历的家庭农场和专业大户中,平均每一个家庭农场向 3.78 个小农户提供借款帮助,平均每一个专业大户则向 3.66 个小农户提供借款帮助,二者并无显著差异。此外,专业大户提供借款的平均水平要低于家庭农场。近三年来在有向小农户提供过借款帮助经历的家庭农场和专业大户中,平均每一个专业大户累计提供借款 6.96 万元,年均 2.32 万元;而家庭农场累计提供借款的平均水平为 6.97 万元,年均也为 2.32 万元(见表 3-19)。

表 3-19　家庭农场、专业大户金融服务供给情况

内容	家庭农场				专业大户			
	提供借款人次		提供金额(万元)		提供借款人次		提供金额(万元)	
	2018 年	2017 年	2018 年	2017 年	2018 年	2017 年	2018 年	2017 年
观测值(个)	196	201	196	187	171	288	170	283
平均值	3.78	5.30	6.97	10.00	3.66	5.58	6.96	10.19
家庭农场				专业大户				
是否提供借贷帮助				是否提供借贷帮助				

续表

内容	家庭农场				专业大户			
	提供借款人次		提供金额(万元)		提供借款人次		提供金额(万元)	
	2018 年	2017 年	2018 年	2017 年	2018 年	2017 年	2018 年	2017 年
2018 年提供	196				2018 年提供		171	
2018 年提供占比	21.61%				2018 年提供占比		16.21%	
2017 年提供	150				2017 年提供		277	
2017 年提供占比	19.33%				2017 年提供占比		23.76%	
2018 年不提供	711				2018 年不提供		884	
2018 年不提供占比	78.39%				2018 年不提供占比		83.79%	
2017 年不提供	626				2017 年不提供		889	
2017 年不提供占比	80.67%				2017 年不提供占比		76.24%	

三、信息服务

本小节内容主要分析新型农业经营主体信息服务的供给情况。信息服务方面,政府部门信息服务机构以及各级信息站仍旧是信息服务最重要的供给主体,但新型农业经营主体也扮演着重要角色。以龙头企业和合作社为代表的新型农业经营主体也在逐渐发挥其在信息服务方面的带动作用,以点带面促进农业信息化、现代化建设。其中生产经营类、市场供求类和农技推广类是龙头企业以及合作社提供最多的信息类别。

就信息获取来源而言,2018 年与 2017 年情况相同,新型农业经营主体获取信息的主要来源是政府部门。2017 年样本结果显示的主要信息来源前三位分别是县级及以上政府部门信息服务机构、市场、乡有信息站,以此为主要信息来源的新型农业经营主体总体占比分别为 39.65%、15.86%、14.83%。2018 年样本结果显示的主要信息来源前三位分别是县级及以上政府部门信息服务机构、乡有信息站、村有信息站,以此为主要信息来源的新型农业经营主体总体占比分别为 33.26%、13.95%、12.96%。四大新型农业经营主体都将县级及以上政府信息服务机构作为主要信息服务获取来源,其中龙头企业和合作社将县级以上政府信息服务机构作为信息来源渠道的占比高于其他经营主体。2017 年样本结果显示将县级及以上政府信息服务机构作为主要信息服务来源的龙头企业和合作社所占比重分别高达 50.55% 和 38.67%,家庭农场和专业大户的这一比重也分别达到了 37.76% 和 38.08%。除了县级及以上政府信息服务机构作为重要信息服务获取来源外,龙头企业和合作社较之于家庭农场和专业大户而言,更倚重市场,分别有 25.68% 的龙头企业和 16.15% 的合作社从市场获取所需信息服务;家庭农场和专业大户,则更依赖乡有信息社,分别有 19.20% 的家庭农场和 15.52% 的专业大户从乡有信息站获取所需信息服务。2018 年样本结果显示,将县级及以上政府信息服务机构作为主要信息服务来源的龙头企业和合作社所占比重分别高达 56.62% 和 57.75%,家庭农场和专业大户的这一比重也分别达到了 25.07% 和 25.92%。除了县级及以上政府信息服务机构作为重要信息服务获取来源外,龙头企业和专业大户更倚重乡有信息站,分别有 14.39% 的龙头企业和 14.47% 的专业大户选择从乡有信息站获取所需的信息服务。合作社则更依赖市场,有 13.24% 的合作社从市场中获取所需的信息服务。家庭农场更依赖村有信息站,有 17.26% 的家庭农场从村有信息站获取信息(见表 3-20)。

表 3-20　新型农业经营主体信息获取来源及其占比情况　（单位:%）

提供主体	龙头企业		合作社		专业大户		家庭农场		总体	
	2018 年	2017 年	2018 年	2017 年	2018 年	2017 年	2018 年	2017 年	2018 年	2017 年
县级及以上政府信息服务机构	56.62	50.55	57.75	38.67	25.92	38.08	25.07	37.76	33.26	39.65
乡有信息站	14.39	9.56	7.07	11.61	14.47	15.52	15.22	19.20	13.95	14.83
村有信息站	2.10	2.46	6.62	6.09	14.21	6.69	17.26	6.57	12.96	6.01
益农信息社	3.54	0.27	1.00	1.56	8.36	2.06	8.68	1.93	7.03	1.69
农村信息员	1.59	1.37	0.36	1.84	5.59	3.69	7.17	2.96	5.11	2.79
龙头企业	8.53	10.93	4.35	5.38	8.88	7.03	5.28	5.15	6.87	6.64
市场	11.42	25.68	13.24	16.15	11.00	13.81	10.38	14.05	11.05	15.86
合作社	0.14	2.73	3.54	3.68	6.30	3.00	4.89	3.87	4.58	3.35
家庭农场	0.07	0.55	0.82	0.57	2.12	2.74	2.60	4.51	1.89	2.42
其他	1.59	6.56	5.26	6.23	3.15	9.61	3.45	8.51	3.29	8.16

与 2017 年相比,新型农业经营主体在信息供给中扮演的角色更加重要,各新型农业经营主体提供的信息服务类型比重有所不同。2017 年调查结果显示,72.85% 的新型主体没有提供过任何信息服务,而没有提供任何信息服务的龙头企业、合作社、专业大户、家庭农场,占比分别为 46.99%、78.44%、75.99%、75.26%。在所提供的信息服务中,前三大信息类型依次为市场供求类、生产经营类、农技推广类。提供过前三类信息服务的新型农业经营主体分别有 15.18%、14.48%、10.59%。龙头企业、合作社、家庭农场提供最多的前三大类信息均为生产经营类、市场供求类、农技推广类;三者相比龙头企业提供的比例是最高的,三类服务供给率分别达到了 35.62%、34.89%、21.92%。专业大户信息服务供给率最高的类型是市场供求类（11.77%）,而后分别是生产经营类（11.34%）和疫病疫情类（9.88%）。2018 年调查结果显示,48.00% 的龙头企业和 72.39% 的合作社提供过信息,专业大户和

家庭农场提供信息的比例较低,分别为 24.14% 和 17.90%。总体来看,在新型农业经营主体所提供的信息服务中,前三大信息类型依次为生产经营类、市场供求类、农技推广类占比分别为 27.09%、26.24%、25.59%(见表 3-21)。龙头企业、合作社提供最多的前三大类信息均为生产经营类、市场供求类、农技推广类。龙头企业提供上述三种服务的比例高于其他各类经营主体,分别达到了70.80%、64.40%、42.00%(见表 3-21)。

表 3-21　提供过各类型信息的新型农业经营主体占比　　（单位:%）

提供服务类型	龙头企业		合作社		专业大户		家庭农场		总体	
	2018 年	2017 年	2018 年	2017 年	2018 年	2017 年	2018 年	2017 年	2018 年	2017 年
生产经营类	70.80	35.62	46.27	10.06	11.85	11.34	20.29	13.27	27.09	14.48
农技推广类	42.00	21.92	58.21	10.62	10.14	7.22	18.57	10.31	25.59	10.59
疫病疫情类	29.20	14.52	34.14	4.96	7.96	9.88	17.24	6.31	18.11	8.37
市场供求类	64.40	34.89	47.39	12.61	13.46	11.77	16.45	13.40	26.24	15.18
金融供给类	19.60	5.21	24.25	1.56	3.22	1.98	8.09	2.45	10.56	2.39
政策法规类	28.00	7.95	32.46	2.55	4.45	3.44	9.68	4.25	14.03	3.99
村务管理类	16.80	4.66	28.36	2.97	3.41	3.01	12.20	2.84	12.41	3.16
生活服务与权益保障类	18.00	6.85	11.75	1.98	4.93	2.75	13.53	5.03	10.10	3.65
个人发展类	30.40	12.05	5.78	3.12	5.69	3.18	13.93	5.54	10.48	4.85
品牌发展类	26.80	14.25	3.92	3.82	2.37	2.58	8.62	3.09	6.86	4.42
未曾提供任何信息	52.00	46.99	27.61	78.44	75.86	75.99	82.1	75.26	66.63	72.85

四、农业保险

本小节内容主要分析合作社农业保险服务的供给情况。总体来看,合作社在农业保险推广和普及中充分发挥了其合作特点和带动作用。目前,合作社统一购买农业保险是重要且高效的投保方式,约60%的合作社为社员统一购买农业保险。在没有购买农业保险的合作社中,有三成的合作社表示有购买意愿,但是由于不了解投保程序、没有合适险种和当地没有农业保险供给等原因没有购买。因此,普及农业保险知识,开发合适险种很有必要。

相较于2017年,2018年合作社在农业保险推广和普及中发挥其合作特点和带动作用更加充分。调研结果显示,2017年,704个有效样本中有233个合作社为社员购买农业保险,占比为33.05%;2018年,711个有效样本中有417个合作社为社员统一购买农业保险,占比为58.65%。2018年没有为社员统一购买农业保险的合作社所占比例较少,主要原因有灾害少不值得投保这样的客观原因,还有很大比例是合作社不知道投保程序、资金不足这类的主观原因。在没有购买农业保险的合作社中,有26.53%的合作社表示有意愿购买,但是由于不了解投保程序、没有合适险种和当地没有农业保险供给、资金不足等原因没有购买(见表3-22)。

表3-22 合作社为社员购买保险情况

农业保险购买	合作社数量(家)		所占比例(%)	
	2018年	2017年	2018年	2017年
为社员购买了保险的合作社数量	417	233	58.65	33.05
没有为社员购买保险的合作社数量	294	471	41.35	66.95
目前未买但想为社员统一购买农业保险的合作社数量	78	233	26.53	49.47
想买但未购买原因:本地没有农业保险	20	—	25.64	—
没有合适险种	26	—	33.33	—
不知道投保程序	10	—	12.82	—

五、销售服务供给

本小节内容主要分析新型农业经营主体销售服务的供给情况。总体来看,新型农业经营主体通过订单、帮销等方式拓宽了小农户的销售渠道,但其销售带动作用仍有很大的提升空间。龙头企业和合作社通过与小农户签订订单的方式满足了小农户对稳定的销售渠道的部分需求。值得注意的是,合作社与小农户签订正式合同占比较高,且期限较长,使得合同双方交易的信任度更高,农产品收购行为得以持续。此外,超过20%的家庭农场和专业大户提供帮销服务,发挥着较大的带动作用,且带动潜力还可进一步被挖掘。

新型农业经营主体通过订单、帮销等方式拓宽了小农户的销售渠道。就订购协议签订合同情况而言,2017年龙头企业和合作社与小农户的合同签订比例还未过半,2018年签订合同的比例便已增长到半数以上,取得了快速的发展(见表3-23)。2017年样本结果显示,36%的龙头企业与小农户签订了正式收购合同、11%的龙头企业与小农户签订了口头合同、53%的合作社与小农户没有签订收购合同;16%的合作社与社员签订了正式收购合同、19%的合作社与社员签订了口头合同、65%的合作社没有与社员签订订购协议。龙头企业签订合同的平均期限为2.2年,合作社签订合同的平均期限为3.4年。2018年,26.15%的龙头企业与小农户签订了正式收购合同、43.67%的龙头企业与小农户签订了口头合同、30.18%的龙头企业与小农户没有签订收购合同;38.94%的合作社与社员签订了正式收购合同、28.67%的合作社与社员签订了口头合同、32.39%的合作社没有与社员签订订购协议。龙头企业签订合同的平均期限为1.54年,合作社签订合同的平均期限为3.81年。2018年调查结果表明:相较于龙头企业,合作社与小农户签订正式合同占比较高,且期限较长,使合同双方交易的信任度更高,相较于2017年,合作社在订单签订方面取得了较大的发展。

表3-23　龙头企业以及合作社的订单签订情况　　　（单位:%）

新型农业经营主体	龙头企业		合作社	
订单签订形式比例	2018年	2017年	2018年	2017年
正式合同	26.15	36	38.94	16
口头合同	43.67	11	28.67	19
没有签订收购合同	30.18	53	32.39	65
合同期限	2018年	2017年	2018年	2017年
1年	47.23	51	18.82	48
2年	21.40	6	13.69	13
3年	11.80	22	25.79	15
5年	19.57	7	41.70	11%

2018年调查结果表明,新型农业经营主体的帮销能力还待进一步挖掘,就帮销供给情况而言,三成家庭农场、专业大户提供帮销服务。提供帮销服务的家庭农场、专业大户、小农户的比例分别为24.37%、21.52%、8.98%。就帮销户数而言,家庭农场和专业大户最多分别可以帮销1万个小农户。由此可见,新型农业经营主体的带动作用较大,但是多数不提供帮销服务,带动能力还没有被充分挖掘(见表3-24)。

表3-24　家庭农场、专业大户以及小农户的帮销能力

经营主体	家庭农场	专业大户	小农户
提供帮销服务的比例(%)	24.37	21.52	8.98
平均带动小农户数(户)	13.738	9.693	10.74
最多带动小农户数(户)	10000	10000	200

第四节　社会化服务的作用及其供需匹配现状

在本章中,进一步对比了农业社会化服务需求主体(以小农户为主)与供给主体(以新型农业经营主体为主)的特征变量用以说明服务需求主体和服务供给主体之间的差异。具体包括各经营主体的地区分布和个体特征差异、经营特征差异以及各主体获得的政府支持的差异。此外,本章探讨了农业社会化服务对于服务获取主体和服务供给主体经营绩效的影响。最后,为厘清目前社会化服务的供给是否有效满足社会化服务的需求,本章还进一步研究了农业社会化服务供需匹配情况。

一、农业社会化服务供需主体特征差异分析

为使统计结果更为精准合理,本节根据新型农业经营主体的经营规模、组织结构等特征将其划分为农户类新型农业经营主体(包括家庭农场和专业大户)和非农户类新型农业经营主体(包括龙头企业和合作社)两类,并将小农户与农户类新型农业经营主体、农户类与非农户类新型农业经营主体进行两两比较。

(一)各经营主体地区分布和个体特征差异

表3-25结果说明了五类经营主体(包括家庭农场、专业大户、合作社和龙头企业四类新型农业经营主体及小农户)的地区分布及个体特征差异。总体来看,新型农业经营主体更集中于东

部发达地区,拥有更优的人力资本禀赋。样本中超过一半的新型农业经营主体位于东部地区,其中龙头企业位于东部地区的比例最高。四类新型农业经营主体分布在东部地区的比例均高于小农户。各经营主体的户主主要为男性,且新型农业经营主体户主为男性比例高于小农户。新型农业经营主体的教育水平普遍高于小农户。

表 3-25　各经营主体的地区分布和个体特征差异

内容	家庭农场	专业大户	合作社	龙头企业	(农户类)新型农业经营主体中的家庭农场和专业大户	(非农户类)新型农业经营主体中的合作社和龙头企业	小农户	D 新型农业经营主体中的家庭农场和专业大户—小农户
观测值(个)	907	1055	711	371	1962	1082	768	—
地区分布								
东部	50.72%	58.39%	55.98%	61.73%	54.84%	57.95%	47.92%	6.93%***
中部	42.01%	34.22%	34.74%	34.50%	37.82%	34.66%	45.96%	-8.14%***
西部	7.28%	7.39%	9.28%	3.77%	7.34%	7.39%	6.12%	1.22%
户主特征								
性别								
男	91.51%	90.14%	83.54%	85.18%	90.77%	84.10%	81.51%	9.26%***
女	8.49%	9.86%	16.46%	14.82%	9.23%	15.90%	18.49%	-9.26%***
年龄	49.24	48.66	48.23	48.68	48.93	48.38	54.79	-5.86***
受教育程度								
小学及以下	24.04%	26.07%	5.49%	5.39%	25.13%	5.45%	44.53%	-19.40%***
初中	43.66%	43.60%	32.91%	12.13%	43.63%	25.79%	42.84%	0.79%
高中/中专	25.36%	21.04%	43.46%	42.32%	23.04%	43.07%	10.42%	12.62%***
大专/本科及以上	6.95%	9.29%	18.14%	40.16%	8.21%	25.69%	2.21%	5.99%***

注:D 新型农业经营主体中的家庭农场和专业大户—小农户表示家庭农场和专业大户这两类新型农业经营主体和小农户之间的差异;***、**、*分别代表 T 检验在 1%、5%、10%的水平下显著。

　　就调研样本的地区分布情况而言,纵向比较发现农户类与非农户类新型农业经营主体所占比例由西部至东部呈现出跳跃式增长的特征,横向比较发现各地区新型农业经营主体的发展较为均衡。其中,两类新型农业经营主体在东部地区所占比例分别为54.84%、57.95%;在中部地区所占比例分别为37.82%、34.66%;在西部地区所占比例分别为7.34%、7.39%(见表3-25)。

　　就性别特征而言,虽然两类新型农业经营主体中男性均占主体地位,但相较于农户类新型农业经营主体,非农户类新型农业经营主体的女性户主所占比例更高。此外,小农户中女性户主所占比例显著高于农户类新型农业经营主体。其中,小农户、农户类和非农户类新型农业经营主体中女性所占比例分别为18.49%、9.23%、15.90%。可能原因是:由于女性在体力上的先天弱势,使其无法承担大批量的农作劳动,更倾向于进行小规模农业生产活动或经营管理工作等。就年龄特征而言,两类新型农业经营主体的户主平均年龄差异很小,而小农户中户主平均年龄显著高于农户类新型农业经营主体。其中,小农户、农户类和非农户类新型农业经营主体中户主平均年龄分别为54.79、48.93、48.38(见表3-25)。

　　就受教育水平特征而言,非农户类新型农业经营主体的受教育水平总体上高于农户类新型农业经营主体,农户类新型农业经营主体的受教育水平显著高于小农户。其中,43.63%的农户类新型农业经营主体为初中学历,43.07%的非农户类新型农业经营主体为高中学历,44.53%的小农户为小学及以下学历。小农户、农户类和非农户类新型农业经营主体中大专/本科及以上学历占比分别为2.21%、8.21%、25.69%(见表3-25)。

（二）各经营主体的经营特征差异

表 3-26 说明了五类经营主体的经营特征,包括经营类型、土地规模、总收入、资产价值。总体而言,新型农业经营主体更偏向于从事收益较高、技术壁垒较高的行业,其收益和生产资料禀赋均远高于小农户。新型农业经营主体从事种植业的比例低于小农户,从事养殖业和农产品加工业的比例高于小农户。非农户类新型农业经营主体与农户类新型农业经营主体相比,从事种植类和养殖类的比例更低,但从事农产品加工类的比例更高。新型农业经营主体的总收入、土地规模、电脑数量和拥有电脑的比例更高,且非农户类新型农业经营主体的均值高于农户类新型农业经营主体。新型农业经营主体拥有的固定生产资料显著高于小农户。

就经营类型而言,各经营主体均以种植业为主要经营类型,但新型农业经营主体从事种植业的比例普遍低于小农户,从事养殖业和农产品加工业的比例普遍高于小农户。此外,值得注意的是合作社和龙头企业这两种非农户类新型农业经营主体与家庭农场和专业大户这两种农户类新型农业经营主体相比,从事种植类和养殖类的比例更低,但从事农产品加工类的比例更高。小农户、农户类与非农户类新型农业经营主体中从事种植业经营的比例分别为 89.84%、72.68%、61.55%;从事养殖业经营的比例分别为 6.64%、27.78%、19.78%;从事农产品加工业经营的比例分别为 0.39%、1.48%、15.53%;从事其他类经营的比例分别为 3.78%、0.87%、20.06%(见表 3-26)。

就土地规模而言,小农户、农户类与非农户类新型农业经营主体的平均土地规模呈现阶梯型上升。其中,小农户经营的平均土地面积为 13.55 亩,农户类新型农业经营主体的平均土地面积为 170.59 亩,非农户类新型农业经营主体的平均土地面积为 357.15 亩(见表 3-26)。

表 3-26　各经营主体的经营特征差异

变量	家庭农场	专业大户	合作社	龙头企业	(农户类)新型农业经营主体中的家庭农场和专业大户	(非农户类)新型农业经营主体中的合作社和龙头企业	小农户	D 新型农业经营主体中的家庭农场和专业大户—小农户
经营类型								
种植业占比(%)	81.59	65.02	66.95	51.21	72.68	61.55	89.84	-17.16***
养殖业占比(%)	20.18	34.31	19.69	19.95	27.78	19.78	6.64	21.14***
农产品加工业占比(%)	0.55	2.27	8.72	28.57	1.48	15.53	0.39	1.09**
其他占比(%)	0.55	1.14	16.03	27.76	0.87	20.06	3.78	-2.91***
土地规模(亩)	156.15	183.01	342.90	384.46	170.59	357.15	13.55	157.05***
总收入(万元/年)	38.40	36.41	184.96	509.11	37.33	296.52	6.57	30.76***
电脑数量(台)	1.17	1.03	4.54	7.44	1.09	5.54	0.58	0.51***
拥有电脑的比例(%)	77.07	77.25	93.39	99.19	77.17	95.38	45.83	31.33***
固定生产资料价值折算								
大中型铁木农具(元)	11846.89	17705.70	—	—	14997.27	—	4037.63	10959.64
农林牧渔业机械(元)	4383.91	6901.52	—	—	5737.67	—	2056.86	3680.81**
工业机械(元)	8083.21	6342.65	—	—	7147.28	—	4492.97	2654.32

续表

变量	家庭农场	专业大户	合作社	龙头企业	(农户类)新型农业经营主体中的家庭农场和专业大户	(非农户类)新型农业经营主体中的合作社和龙头企业	小农户	D 新型农业经营主体中的家庭农场和专业大户—小农户
运输机械（元）	11350.65	17021.30	—	—	14399.85	—	3545.57	10854.28 ***
生产用房（元）	30922.93	88418.01	—	—	61838.99	—	3339.45	58499.54 ***
设施农业固定资产（元）	31867.51	24580.19	—	—	27949.00	—	4158.20	23790.79 ***

注:部分经营主体可能同时为种植业、养殖业或者农产品加工业,因此三种类型的百分比相加大于1,本次调查涉及的农产品加工业是指农产品的初级加工,如清洗、分级、干燥、包装等;D 新型农业经营主体中的家庭农场和专业大户-小农户表示家庭农场和专业大户这两类新型农业经营主体和小农户之间的差异;*** 、** 、* 分别代表 T 检验在 1%、5%、10% 的水平下显著;✓表示该问题对该类经营主体不适用,故问卷中并未询问该经营主体相关问题。

就资产持有价值而言,小农户、农户类与非农户类新型农业经营主体的电脑数量均值与拥有电脑的比例均呈急速上升态势。其中,小农户、农户类与非农户类新型农业经营主体中电脑数量均值分别为 0.58 台、1.09 台、5.54 台,拥有电脑的比例分别为45.83%、77.17%、95.38%。相较于小农户,农户类新型农业经营主体的固定生产资料价值中运输机械、生产用房和设施农业固定资产显著更高。运输机械价值、生产用房价值、设施农业固定资产价值的小农户与农户类新型农业经营主体差异分别为 10854.28元、58499.54 元、23790.79 元(见表3-26)。

(三)各经营主体获得的政府支持差异

表3-27 说明了各经营主体所获得的政府支持,包括信贷支持、产业扶持、设施建设与大型农机具购置补贴、农资综合补贴、土

地流转补贴、税收减免与用水用电优惠。总体而言,新型农业经营主体的发展得到了更多的政府政策扶持。新型农业经营主体获得各类政府支持无论是在种类上还是在折算金额上绝大部分高于小农户。其中,龙头企业和合作社这两种非农户类新型农业经营主体获得的政府支持多于家庭农场和专业大户这两种农户类新型农业经营主体。

表 3-27　各经营主体获得的政府支持差异

指标	家庭农场	专业大户	合作社	龙头企业	(农户类)新型农业经营主体中的家庭农场和专业大户	(非农户类)新型农业经营主体中的合作社和龙头企业	小农户	D 新型农业经营主体中的家庭农场和专业大户—小农户
获得信贷支持(如特殊贷款,贷款补贴等)占比(%)	34.62	43.32	6.19	51.48	39.30	21.72	44.01	-4.71 **
获得产业扶持(如菜篮子产品等)占比(%)	29.33	45.21	13.64	35.31	37.87	21.07	2.86	35.00 ***
获得设施建设与大型农机具购置补贴占比(%)	6.95	3.51	18.00	41.24	5.10	25.97	0.78	4.32 ***
获得农资综合补贴占比(%)	4.41	1.80	14.35	30.46	3.01	19.87	0.78	2.23 ***
获得土地流转补贴占比(%)	—	—	11.11	18.87	—	13.77	—	—
获得税收减免占比(%)	—	—	54.71	59.84	—	56.47	—	—

续表

指标	家庭农场	专业大户	合作社	龙头企业	(农户类)新型农业经营主体中的家庭农场和专业大户	(非农户类)新型农业经营主体中的合作社和龙头企业	小农户	D 新型农业经营主体中的家庭农场和专业大户—小农户
获得用水用电优惠占比(%)	—	—	20.96	36.66	—	26.34	—	—
获得政府补贴总额折算(万元)	0.82	0.39	3.86	7.26	0.59	5.03	0.04	0.55***

注:D 新型农业经营主体中的家庭农场和专业大户—小农户表示家庭农场和专业大户这两类新型农业经营主体和小农户之间的差异;***、**、*分别代表 T 检验在 1%、5%、10%的水平下显著;—表示该问题对该类经营主体不适用,故问卷中并未询问该经营主体相关问题。

横向各类经营主体获得的政策支持可知,农户类新型农业经营主体和小农户获得的信贷支持比例相当,龙头企业获得的信贷支持比例最高,但合作社获得的信贷支持比例远低于其他经营主体。这可能是因为合作社面临资金困境时首选使用合作社自有资金或者是社员筹集资金,从而对政府信贷支持的需求较低(具体分析参见本章的第二节)。具体来看,小农户、农户类与非农户类新型农业经营主体所享受的信贷支持比例分别为 44.01%、39.30%、21.72%。新型农业经营主体获得的产业扶持高于小农户,且家庭农场和专业大户较合作社而言,获得产业扶持的比例更高。小农户、农户类与非农户类新型农业经营主体获得的产业扶持比例分别为 2.86%、37.87%、21.07%。小农户、农户类与非农户类新型农业经营主体获得的设施建设与大型农机具购置补贴和农资综合补贴呈阶梯型上升,三者获得的设施建设与大型农机具购置补贴比例分别为 0.78%、5.10%、25.97%,农资综合补贴比例分别为 0.78%、3.01%、19.87%(见表 3-27)。

非农户类新型农业经营主体享受到的政府扶持政策力度最大、范围最广。除上述支持外,非农户类新型农业经营主体还可以享受到土地流转补贴、税收减免和用水用电政策。龙头企业和合作社两种非农户类新型农业经营主体获得政府补贴总额显著最高,其平均值为 5.03 万元;而家庭农场和专业大户这两种农户类新型农业经营主体获得了较少的政府补贴,其折算额为 0.59 万元;小农户所获得的政府补贴总额显著最低,其折算额仅为 0.04 万元。

二、农业社会化服务获取对新型农业经营主体绩效的影响

目前的产前、产中、产后农业社会化服务对家庭农场、专业大户的经营绩效并没有显著影响,如表 3-28 所示。家庭农场、专业大户所接受的产前、产中和产后三个环节的社会化服务对其农业收入的影响均不显著。对其经济效益起到显著影响的因素仍然是需求主体的个人特征和家庭特征。可能原因是目前的产前、产中和产后服务将重点放在解放农业生产劳动力和保证产品售卖渠道通畅等方面,这可能会及时提升家庭农场或专业大户的非农业收入,但对农业收入的影响可能还需要更长的时间以发挥其效力。所以社会化服务的未来发展的最主要趋势应该是服务能力升级,将服务切实转化为农业收入的提升,增加需求主体对农业生产经营的信心。

表 3-28　农业社会化服务对家庭农场、专业大户的经营绩效影响

变量	农业收入(取对数)	农业收入(取对数)	农业收入(取对数)
产前	0.097	—	—
	(0.076)	—	—

变量	农业收入(取对数)	农业收入(取对数)	农业收入(取对数)
产中	—	0.032	—
	—	(0.076)	—
产后	—	—	0.046
	—	—	(0.077)
性别 1=男;0=女	-0.264**	-0.274**	-0.271**
	(0.13)	(0.13)	(0.13)
年龄	-0.014***	-0.014***	-0.014***
	(0.005)	(0.005)	(0.005)
教育程度	0.124***	0.124***	0.123***
	(0.043)	(0.043)	(0.043)
技术职称 1=是;0=否	0.05	0.06	0.055
	(0.1)	(0.099)	(0.1)
技术培训 1=是;0=否	-0.171**	-0.179**	-0.18**
	(0.082)	(0.082)	(0.082)
家庭劳动力	0.115***	0.118***	0.117***
	(0.035)	(0.035)	(0.035)
距县城距离	-0.002	-0.002	-0.002
	(0.001)	(0.001)	(0.001)
互联网接入 1=是;0=否	0.561***	0.558***	0.559***
	(0.098)	(0.098)	(0.098)
经营土地面积	0.001***	0.001***	0.001***
	(0.0001)	(0.0001)	(0.0001)
主营种植业 1=是;0=否	-0.333	-0.314	-0.317
	(0.227)	(0.227)	(0.227)
主营养殖业 1=是;0=否	0.232	0.245	0.242
	(0.232)	(0.232)	(0.232)
东部 1=是;0=否	-0.322***	-0.32***	-0.321***
	(0.078)	(0.079)	(0.079)
西部 1=是;0=否	-0.127	-0.141	-0.138
	(0.203)	(0.203)	(0.203)
常数项	12.058***	12.071***	12.07***
	(0.383)	(0.383)	(0.383)
样本量	1626	1626	1626
R^2	0.149	0.148	0.148

注:括号里为标准误差,***、**、*分别表示在1%、5%、10%的水平下显著。

三、农业社会化服务对供给主体效益的影响

学界已有很多学者研究发现,新型农业经营主体的社会化服务供给对社会化服务的需求主体具有提高收入的作用。上节的分析也表明社会化服务能够提高需求主体收入,尽管这一影响并不显著。那么,社会化服务的供给对供给主体的绩效有何影响? 本小节中我们主要探讨社会化服务供给对合作社与龙头企业效益的影响。

(一)农业社会化服务对供给主体效益的影响

本章涵盖了粮油类、蔬菜类、林木类、家禽类、牲畜类、水产类六类不同的合作社,育苗育秧服务、农业生产资料购买服务等十五项社会化服务。提供不同类型的社会化服务可能会对不同种类的合作社产生不同的影响。因此,本章将十五项社会化服务按照产业链顺序分为产前、产中和产后三个环节。产前服务包括集中育苗育秧服务、农业生产资料购买服务、良种引进和推广服务、资金借贷服务、信息服务;产中服务包括肥料统配统施服务、动植物疫病防控统治服务、灌溉排水服务、农业技术推广和培训服务、农机具服务;产后服务包括质量检测检验服务、农产品运输及储藏服务、农产品加工服务、农产品销售服务、市场营销服务。分类探讨提供产前、产中、产后社会化服务对粮油类、蔬菜类、林木类、家禽类、牲畜类、水产类合作社绩效的影响。研究结果发现,提供社会化服务会对蔬菜类、林木类等种植高附加值作物的合作社收益产生显著影响,对其他类型的合作社收益没有显著影响。

本小节将是否提供三个环节的社会化服务分别与合作社单位

规模收入的对数和 *ROA* 进行 *OLS* 回归,回归模型见式(3-1)、式(3-2)。其中,*ROA* 是用于评价企业利用资产增值能力的指标,单位规模收入是评价企业收入能力的指标。其中,$X_{产前i}$、$X_{产中i}$、$X_{产后i}$ 分别代表第 i 个合作社是否提供了产前、产中或产后的社会化服务,$X_i = 0$ 表示第 i 个合作社未提供该类社会化服务,$X_i = 1$ 表示第 i 个合作社提供了该类社会化服务。α、β、ε 代表系数,Y_i 指合作社单位规模收入,ROA_i 指评价各企业利用资产增值能力的指标。

$$\ln Y_i = \alpha + \beta_1 X_{产前i} + \beta_2 X_{产中i} + \beta_3 X_{产后i} + \gamma Z + \varepsilon \quad (3-1)$$

$$ROA_i = \alpha + \beta_1 X_{产前i} + \beta_2 X_{产中i} + \beta_3 X_{产后i} + \gamma Z + \varepsilon \quad (3-2)$$

回归结果如表 3-29 和表 3-30 所示。表 3-29 中结果显示,提供社会化服务会对蔬菜类、林木类等种植高附加值作物的合作社收益产生显著影响,对其他类型的合作社收益则没有显著影响。具体而言,产前、产中和产后服务的供给会对蔬菜类合作社的收入有较为显著的正向影响,产前服务的供给会对林木类合作社的收入有较为显著的正向影响。原因可能是:蔬菜类产品生长周期较短,对产前、产中和产后的服务需求旺盛,因此使提供该类型服务的合作社收益能力上涨。但产中服务的供给会对牲畜类合作社的收入有显著的负向影响。可能的原因是,牲畜类产品的产中环节最为关键,需要投入大量的人力、物力和财力,因此提供产中服务的合作社在人力、物力、财力受限时难以达到盈利状态。*ROA* 是用于评价公司利用资产创造利润能力的指标,*ROA* 越高表明公司在增加收入和节约资金使用等方面取得的效果越好。从表 3-30 结果中可以看出,产后服务的提供对粮油类合作社的 *ROA* 具有较为显著的正向影响,产中服务的提供对家禽类合作社的 *ROA* 具有较为显著的正向影响。

表 3-29 三个环节社会化服务供给对各行业合作社单位规模收入的影响

	变 量	2018 年粮油类合作社单位规模收入(取对数)	2018 年蔬菜类合作社单位规模收入(取对数)	2018 年林木类合作社单位规模收入(取对数)	2018 年家禽类合作社单位规模收入(取对数)	2018 年牲畜类合作社单位规模收入(取对数)	2018 年水产类合作社单位规模收入(取对数)
关键自变量	是否提供产前服务	0.4	1.352**	1.363*	0.508	0.029	-0.326
	(提供=1,不提供=0)	(0.314)	(0.566)	(0.79)	(1.000)	(0.559)	(0.976)
	是否提供产中服务	-0.141	0.966***	0.601	0.809	-1.706**	-0.28
	(提供=1,不提供=0)	(0.206)	(0.34)	(0.565)	(0.598)	(0.656)	(1.174)
	是否提供产后服务	-0.061	0.632*	-0.324	0.808	0.146	0.425
	(提供=1,不提供=0)	(0.209)	(0.33)	(0.612)	(0.581)	(0.504)	(1.071)
控制变量	理事长性别	-0.102	-0.052	0.072	-0.416	1.102**	2.866**
	(男=1,女=0)	(0.279)	(0.387)	(1.028)	(0.522)	(0.527)	(1.29)
	理事长年龄	0.007	-0.03	-0.055	0.044*	-0.013	-0.071
		(0.013)	(0.02)	(0.039)	(0.025)	(0.038)	(0.063)
	理事长政治面貌	0.427**	-0.385	-0.223	-0.989*	-0.592	0.533
	(非群众=1,群众=0)	(0.203)	(0.329)	(0.515)	(0.533)	(0.489)	(0.877)
	理事长受教育程度	0.129	0.052	0.031	-0.305	0.197	0.458
		(0.109)	(0.156)	(0.322)	(0.279)	(0.247)	(0.696)
控制变量	合作社位于西部地区	-1.033***	-1.123*	0.044	-0.335	-0.728	-2.686
		(0.377)	(0.673)	(0.995)	(1.623)	(0.897)	(1.631)
	合作社位于中部地区	-0.298	-1.573***	-0.942*	-0.174	-0.458	-1.883
		(0.209)	(0.307)	(0.499)	(0.47)	(0.513)	(1.361)
	2018 年社员数	-0.006***	-0.002	0.002	-0.028	0.006	0.019
		(0.001)	(0.001)	(0.003)	(0.017)	(0.01)	(0.034)
	常数项	-1.853**	-0.962	0.407	-0.881	0.371	-0.855
		(0.805)	(1.243)	(2.58)	(1.828)	(2.502)	(3.587)
样本量		272	127	52	49	55	30
R²		0.186	0.315	0.180	0.286	0.334	0.456

注:括号里为标准误差,***、**、*分别表示在1%、5%、10%的水平下显著。

由结果分析可知,社会化服务的提供对提升合作社经营绩效的影响具有行业差异化,而且大部分行业的社会化服务供给并未形成有效的价值创造能力。这一结论启示我们要着力提升合作社所提供的社会化服务的水平,使之尽可能与需求主体的各环节需求相匹配,此外,要重视不同行业服务需求的特殊性和差异性,加快发展刚需的社会化服务。

表 3-30　三个环节社会化服务供给对各行业合作社 ROA 的影响

变　量	2018 年粮油类合作社 ROA	2018 年蔬菜类合作社 ROA	2018 年林木类合作社 ROA	2018 年家禽类合作社 ROA	2018 年牲畜类合作社 ROA	2018 年水产类合作社 ROA
是否提供产前服务	0.767	2.589	0.488	−0.385	0.217	−0.011
(提供=1,不提供=0)	(3.425)	(4.644)	(0.549)	(0.342)	(0.223)	(0.332)
是否提供产中服务	2.391	1.403	0.298	0.445**	0.203	0.461
(提供=1,不提供=0)	(2.294)	(2.809)	(0.393)	(0.205)	(0.255)	(0.394)
是否提供产后服务	−4.817**	3.597	−0.703	0.098	0.232	0.218
(提供=1,不提供=0)	(2.34)	(2.735)	(0.426)	(0.199)	(0.206)	(0.42)
其他控制变量	是	是	是	是	是	是
常数项	−3.084	3.186	0.861	0.211	0.244	−0.523
	(9.045)	(10.178)	(1.795)	(0.645)	(0.926)	(1.273)
样本量	266	122	52	47	54	29
R^2	0.039	0.043	0.246	0.2831	0.244	0.227

注:括号里为标准误差,***、**、*分别表示在1%、5%、10%的水平下显著。

(二)农业社会化服务供给对龙头企业绩效的影响

本章涵盖了种养类、农资类、产后类、技术类、服务类五类不同的龙头企业。根据前一小节的分类,同上一小节,本小节将十五项社会化服务按照产业链顺序分为产前、产中、产后三个环节,分类探讨提供产前、产中、产后社会化服务对种养类、农资类、产后类、技术类、服务类五类不同的龙头企业效益的影响。研究结果显示,是否提供社会化服务与龙头企业盈利能力无显著关系。

对农业社会化服务供给对龙头企业绩效的影响研究考虑式(3-3)、式(3-4)。其中,Y_i 代表 $X_{产前i}$、$X_{产中i}$、$X_{产后i}$ 分别代表第 i 个龙头企业是否提供了产前、产中或产后的社会化服务,$X_i = 0$ 表示第 i 个龙头企业未提供该类社会化服务,$X_i = 1$ 表示第 i 个龙头企业提供了该类社会化服务。

$$\ln Y_i = \alpha + \beta_1 X_{产前i} + \beta_2 X_{产中i} + \beta_3 X_{产后i} \gamma Z + \varepsilon \qquad (3-3)$$

$$ROA_i = \alpha + \beta_1 X_{产前i} + \beta_2 X_{产中i} + \beta_3 X_{产后i} \gamma Z + \varepsilon \qquad (3-4)$$

依据式(3-3)回归结果(见表3-31)显示,除产中服务对种养类龙头企业有显著正向影响外,其他环节的服务对各类龙头企业的收入均没有显著的正向影响。具体而言,种养类龙头企业的收入能力与是否提供产中社会化服务有显著的正向关系,技术类龙头企业的收入能力与是否提供产前社会化服务有较显著的反向关系。依据式(3-4)回归结果(见表3-32)显示,是否提供社会化服务与龙头企业资产增值能力无显著关系。产生这一结果的原因可能是:种养类需求主体的服务需求主要集中在产中环节,这与龙头企业的社会化服务供给相匹配,从而带来收益增加。技术类龙头企业的服务供给周期长且具有较大的不确定性,如果将服务供给重点放在产前环节,对其主营业务会有较大的冲击,因此负向影响其收入能力。总体上看,龙头企业的社会化服务供给能力无法有效地促进其收益增加和资产增值。

表 3-31　三个环节社会化服务供给对各行业龙头企业收入对数的影响

变量		2018 年种养类龙头企业收入（取对数）	2018 年农资类龙头企业收入（取对数）	2018 年产后类龙头企业收入（取对数）	2018 年技术类龙头企业收入（取对数）	2018 年服务类龙头企业收入（取对数）
关键自变量	是否提供产前服务（提供=1,不提供=0）	-0.698	-1.468	0.393	-4.79**	-2.615
		(0.485)	(1.486)	(0.772)	(2.112)	(2.390)
	是否提供产中服务（提供=1,不提供=0）	1.572***	1.332	0.034	1.281	0.927
		(0.483)	(1.824)	(0.701)	(1.039)	(1.338)
	是否提供产后服务（提供=1,不提供=0）	0.112	-0.802	0.673	1.474	2.884
		(0.371)	(1.096)	(0.557)	(0.915)	(2.158)
控制变量	企业主性别（男=1,女=0）	-0.556*	0.618	0.949	-1.867***	-1.64*
		(0.325)	(0.874)	(0.644)	(0.534)	(0.883)
	龙头企业主年龄	-0.035**	0.025	-0.029	0.086*	0.0003
		(0.017)	(0.05)	(0.028)	(0.042)	(0.052)
	龙头企业主政治面貌（非群众=1,群众=0）	0.772***	0.998	-0.149	-0.051	1.052
		(0.253)	(0.855)	(0.451)	(0.553)	(0.894)
	龙头企业主受教育程度	0.164	-0.088	0.407*	0.289	-0.165
		(0.114)	(0.405)	(0.237)	(0.376)	(0.387)
	龙头企业位于中部地区	0.205	-1.516	0.52	1.993***	1.191
		(0.268)	(0.893)	(0.48)	(0.537)	(0.742)
	龙头企业位于西部地区	2.189**	-2.348	-0.661	-2.204*	-1.204
		(0.891)	(2.238)	(1.014)	(1.128)	(1.387)
	常数项	6.318***	5.789*	4.668**	4.555	5.625**
		(1.018)	(3.263)	(1.858)	(2.927)	(2.432)
样本量		163	32	101	21	20
R^2		0.259	0.224	0.275	0.789	0.656

注:括号里为标准误差,***、**、*分别表示在1%、5%、10%的水平下显著。

表 3-32　三个环节社会化服务供给对各行业龙头企业 ROA 的影响

变量	2018 年种养类龙头企业收入(取对数)	2018 年农资类龙头企业收入(取对数)	2018 年产后类龙头企业收入(取对数)	2018 年技术类龙头企业收入(取对数)	2018 年服务类龙头企业收入(取对数)
是否提供产前服务(提供=1,不提供=0)	0.101	1.331	17.899	−0.584	0.227
	0.347	1.112	92.015	1.142	0.945
是否提供产中服务(提供=1,不提供=0)	−0.373	−1.15	−3.104	0.09	−0.321
	0.352	1.366	84.786	0.562	0.461
是否提供产后服务(提供=1,不提供=0)	0.51*	0.666	−6.243	0.446	0.167
	0.275	0.82	74.901	0.495	0.856
其他控制变量	是	是	是	是	是
常数项	0.567	0.49	−236.134	−0.413	−1.381
	0.712	2.443	245.876	1.583	0.96
样本量	159	32	96	21	20
R^2	0.037	0.218	0.071	0.23	0.553

注:括号里为标准误差,***、**、*分别表示在1%、5%、10%的水平下显著,其他控制变量同。

四、对农业社会化服务供需匹配程度的分析

基于以上分析,农业社会化服务尤其是农业生产服务的需求主体是广大小农户及家庭农场、专业大户,因此对农业社会化服务供需匹配程度的分析,以小农户及家庭农场、专业大户为需求分析主体;而对于农业社会化服务的供给主体,为简单起见,本章将其分为两类,其一,以政府或公共组织为代表的非市场供给主体;其二,以合作社、龙头企业、其他社会力量等为代表的市场供给主体[1]。

对农业社会化服务供需匹配程度的分析,本章着眼于以下两

---

[1]　具体到调研问卷中,报告将政府或公共服务组织界定为非市场供给主体,而将包括合作经济组织或合作社、龙头企业、其他社会力量、其他农场、专业大户或小农户以及其他在内的提供者界定为市场主体。

种角度。

其一,本章通过比较问卷样本中各类农业社会化服务的接受或购买比率以及市场、非市场主体提供各类农业社会化服务的供给比率之间的相关系数,来衡量供需匹配度。具体而言,某一类农业社会化服务的接受或购买比率由接受或购买该服务的需求主体(小农户、家庭农场和专业大户)占调查总体的比重来衡量;某一类农业社会化服务的供给比率由提供该服务的供给主体(市场主体或非市场主体)所关联的供给的需求方主体占调查总体的比重来衡量。一方面,如果某类农业社会化服务的接受或购买比率越高,该类服务的供给比率越大,二者之间有很强的相关关系,服务需求比率对服务供给比率有着较强的解释力,则认为农业社会化服务的供给侧较好地满足了有效需求;反之则相反。另一方面,通过比较需求比率 OLS 的回归系数,当其等于 1 时,是为完美供需匹配;当其大于 1 时,是为供大于求;当其小于 1 时,是为供不应求。

其二,本章通过比较同序次供需两主体的农业社会化服务种数来衡量供需匹配程度。具体而言,将需求主体的 15 种农业社会化服务[①]按照其获取率高低依次排序,相应地将供给主体所提供的 15 种农业社会化服务按照其供给率高低依次排序,比较这 15 种服务在顺序上的差异,如若同序次服务类型相同,其供需匹配;反之不匹配。最终以同序次服务种类数占服务总数的百分比来度量匹配程度。

---

① 调查问卷中 15 种农业社会化服务分别为集中育苗育秧服务、农业生产资料购买服务、肥料统配统施、动植物疫病防控防治、灌溉排水服务、良种引用和推广服务、农业技术推广和培训、机械机播机种机收等机械化服务、质量检测检验、农产品运输及储藏服务、农产品加工服务、农产品销售服务、市场营销服务、资金借贷服务、信息服务。

（一）农业社会化服务供需拟合线

农业社会化服务供给侧很好地满足了家庭农场和专业大户的有效需求，未能很好地满足小农户的有效需求。总体来看，在数量上农业社会化服务的供给较好地满足了需求。但区分不同类型经营主体来看，农业社会化服务供需匹配程度有所差别。一方面，家庭农场和专业大户的服务获取率对服务总体供给率的解释力高达于99%以上，这说明越是家庭农场和专业大户中获取率高的服务，相关主体对其的供给率也就越高，亦即需求越大，供给越多；另一方面，家庭农场和专业大户的服务获取率对服务供给率的回归系数趋于1，接近完美供需匹配。小农户的服务获取率对服务总体供给率的解释力仅有2%，这说明小农户中获取率高的服务，相关主体对其供给率反而不高，亦即需求大而供给缺失，表明了供需的严重不匹配，这也导致了需求总体的供需拟合结果不佳。

进一步将农业社会化服务的供给主体分为非市场主体和市场主体，分析发现，非市场主体的农业社会化服务供给对家庭农场和专业大户的服务需求匹配更优，对小农户有效需求的满足还有很大的改进空间。总体上，需求总体服务获取率对非市场主体供给率的解释力为11%，其回归系数为0.37。这反映出，一方面，服务的非市场供给受到89%的其他因素影响，需求对供给的决定作用体现得很不明显；另一方面，农业社会化服务存在非市场供给小于需求的状态。从需求主体细分看，需求对供给的弱解释力、供小于求的状况主要存在于小农户中，其解释力度为2.3%，回归系数为0.36；而与之对比的家庭农场和专业大户的服务需求对服务非市场供给侧显示出较强的解释力，解释力度高达56%和78%。

同非市场主体的有效供给情况相同,市场主体的农业社会化服务供给对家庭农场和专业大户的服务需求匹配更优,对小农户有效需求的满足还有很大的改进空间。总体而言,需求总体服务获取率对市场主体供给率的解释力达到39%,其回归系数高达0.77,虽然仍表现为供小于求的状况,但数量上的供需矛盾要远远轻于非市场主体(其回归系数仅为0.14),此外需求对供给的解释力也有明显提高(市场主体仅为11%)。同样地,从区分需求主体而言,家庭农场和专业大户的需求对供给的解释力要强于小农户,前者分别为92%和87%,而后者趋近于0。家庭农场和专业大户的供小于求的供需矛盾远轻于小农户,前者的回归系数分别达到0.76和0.65,而后者仅为0.008。

(二)农业社会化服务供需类别匹配

通过比较同序次供需两主体的农业社会化服务种数来衡量的供需匹配程度,支持上述分析的结论。通过表3-33可以发现,在不区分供给主体和需求主体的情况下,农业社会化服务供需匹配度达到26.67%,15种农业社会化服务在供需比率序次排列下,实现匹配的服务有4种。进一步区分供给主体发现,市场主体的供需匹配度要大于非市场主体,其匹配度分别为26.67%和6.67%,这说明以龙头企业和合作社为代表的市场主体对农业社会化服务有效需求的满足程度更优。

表3-33　农业社会化服务供需匹配度

指标		总体供需	非市场供需	市场供需
需求总体	种数	4	1	4
	匹配度(%)	26.67	6.67	26.67

续表

指标		总体供需	非市场供需	市场供需
专业大户	种数	15	5	6
	匹配度(%)	100.00	33.33	40.00
家庭农场	种数	15	3	6
	匹配度(%)	100.00	20.00	40.00
小农户	种数	6	4	1
	匹配度(%)	40.00	26.67	6.67

总的来看,较之于小农户,以家庭农场和专业大户为代表的新型农业经营主体农业社会化服务供需匹配度要更优。其中,专业大户和家庭农场的匹配度与需求总体一致均为 100.00%,供需比率序次排列下,实现匹配的服务有 15 种,达到完美匹配;而小农户的匹配度为 40.00%,匹配服务的数目为 6 种。

在区分供给主体情况下,专业大户和家庭农场的市场供需匹配远大于非市场供需;而小农户的非市场供需匹配度要优于市场供需。其中,专业大户和家庭农场市场供需匹配度均为 40%,匹配数目均为 6 种,而其非市场供需匹配度分别仅为 33.33% 和 20%,匹配服务的数目分别为 5 种和 3 种。小农户的非市场供需匹配度与市场供需匹配度分别为 26.67% 和 6.67%,匹配服务的数目分别为 4 种和 1 种。

表 3-34、表 3-35、表 3-36、表 3-37 首先按照不同需求主体(包括需求总体、专业大户、家庭农场、小农户)服务的获取率由高到低依次排序并给予相应编号[①],而后按照不同的供给主体(包括供给总体、市场主体、非市场主体)服务的提供比率由高到低依次

---

① 服务的编号依次为:1. 集中育苗育秧服务、2. 农业生产资料购买服务、3. 肥料统配统施、4. 动植物疫病防控防治、5. 灌溉排水服务、6. 良种引用和推广服务、7. 农业技术推广和培训、8. 机械机播机种机收等机械化服务、9. 质量检测检验、10. 农产品运输及储藏服务、11. 农产品加工服务、12. 农产品销售服务、13. 市场营销服务、14. 资金借贷服务、15. 信息服务。

排序并同样给予相应编号,然后判断同序次的服务类型是否相同,
最终计算出服务匹配数和供需匹配度。

表 3-34 需求总体农业社会化服务供需匹配

获取率 (%)	服务 编号	总提供 比例	服务 编号	是否 匹配	非市场 提供 比率(%)	服务 编号	是否 匹配	市场提 供比率 (%)	服务 编号	是否 匹配
30.80	8	49.80	7	0	29.20	4	0	39.00	1	0
28.80	7	49.50	4	0	28.20	7	1	33.30	5	0
26.80	4	48.90	2	0	26.50	15	0	25.90	2	0
26.40	2	48.30	12	0	25.80	12	0	24.50	12	0
25.60	12	47.60	1	0	25.20	9	0	24.20	7	0
25.20	5	47.50	5	1	25.10	10	0	24.00	8	0
24.00	1	46.00	8	0	24.60	2	0	22.50	3	0
22.50	15	44.90	15	1	24.00	8	0	22.30	4	0
20.90	3	44.20	10	0	23.40	13	0	20.70	15	0
20.60	9	44.00	9	1	22.60	3	0	20.40	9	1
20.40	10	43.80	3	0	22.50	14	0	20.10	10	1
16.30	11	40.70	13	0	22.20	6	0	18.60	13	0
15.70	14	39.20	14	1	20.00	5	0	17.50	14	1
14.90	13	34.20	6	0	10.30	1	0	15.20	11	0
12.60	6	20.80	11	0	6.70	11	0	12.50	6	1
匹配数	4	匹配数	1	匹配数	4					
匹配度	26.67	匹配度	6.67	匹配度	26.67					

表 3-35 专业大户农业社会化服务供需匹配

获取率 (%)	服务 编号	总提供 比例 (%)	服务 编号	是否 匹配	非市场 提供 比率(%)	服务 编号	是否 匹配	市场提 供比率 (%)	服务 编号	是否 匹配
21.40	4	21.40	4	1	11.60	4	1	13.40	1	0
19.20	7	19.20	7	1	11.00	7	1	13.40	12	0
17.60	2	17.60	2	1	7.90	9	0	12.70	2	1

续表

获取率（%）	服务编号	总提供比例（%）	服务编号	是否匹配	非市场提供比率(%)	服务编号	是否匹配	市场提供比率（%）	服务编号	是否匹配
17.30	1	17.30	1	1	7.20	15	0	12.00	4	0
17.00	12	17.00	12	1	7.00	2	0	10.90	7	0
15.60	5	15.60	5	1	6.70	5	1	10.60	8	0
14.40	9	14.40	9	1	6.20	1	0	10.30	10	0
14.20	8	14.20	8	1	5.40	12	0	10.10	5	0
13.30	10	13.30	10	1	5.10	8	0	8.60	3	0
13.20	15	13.20	15	1	4.50	3	0	8.10	15	1
11.80	3	11.80	3	1	4.00	10	0	8.00	9	0
8.50	13	8.50	13	1	3.50	11	0	5.90	13	1
8.20	11	8.20	11	1	3.30	13	0	5.60	11	1
6.40	14	6.40	14	1	3.30	14	1	3.40	14	1
0.80	6	0.80	6	1	0.40	6	1	0.40	6	1
匹配数	15	匹配数	5	匹配数	6					
匹配度	100.00	匹配度	33.33	匹配度	40.00					

表3-36　家庭农场农业社会化服务供需匹配

获取率（%）	服务编号	总提供比例（%）	服务编号	是否匹配	非市场提供比率(%)	服务编号	是否匹配	市场提供比率（%）	服务编号	是否匹配
32.90	7	42.80	7	1	15.50	7	1	35.50	2	0
31.00	2	42.00	2	1	14.70	15	0	31.90	5	0
30.50	12	40.90	12	1	13.30	4	0	31.90	12	1
30.30	5	40.20	5	1	12.90	12	0	30.90	7	0
29.40	4	39.30	4	1	12.00	1	0	29.20	8	0
27.30	1	38.50	1	1	11.00	5	0	29.10	4	0
25.90	8	37.40	8	1	10.60	8	1	28.30	1	0
24.90	15	35.20	15	1	9.60	9	0	27.60	3	0
23.80	3	33.50	3	1	9.30	14	0	26.80	10	0
22.90	10	32.90	10	1	8.80	13	0	24.10	15	0

续表

获取率（%）	服务编号	总提供比例（%）	服务编号	是否匹配	非市场提供比率(%)	服务编号	是否匹配	市场提供比率（%）	服务编号	是否匹配
19.80	9	30.90·	9	1	8.30	2	0	23.90	9	1
18.10	13	28.00	13	1	7.80	3	0	21.40	13	1
16.30	11	26.20	11	1	7.80	10	0	21.30	11	1
14.30	14	25.70	14	1	6.80	11	0	17.90	14	1
7.50	6	17.30	6	1	3.60	6	1	14.30	6	1
匹配数	15	匹配数	3	匹配数	6					
匹配度	100.00	匹配度	20.00	匹配度	40.00					

表 3-37 小农户农业社会化服务供需匹配

获取率（%）	服务编号	总提供比例（%）	服务编号	是否匹配	非市场提供比率(%)	服务编号	是否匹配	市场提供比率（%）	服务编号	是否匹配
6.85	8	9.22	8	1	8.34	8	1	4.23	4	0
4.99	2	7.60	4	0	6.35	2	1	3.74	7	0
4.98	4	7.35	2	0	5.98	12	0	3.49	6	0
4.36	6	7.10	6	1	4.98	1	0	2.62	2	0
4.36	12	6.72	12	1	4.98	6	0	2.49	5	0
3.74	7	6.48	7	1	4.86	3	0	2.24	3	0
3.37	3	6.10	5	0	4.61	4	0	1.99	12	0
3.36	5	5.98	1	0	4.61	5	1	1.74	8	0
2.74	1	5.98	3	0	3.49	14	0	1.62	14	0
1.74	14	4.48	14	1	3.36	7	0	1.49	1	0
1.49	9	3.99	9	1	3.24	9	1	1.37	15	0
1.37	15	3.74	10	0	3.11	10	0	1.25	9	0
1.25	10	3.61	15	0	2.99	15	0	1.00	10	1
1.00	13	3.49	11	0	2.62	11	0	1.00	11	0
0.87	11	3.36	13	0	2.62	13	0	1.00	13	0
匹配数	6	匹配数	4	匹配数	1					
匹配度	40.00	匹配度	26.67	匹配度	6.67					

第五节　社会化服务现状和问题

本章立足于农业社会化服务供给、需求两端,首先,阐述不同新型农业经营主体对农业生产服务、金融服务、信息服务、农业保险服务和销售服务五类服务的需求情况。其次,描述不同新型农业经营主体有关上述五种社会化服务的供给情况。此外,本章进一步对比了农业社会化服务需求主体与供给主体的特征变量用以说明服务需求主体和服务供给主体之间的差异。最后,本章研究了农业社会化服务供需匹配程度,研判社会化服务供需匹配现状及存在的问题。总体而言,各类主体尤其是新型农业经营主体的农业社会化服务供给还有很大的改进空间,农业社会化服务市场仍存在供小于求的状态,而较之于市场主体,目前以政府和公共服务组织为代表的非市场主体对农业社会化服务有效需求的满足程度更优,而以龙头企业、家庭农场和专业大户为代表的市场主体提供社会化服务的潜力有待进一步发掘。

从需求角度来看:(1)农业生产服务方面,小农户是生产性社会化服务的主要需求方。(2)金融服务方面,各经营主体获取正规借贷的能力不同,对非正规融资渠道的选择与自身经营特点密切相关。(3)信息服务方面,不同主体信息获取的资源禀赋存在较大不同,由此导致不同主体信息获取差异较大。(4)保险服务方面,合作社在农业保险推广和普及中充分发挥了其合作特点和带动作用。(5)销售服务方面,销售渠道单一仍是各经营主体面临的主要问题,新型农业经营主体在拓宽各主体多元化销售渠道方面的潜力仍有待开发。

从供给角度来看:(1)农业生产服务方面,政府或者公共服务组织在农业生产社会化服务供给中扮演重要的主体角色,但近年来合作社、龙头企业、家庭农场以及专业大户越来越体现出其"以大带小"的辐射带动优势。此外,不同主体提供的农业生产社会化服务在种类上存在差异。(2)金融服务方面,新型农业经营主体各具特色的金融服务方式有效缓解了各主体资金短缺的困境,为正规借贷的多样化发展提供了有益参考。(3)信息服务方面,政府部门信息服务机构以及各级信息站仍旧是信息服务最重要的供给主体,但新型农业经营主体也扮演着重要角色。(4)保险服务方面,合作社在农业保险推广和普及中充分发挥了其合作特点和带动作用。(5)销售服务方面,新型农业经营主体通过订单、帮销等方式拓宽了小农户的销售渠道,但其销售带动作用仍有很大的提升空间。

从农业社会化服务供需主体特征的差异来看:(1)地区分布和个体特征方面,新型农业经营主体更集中于东部发达地区,拥有更优的人力资本禀赋。(2)经营特征方面,新型农业经营主体更偏向于从事收益较高、技术壁垒较高的行业,其收益和生产资料禀赋均远高于小农户。(3)政府支持方面,新型农业经营主体的发展得到了更多的政府政策扶持。

从农业社会化服务的效果及供需匹配情况来看:(1)农业社会化服务的获取方面,农业社会化服务的增收作用还比较有限。(2)农业社会化服务的供给方面,大多数情况下提供社会化服务还未能起到增加合作社和龙头企业的收入的作用。(3)社会化服务的供需匹配方面,目前农业社会化服务的供给很好地满足了家庭农场和专业大户的有效需求,未能很好地满足小农户的有效需求。此外,目前非市场主体提供的社会化服务的重点为家庭农场和专业大户,市场主体提供的社会化服务重点为小农户。

基于上述发现,本章提出以下展望:

第一,充分发挥多元化主体的作用。积极培育合作社及其联合组织、龙头企业、专业服务公司、集体经济组织等各类服务主体,并明晰不同主体的功能定位,统筹推进公益性服务和经营性服务,着重体现公益性服务组织的基础性、专业性和经营性组织的市场化、多元化特征,发挥不同主体的优势和功能,为农户提供内容多样、方式灵活的服务,优化其资源配置,促进生产要素合理流动。特别要重视和强化面向小农户的社会化服务,发挥农机服务、农业生产资料统购、动植物疫病防治、良种引用和推广等方面公益性服务组织的基础性作用。

第二,加快完善社会化服务网络,构建产前、产中、产后环节协调统一发展的社会化服务体系,实现社会化服务需求主体和供给主体的双向共赢。当前我国社会化服务供给主体多数已覆盖产前、产中和产后三个环节,但服务重点仍置于产中环节、产前和产后服务的仍较为薄弱。应抓住关键薄弱环节,通过整合政府资源和社会资源实现其高水平发展,既为社会化服务的需求主体提供高质量的全环节服务,又实现社会化服务供给主体的效益提升和资产增值能力提高,打造全链条利益共同体。

第三,通过引导、示范扶持家庭农场和专业大户的发展。要根据不同地区的区域特色、生产力水平、劳动力状况、农业经营类型等探索并培育一大批符合本地区发展路径的农业适度规模经营主体(以家庭农场和专业大户为主),并建立针对家庭农场和专业大户的一系列有关财政补助、信贷支持、保险等方面的政策支持体系,引导家庭农场以节本增效、绿色生态、设施改善和能力提高为目标推进标准化、科技化生产。

第四,加强合作组织在农业社会化服务中的基础地位,增强合作社的服务带动能力。要加大对合作社的扶持力度,提升其规范化水平。以农民专业合作社为依托,带动农户从事专业化生产,实现生产、加工和销售等环节的紧密结合,提升其社会化服务的能力和水平,使之成为引领农民参与国内外市场竞争的现代农业经营服务组织,实现小农户与大市场的有机衔接。

第五,进一步加强龙头企业在农业社会化服务中的骨干作用,提升龙头企业的服务能力。在我国农村经济发展的现阶段,提高农业产业化和农业现代化水平,很大程度上取决于龙头企业的发展状况。龙头企业在生产技术培训服务、金融服务、信息服务、销售服务中均具有良好表现,但其供给能力仍需进一步挖掘。龙头企业应树立服务意识、品牌意识,为农民提供全方位、高质量的社会化服务。

第六,完善国家对新型农业经营主体的支持政策。各级农业农村部门要积极争取将新型农业经营主体和服务主体纳入财政优先支持范畴,加大财政投入力度;要创新针对新型农业经营主体发展金融保险服务,扭转农村发展的金融困局;要推动政策落地,使中央及地方各级扶持政策真正帮助处在发展中阶段的新型农业经营主体实现其自我提升,进而促进产业链整体升级。

第七,注重全面提升新型农业经营主体和社会化服务主体经营者的素质。加大新型农业经营主体和社会化服务主体的培训力度,实施以面向产业、融入产业和服务产业为目标的分类培育计划,增强其专业技能,满足新型农业经营主体发展对技术型、管理型等方面的人才需求。

第四章　乡村振兴调查

第一节　背景介绍

2017 年 10 月 18 日,党的十九大正式提出实施乡村振兴战略,按照"产业兴旺、生态宜居、乡风文明、治理有效、生活富裕"的总要求以及"坚持党管农村工作,坚持农业农村优先发展,坚持农民主体地位,坚持乡村全面振兴,坚持城乡融合发展,坚持人与自然和谐共生,坚持因地制宜、循序渐进"的基本原则,全面推进乡村振兴,以实现乡村振兴战略总目标——农业农村现代化。党中央将乡村振兴战略分为三个阶段:到 2020 年,乡村振兴取得重要进展,制度框架和政策体系基本形成;到 2035 年,乡村振兴取得决定性进展,农业农村现代化基本实现;到 2050 年,乡村全面振兴,农业强、农村美、农民富全面实现。

2020 年年底,我国脱贫攻坚任务将顺利完成,将实现现行标准下贫困人口全部脱贫,贫困县全部"摘帽",全面建成小康社会目标实现。2021 年,农业农村发展将由全面建成小康社会迈入实现农业农村现代化的新阶段。2018年中共中央政治局第八次集体学习时,习近平总书记指出,"打好脱贫攻坚战是实施乡村振兴战略的优先任务"。脱贫攻坚以建档立卡贫困人口和贫困地区为对象,解决了农村绝对贫困问题,弥补了乡村发展的最突出"短板",建立了乡村振兴的基本制度框架和政策体系,为实施乡村振兴战略奠定了坚实基础。但在这一阶段,乡村的发展依然存在一些薄弱环节,如农业要素非农化态势仍未扭转;农村劳动力老龄化日益严重;农村空心化不断加重;农村环境超载问题突出①;农产品质量安全有待保障;农业生产方式落后;低水平、兼业化和粗放化问题依然严峻;乡村基础设施和公共服务不完善;治理现代化水平低;融资困难等。

　　基于脱贫攻坚任务顺利完成但农业农村发展仍有不足的现实情况,继续坚定不移地实施乡村振兴战略具有重大意义。中共中央、国务院印发的《乡村振兴战略规划(2018—2022年)》中也明确指出,"推动脱贫攻坚与乡村振兴有机结合相互促进"。所以,乡村振兴是脱贫攻坚的接续战略,能够进一步巩固和提升全面脱贫成果,有利于激发农民增收致富的内生动力,形成稳定减贫的长效机制。实施乡村振兴战略是新时代做好"三农"工作的总抓手,是建设现代化经济体系的重要基础,是建设美丽中国的关键举措,是传承中华优秀传统文化的有效途径,是健全现代社会治理格局的固国之本,更是实现全体人民共同富裕的必然选择。

　　2021年,乡村振兴战略将全面启动,进入"乡村振兴取得决定性进展,农业农村现代化基本实现"的第二发展阶段。在此背景

---

① 郭晓鸣:《乡村振兴战略的若干维度观察》,《改革》2018年第3期。

下,为了更好地实施乡村振兴战略,调查组对全国范围内的村庄进行抽样调查和数据分析,以全面了解现阶段中国乡村的基本情况以及在基础设施及公共品服务、村民生活、精神文明、文化建设、基层治理、乡村规划和产业发展等方面的发展情况。目的是全面把握我国乡村振兴建设进度、发展现状和现存主要问题,从而为2020年后乡村振兴战略在全国范围的全面铺开提供有效可行的实施方案和政策建议。本章选取的指标涵盖了以往研究普遍包含的村庄人口情况、村庄资源情况、村庄资金情况三个方面,同时又根据政策背景增加了村庄类型和集体产权改革两部分。本章根据《乡村振兴战略规划(2018 — 2022 年)》划分的村庄分类,将样本区分为集聚提升类村庄、城郊融合类村庄、特色保护类村庄和搬迁撤并类四类[①]。另外,2016 年中共中央、国务院印发《关于稳步推进农村集体产权制度改革的意见》,在全国深入开展农村集体产权制度改革工作,为实现乡村全面振兴提供了重要支撑和保障,因此本章对乡村基本情况的考察中还包括集体产权制度改革状况。

一、村庄类型

(一)当前村庄发展走势呈差异性和分化特征,其中"集聚提升类村庄"占乡村类型的大多数

根据 2019 年调查结果(见图 4-1),在受访的村庄中,67.20%的村庄属于集聚提升类村庄,这类村庄发展规模已经成熟,产业农业发展也比较兴旺,常住人口较多,是现有规模较大的中心村和其

他仍将存续的一般村庄,是乡村类型的大多数;21.60%属于城郊融合类村庄,主要包括地处城市郊区和城乡接合部的村落;6.40%属于特色保护类村庄,主要包括历史文化、传统村庄以及具有特色旅游资源的村庄,还有部分少数民族特色村寨;4.80%属于撤并搬迁类村庄,主要包括生存环境差、不具备基本发展条件,以及生态环境脆弱、限制或禁止开发地区的乡村和因国家大型工程项目建设需要搬迁的村庄。

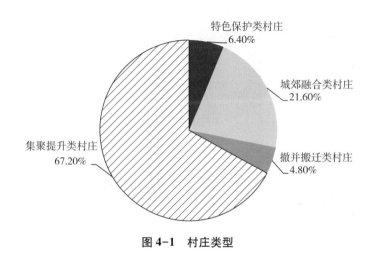

图4-1　村庄类型

（二）当前村庄所获头衔—荣誉级别以乡镇、市两级为主,且无头衔—荣誉占据大多数

根据2019年调查结果(见图4-2),在受访的村庄中,77.60%没有任何头衔/荣誉,22.40%的村庄获得了头衔/荣誉。在获得了头衔/荣誉的村庄中,以乡镇、市两级头衔/荣誉为主,鲜有村庄能够获得省级甚至国家级头衔/荣誉。具体为12.80%获得市级头衔/荣誉,4.80%获得乡镇级头衔/荣誉,4.00%获得省级头衔/荣誉,0.80%获得国家级头衔/荣誉,同时,村庄获得头衔或荣誉的名称主要包括全国法制示范村、省级生态文明建设示范村、省级新农村示范村、省级文明村、文明示范村、先进党支部、小康村示范村、美丽村庄等。

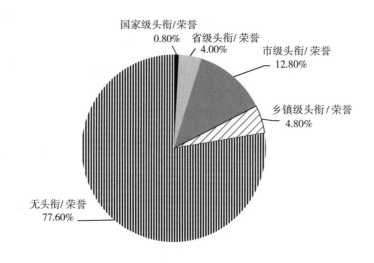

图4-2　村庄所获头衔/荣誉级别

二、村庄人口情况

（一）新型农业经营主体的发展促成了村庄内农业的专业化经营

根据2019年调查数据，村庄总户数平均为602户，其中纯务农户、以农业为主兼营非农业户、以非农业为主兼营农业户、纯非农业户所占比例分别平均为63.57%、15.67%、10.13%、6.15%（见图4-3）。全国农业固定观察点数据显示，截至2009年纯务农户197.7户/村，以农业为主兼营非农业户142.52户/村，以非农业为主兼营农业户103.41户/村，纯非农业户69.21户/村，其他

户 18.11 户/村,分别平均占比 38.55%、27.79%、20.16% 和
13.50%。本章使用的新主体数据显示的纯务农农户的比例更高,
是 2009 年全国农业固定观察点数据的 2 倍左右。由此可见,新型
农业经营主体的发展促成了村庄内农业的专业化经营。

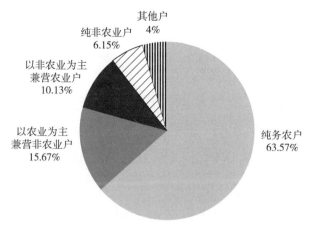

图 4-3 村庄农户从业情况

**(二)接受过职业教育或有技术特长的劳动力占比较低,残
障人口和失去劳动力的人口比例相比于 2009 年有所上升**

2019 年全村总人口数平均为 2168 人,劳动力(18—65 岁)占
比平均为 61.30%,其中接受过农业技术教育或培训的劳动力占比
平均为 15.80%。有专业技术职称(证书)的劳动力占比平均为
2.33%,全村有残疾智障的人数占比平均为 1.47%,全村失去劳动
能力的人数占比平均为 4.71%。全国农业固定观察点数据显示,
2009 年年末总人口 2217.87 人/村,劳动力 1072.2 人/村,占比
48.34%。其中接受过职业教育或有技术特长的 211.3 人/村,占
比 19.71%。残疾智障 21.5 人/村,在全村人口中占比 0.97%,失
去劳动能力的人 60.1 人/村,在全村人口中占比 2.7%。通过

2009 年全国农业固定观察点数据与 2019 年新型农业经营主体数据对比可知,接受过职业教育或有技术特长的劳动力的绝对值增加但占比下降,并且残障人口和失去劳动力的人口比例均有所上升。

(三)外出劳动力主要流向本县、本省和外省,外来劳动力主要来自本县

外出劳动力占比平均为 26.34%,其中出乡(县内)就业人数占比平均为 50.45%,出县(省内)就业人数、出省(国内)就业人数、境外就业人数所占比例分别为 27.32%、20.80%、1.43%(见图 4-4),可见外出劳动力主要流向本县、本省和外省,极少有劳动力出国就业。外来劳动力占本村劳动力比例平均为 4.48%,其中来自本县人数平均为 60.61%,来自外县人数平均为 39.39%。且在企业中就业的人数更多,在本村企业和农户家庭中就业人数占比分别平均为 1.38% 和 1.34%。

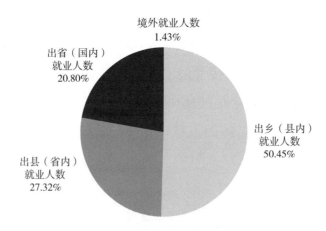

图 4-4　外出劳动力流动情况

（四）中部地区新乡贤数量在村庄总人口中的比例最高，东部地区和西部地区相对较低

新乡贤是指在当代乡村，一些曾为官在外而告老还乡，或在外为教而返归乡里，或长期扎根乡间而以自己的知识才能服务乡间的有爱乡情怀的人。新乡贤不仅具有传统乡贤的乡土情怀、道德品行、伦理情操等一般特征，还有现代的知识、技能和新的文化视野；既可以起到道德指引的作用，还可以起到新文化、新观念、新思想、新技能传播的作用。不仅可以协调和化解乡村邻里之间的矛盾，同时也可以引导舆论、明辨是非、凝聚人心、端正风气。可以说，新乡贤是带动乡村发展的重要人力资源，可以对村庄发展产生强有力的推动。现阶段，我国乡村的新乡贤数量占全村总人口比例平均为 1.31%，其中中部地区占比最多，平均为2.91%；东部地区次之，占比平均为 1.66%；西部地区占比最少，占比平均为 1.24%。

（五）中国乡村农户家庭规模呈现缩小趋势，户均外出劳动力呈增多趋势

2019 年调查数据反映出当前中国乡村人口的基本画像。劳动力方面，户均闲置劳动力人数（按 300 个闲置劳动日为 1 人）0.13 人/户，户均返乡创业人口数 0.07 人/户。教育方面，户均适龄上学儿童 0.34 人/户，户均考上大学人数 0.18 人/户，户均全村义务教育阶段辍学儿童数量 0.04 人/户，乡村的平均受教育年限为 12.48 年。老年人及残疾人口方面，户均 65 岁以上人口数量 0.54 人/户，全村患大病、慢性病的人数占比平均为

3.32%,全村有残疾智障的人数占比平均为 1.47%,全村失去劳动能力的人数占比平均为 4.71%。贫困方面,全村建档立卡贫困户占比平均为 7.64%。其他方面,全村光棍(大于 30 岁未婚)数量占比平均为 1.62%。通过将 2019 年调查数据与中国农村固定观察点 2000 年和 2009 年数据进行比较,可以归纳出中国乡村人口的发展趋势。2000 年以来,中国农户的家庭规模呈现缩小趋势。户均人口数由 2000 年的 4.17 人下降到 2009 年的 3.92 人又下降到 2019 年的 3.68 人,年均减少 0.02 人。劳动力方面,农户的户均劳动力在 2—3 人,2019 年为 2.23 人。户均外出劳动力呈增多趋势,由 2003 年的 0.53 人/户增加到 2009 年的 0.71 人/户又增加到 2019 年的 1.02 人/户,17 年间增加了近 2 倍,见表 4-1。

表 4-1　村庄人口情况描述性统计

变量	单位	2000 年数据	2009 年数据	新型农业经营主体 2019 年调查数据			
				均值	标准差	最大值	最小值
户均人口数	人/户	4.17	3.92	3.68	0.9694	1	6.25
户均劳动力(18—65 岁)	人/户	2.50	2.82	2.23	0.9531	0.33	5.16
外出劳动力	人/户	0.53	0.71	1.02	0.9274	0	4.07
闲置劳动力	人/户	—	—	0.13	0.2628	1.27	0
返乡创业人口	人/户	—	—	0.07	0.1744	1.254	0
适龄上学儿童	人/户	—	—	0.34	0.3085	1.78	0
考上大学人数	人/户	—	—	0.18	0.2272	1.27	0
义务教育阶段辍学儿童	人/户	—	—	0.04	0.1536	1.11	0
受教育年限	年	—	—	12.48	16.2925	100	0
65 岁以上老人	人/户	—	—	0.54	0.3644	1.79	0

注:2000 年和 2009 年数据来源于中国农村固定观察点,其中外出劳动力最早统计时间为 2003 年。

三、村庄资源情况

(一)村庄耕地资源绝对量充裕,年内耕地面积有所减少,农户家庭经营依旧是当前土地经营的主要方式

我国是一个农业大国,耕地资源不仅是我国农村经济社会发展的基础,而且也关系到国家的粮食安全,进而影响整个国家的稳定和社会的和谐发展。数据显示(见表4-2),我国乡村耕地面积平均为5193.45亩,耕地资源绝对数量多。村庄土地总面积平均为9436.69亩,耕地面积占村庄总面积的比例平均为55.03%。从耕地资源的动态变化情况看,2019年年内耕地资源有增有减。年内增加耕地面积平均为51.12亩,其中新开垦耕地面积平均为35.62亩。2019年年内减少耕地面积平均为62.48亩。其中,国家建设占用耕地面积平均为24.44亩,村集体建设占用面积平均为20.33亩,农民新建房屋占用面积平均为22.91亩,改林、果、牧、渔业占用面积平均为38.64亩。总的来看,耕地的年内减少面积大于年内增加面积,2019年耕地面积相较2018年有所减少。从经营主体来看,农户家庭经营依旧是当前中国乡村土地经营的最主要方式。农户家庭经营耕地面积平均为4292.89亩,占到村庄耕地总面积的82.66%。其他经营方式中,村集体经营耕地面积平均为310.33亩,农民专业合作经济组织经营耕地面积平均为313.65亩,企业经营耕地面积平均为186.28亩,其他经营耕地面积平均为51.96亩。

（二）土地流转较多，合作社和农户是土地流转的主要参与主体，但土地流转价格偏低

自国家对土地流转的限制放开以来，流转土地面积和比例逐年攀升，流转面积所占比重从 1996 年的 2.6% 上升至 2019 年的 28.84%。土地流转分为转入和转出两种方式，土地转入可增加农户家庭经营规模，土地转出可增加农户的非农就业机会。根据 2019 年调查数据，村庄中年内土地流转转出户数平均为 86 户，年内转出土地面积平均为 814.26 亩。年内土地转入户数平均为 35 户，年内转入土地面积平均为 683.32 亩（见表 4-2）。在农户转出的土地中，流转给企业的土地面积平均为 83.68 亩，流转给农民专业合作经济组织的平均为 361.17 亩，流转给其他农户的平均为 386.14 亩，可见合作社和农户是土地流转的主要参与主体。土地流转主要发生在村庄内部，流转给村外的土地平均只有 20.22 亩，数量较少。关于土地流转价格，2018 年村庄亩均土地流转价格平均为 304.90 元/亩，分地区来看，东部地区的土地流转价格最高，平均为 334.21 元/亩，其次是中部地区，土地流转价格平均为 261.29 元/亩，西部地区的土地流转价格最低，平均为 234.29 元/亩。在调研样本中，土地流转的最高价格为 1000 元/亩，但有 42.57% 的村庄土地流转价格小于 50 元/亩，且土地流转的最低价格为 10 元/亩，说明现阶段我国村庄的土地流转价格依旧偏低。

表 4-2 村庄土地资源情况描述性统计

变量	单位	均值	标准差	最大值	最小值
耕地面积	亩	5193.446	6920.135	30000	10
农户家庭经营面积	亩	4292.886	6181.507	30000	0
村集体经营面积	亩	310.328	1750.376	19000	0
企业经营面积	亩	186.280	982.817	10700	0
农民专业合作经济组织经营面积	亩	313.648	1144.807	10700	0
其他经营面积	亩	51.960	160.434	1000	0
年内转出土地面积	亩	814.256	2084.779	12000	0
年内转入土地面积	亩	683.320	2848.754	28000	0

（三）村庄作物种植种类较为丰富，粮食作物以水稻、玉米为主，经济作物以蔬菜为主，土地类型丰富

根据 2019 年调查数据（见表 4-3、图 4-5），在耕地中，粮食作物种植面积平均为 3300.74 亩。粮食类作物种植品种较多，44.80%的村庄主要种植水稻，30.40%的村庄主要种植玉米，17.60%的村庄主要种植小麦，4.00%的村庄主要种植豆类作物，3.20%的村庄主要种植薯类作物。经济作物种植面积平均为 1078.74 亩，其中有 48.80%的村庄主要种植蔬菜，17.60%的村庄主要种植瓜果，种植花卉和果品的村庄比例均为 8.8%，另有16.00%的村庄主要种植其他作物，如棉花、花生、茶叶等。除此之外，在土地类型方面，林地面积平均有 1213.06 亩，滩涂面积平均有 207.11 亩，园地面积平均有 186.78 亩，水面面积平均有 179.66亩，草场牧场面积平均有 31.26 亩。在土地用途方面，全村非农建设用地总面积平均为 787.90 亩，其中宅基地面积占比为 75.17%，公共性设施用地面积为 16.17%，经营性建设用地面积为 8.66%。

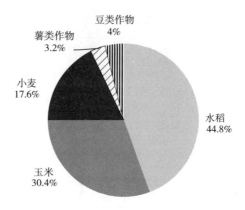

图 4-5　粮食类作物种植品种

表 4-3　村庄粮食种植和土地类型描述性统计

变量	单位	均值	标准差	最大值	最小值
粮食作物种植面积	亩	3300.738	6703.276	30000	50
经济作物种植面积	亩	1078.736	2892.504	23000	0
林地面积	亩	1213.064	7267.154	80000	0
园地面积	亩	186.776	576.57	4000	0
草场牧场面积	亩	31.264	229.3212	2500	0
水面面积	亩	179.664	711.506	6000	0
滩涂面积	亩	207.112	1796.037	20000	0
全村非农建设用地总面积	亩	787.896	1218.716	6000	0
全村设施农业面积	亩	95.512	214.759	1058	0

村庄土地特征方面,55.20%的村庄为平原,29.60%的村庄为丘陵,12.00%的村庄为山区,3.20%的村庄为高原。村庄粮食作物熟制方面,44.80%的村庄为一年一熟,40.00%的村庄为一年两熟,8.80%的村庄为两年三熟,6.40%的村庄为一年三熟。在设施农业发展情况中,全村设施农业面积(温室大棚等)平均有95.51亩。在设施农业主要经营类型中,有36.29%的村庄为粮油类,33.87%的村庄为蔬菜类,5.65%的村庄为林木类,3.23%的村庄为

水产类,2.42%的村庄为牲畜类。

(四)大多数村庄市场化水平较高,市场建立完善,与外界交流较便利

农民分化程度(村民的兼业情况)方面,74.40%的村庄基本同质,20.00%的村庄相对异质,5.60%的村庄鲜明异质。根据2019年调查数据(见图4-6),村庄开放程度(市场化程度)方面,53.60%的村庄非常开放,38.40%的村庄半开放,8.00%的村庄比较封闭。在经济发展水平方面,50.40%的村庄认为其经济发展水平在所在乡镇处于中等,34.40%的村庄处于中等偏上,8.00%的村庄处于最好,5.60%的村庄处于中等偏下,1.60%的村庄处于最差。全村生产的农作物用于销售的比例为80.04%。40.00%的村庄有初级交易市场,其余60.00%没有,这部分村庄离最近的初级交易市场大约有7.05千米。村庄距离最近的镇中心平均有7.22千米,村庄距离最近的市中心平均有42.66千米,村庄距离乡镇/街道政府驻地平均有5.61千米。距离本村最近的公路平均有2.45千米,距离本村最近的火车站平均为29.51千米。

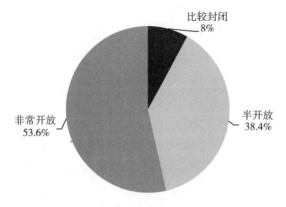

图4-6 村庄开放程度(市场化程度)

四、村庄资金情况

（一）村庄收入逐年增加，所获外部资金逐年上涨，村民生活水平显著提升

根据 2019 年调查数据（见图 4-7），2018 年，农村居民人均纯收入平均为 12601.40 元，相较 2014 年收入平均上涨 71.48%，说明近年来村民生活水平显著提升。其中东部地区人均纯收入最高，为 12958 元，中部地区为 12735.69 元，西部地区人均纯收入最低，为 9754.55 元，但东中西部差距较小。根据《农村经济绿皮书：中国农村经济形势分析与预测（2009—2010）》，2009 年东部地区农民人均纯收入为 6742.8 元，中部地区农民人均纯收入为 4864.8 元，西部地区农民人均纯收入为 3685.6 元。村庄获得的财政资金平均为 204.56 万元，其中政府对东部地区的财政资金补贴为 347.19 万元，对中部地区的财政资金补贴为 272.39 万元，对西部地区的财政资金补贴为 397.50 万元。村庄所得社会资金平均为 66.54 万元，相比于前几年均有所上涨。村集体年末存有固定资产原值平均为 13522.45 万元。村集体年末负债金额平均为 19.33 万元。村集体年内总收入平均为 332.48 万元，其中集体经营性收入平均为 131.79 万元，出租村集体资产收入平均为 37.62 万元，企业上缴款平均为 35.94 万元，上级部门拨款平均为 34.47 万元。

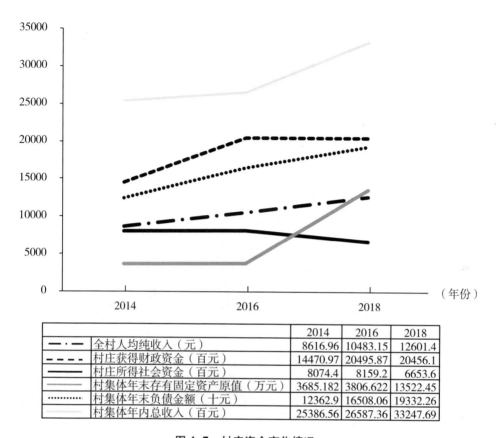

	2014	2016	2018
─·─ 全村人均纯收入（元）	8616.96	10483.15	12601.4
─ ─ 村庄获得财政资金（百元）	14470.97	20495.87	20456.1
── 村庄所得社会资金（百元）	8074.4	8159.2	6653.6
── 村集体年末存有固定资产原值（万元）	3685.182	3806.622	13522.45
······ 村集体年末负债金额（十元）	12362.9	16508.06	19332.26
── 村集体年内总收入（百元）	25386.56	26587.36	33247.69

图 4-7　村庄资金变化情况

（二）村庄获得的乡村振兴的资金补助方式多样，来源不同，存在地区异质性

在政府对村庄提供的乡村振兴补助资金支持方式方面，42.86%的村庄所获得的支持方式为投资补助，3.97%的村庄所获得的支持方式为投资参股，10.32%的村庄所获得的支持方式为以奖代补，7.14%的村庄所获得的支持方式为其他类型，如新农村建设、修路、排水环境治理等（见图 4-8）。但 35.71%的村庄未获得过任何形式的政府补助资金。在政府对村庄的乡村振兴补助资金的支持范围方面,主要是对基础设施和公共服务的支持,其中40.96%的村庄所获得的支持是"路、水、电、气、网、园"等基础设施,23.49%的村庄所获得的支持是"教育、卫生、文化、体育、就业、服务"等公共服务设施项目,也有11.45%的村庄所获得的支持是"一二三产融合、工业、旅游、健康、生态经济"等产业发展,22.89%的村庄未获得过任何形式的政府补助资金,1.20%的村庄所获得的支持是其他类型。

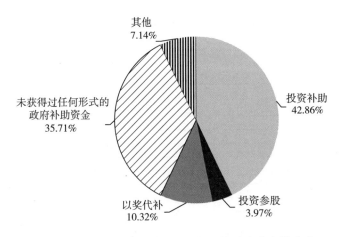

图4-8 政府对村庄提供的乡村振兴补助资金支持方式

(三)中部地区村庄收到的政府乡村振兴补助资金数量最多,村庄收到的补助资金来源以中央和省级政府为主

村庄收到的补助资金总额平均为33.73万元,其中中部地区村庄收到的补助资金总额最多,平均为80.61万元;西部地区村庄次之,平均为52.29万元;东部地区村庄收到的补助最少,平均为27.52万元。由此可知,我国对中部地区村庄的扶持力度较大,对东部地区村庄的扶持力度较小。在乡村振兴补助资金的来源中,村庄获得的中央政府资助占比平均为

33.00%;省级政府资助占比平均为 31.80%;市级政府资助占比平均为 13.55%;县级政府资助占比平均为 14.01%;乡级政府资助占比平均为 7.65%。在政府为村庄提供的贷款形式方面,有 46.56% 的村庄所获得的贷款形式为低息贷款,6.87% 的村庄为担保贷款,9.92% 的村庄为特殊专项贷款,36.64% 的村庄为其他类型。

（四）多数村庄能够依靠村长、党支部书记或新型农业经营主体负责人能为村庄发展申请到资金资助,但也有部分村庄带头人无法申请到任何资金资助

分别有 65.91% 和 53.79% 的村长或党支部书记能够为村庄发展申请到资金资助。在村长或者党支部书记能为村庄发展申请到的资金资助种类方面,43.94% 的村庄的村长或者党支部书记能申请到政府财政资金,12.88% 的村庄的村长或者党支部书记能申请到其他社会团体（如企业）资金,9.09% 的村庄的村长或者党支部书记能申请到其他类型资金资助,但也有 34.09% 的村庄的村长或者党支部书记未申请到过任何资金资助。在新型农业经营主体负责人能为村庄发展申请到的资金资助种类方面,36.36% 的村庄内新型农业经营主体负责人能申请到政府财政资金,10.61% 的村庄内新型农业经营主体负责人能申请到其他社会团体（如企业）资金,6.81% 的村庄内新型农业经营主体负责人能申请到其他类型资金资助,也有 46.21% 的村庄内新型农业经营主体负责人未申请到过任何资金资助。

五、集体产权制度改革情况

（一）集体产权制度改革大多只处于清产核资和股份合作制改革阶段，实现村集体资产分红的村庄不到三成

根据《中共中央 国务院关于稳步推进农村集体产权制度改革的意见》，农村集体产权制度改革包括清产核资和股份合作制改革两项硬任务，有偿退出和继承、资产股份抵押担保、政经分离、发展壮大集体经济四项探索性工作，以及加强资产管理一项常规性工作。农村集体产权制度改革是一项基础性工作，清产核资、成员身份确认、股份量化的最终目的是盘活农村集体资产，让集体资产保值增值，不断壮大集体经济，最终带动农民致富。2019 年调查数据显示，全体村民得到的村集体资产分红总额平均为每年39.82 万元，表明通过集体产权制度改革确实可以实现带动农民增收的目的。然而，在调查样本中，73.60% 的村庄没有村集体资产分红，这些村庄只是完成了集体产权制度改革的硬性任务，但沉睡的集体资产并未真正激活产生收益。其余 26.40% 的村庄实现了集体资产分红。在有集体资产分红的村庄中，平均每户获得集体资产分红 1012 元，平均每人获得集体资产分红 270 元。

（二）政府在资金、制度服务方面均为村庄发展提供了便利

40.00% 的村庄中，政府为村庄的发展提供了便利，具体表现为政府为村庄发展提供了低息贷款、基础设施建设、招商投资等方面的便利。在 34.40% 的村中，政府为村庄的发展提供了制度上的变通，包括允许土地流转、办事手续简化、提供市场保障和降息免税等方面。

（三）村庄集体资产保值增值遇到的最大困难是集体资产少和经营管理能力差

经过清产核资和股份合作制改革后，集体产权制度改革的下一步发展方向是集体资产的保值增值。在通过开放式问题询问如何投资才能保证村集体资产保值增值时，25%的村庄负责人回答"基本上没什么资产""资产少""缺钱"，12.5%的村庄负责人回答"不清楚""不确定""不知道"或"不会投资"。由此可见，缺乏经营性资产是农村集体资产保值增值面临的最大困难，集体资产较少的村庄在集体产权制度改革后需要更多的外力和外部资源支持，方能带动集体资产保值增值。同时，集体资产保值增值离不开专业的经营管理，集体经济组织负责人经营管理能力不足也是制约集体资产保值增值的重要因素。

（四）集体资产投资发展产业或入股企业是集体资产保值增值的重要方式

在通过开放式问题询问，如何投资才能保证村集体资产保值增值时，20%的村庄负责人认为投资发展产业是集体资产保值增值的重要方式。产业类型具体包括发展新农业等第一产业，轻工业等第二产业，农家乐、饭店、旅游等第三产业，城郊村还可以发展物业房租赁项目。15%的村庄负责人认为入股企业是集体资产保值增值的重要方式。2019年调查数据显示，目前23.20%的村庄村集体经济以土地使用权入股到其他经营主体，这其中村级集体经济持股比例最低为1%，最高为60%，平均为21.79%。30.40%的村庄村集体经济以资金入股到其他经营主体，这其中村级集体经济持股比例最低为 1%,最高为 70%,平均为 13.37%。20.80%的村庄以村级集体资产入股到镇级集体资产管理经营平台(或者联社),这其中村级集体经济持股比例最低为 1%,最高为 43%,平均为 6.58%;镇级平台的年分红最低为 1 万元,最高为 60 万元,平均为 5.54 万元。通过上述分析可知,集体资产保值增值离不开产业的发展,无论是直接投资发展产业,还是入股企业享受分红,最终都依赖于产业的发展来激活沉睡的集体资产。

第二节 村庄基础设施及公共品服务情况

基础设施和公共品服务主要包括交通、水利、教育、医疗等方面。完备的基础设施和公共服务,是补足乡村短板、实现乡村振兴的必要条件。本章在借鉴国家发改委发布的乡村振兴 22 项具体指标及以往研究和调研普遍选用指标的基础上,分别从供给、需求和村民主观评价三部分来分析村庄基础设施及公共品服务状况。

一、基础设施建设和公共品服务供给情况

(一)村庄基础设施建设日趋完善。道路交通、路灯、公共厕所、卫生医疗、农业用水、教育设施等都得到了政府的关注和支持

道路交通方面,村庄交通通达率提高,村庄主干道路宽度平均为 5.59 米(见表 4-4),村内硬化道路占全村道路总长度的比重平均为 59.85%,行政村到自然村硬化道路通达率平均为 76.00%,村庄田间道路宽度平均为 3.36 米,但硬化比例相对不高,土路占比

平均为 59.60%,硬化比例平均为 35.62%。村庄路灯数量平均 71 个,数量可观。全村水井数量平均 29 个,为村民水资源的获取提供了便利。村内通客运班车/公交车数量平均 5 辆,为村民出行带来便利。90.40% 的受访者认为与过去相比,近五年来村里公共交通越来越便利。由此可见,我国村庄在交通运输、道路建设方面已经取得了较大的进步和改善。在公共卫生方面,公共卫生厕所数量平均 2 个。能接受到电视广播信号的户数平均为 526 户,全村快递收发点数量平均为 2 个,村内卫生室、医务室、诊所数量平均为 1 个,村卫生室、医务室、诊所全科医生数量平均为 2 名。有一半以上的乡镇上有公办的幼儿园,附近的小学和初中与村庄的平均距离为 3.86 千米,村里小孩上学路上平均需要花费 15.28 分钟。85.60% 的受访者认为与过去相比,村里的小孩上学更加便利。在农业灌溉方面,农业灌溉用水总量平均为 3044.96 吨/年,一半以上的村庄对农业灌溉用水总量进行了控制,有一半以上的村庄有节水补贴和奖励。综上所述,村庄的基础设施建设得到了很大的提升。

表 4-4 基础设施建设和公共品服务供给情况描述性统计

变量	单位	均值	标准差	最大值	最小值
村庄主干道路宽度	米	5.593	2.479795	15	1
村庄田间道路宽度	米	3.364	1.356719	7	0.5
村庄路灯数量	盏	71.360	89.52639	550	0
全村水井数量	口	28.664	55.66127	400	0
公共卫生厕所数量	个	2.088	2.750413	20	0
村内卫生室、医务室、诊所数量	个	1.240	1.065591	8	0

续表

变量	单位	均值	标准差	最大值	最小值
村卫生室、医务室、诊所全科医生数量	人	1.776	1.361119	8	0
农业灌溉用水总量	吨/年	3044.959	8473.415	80000	0

（二）医疗、养老、金融、就业等公共品服务供给水平在村庄之间不平衡

在医疗保障方面，提高农村基本医保和大病保险的覆盖率，对于提高农村居民的就医率、推进"健康中国"战略具有积极意义。2019年调查数据中，有79.20%的村庄做到了医疗保险和大病保险全覆盖，平均每人每年在医疗保险上缴纳271.03元，但也有20.80%的村庄没有做到医疗保险和大病保险全覆盖。村庄全年举办健康教育的次数平均为2.48次，但有22.40%的村庄没有举办过健康教育。在养老保障方面，村民平均每人每月有217.23元养老保险金。但养老保险金领取金额仍存在较大差距，其中有0.80%的村庄村民平均每人每月养老保险金达到1200元，有11.20%的村庄村民平均每人每月养老保险金在100元以下。在金融服务方面，村庄附近平均有1.57个金融机构营业网点（银行、信用社等），其中有32.80%的村庄只有1个金融机构营业网点，有19.20%的村庄没有金融机构营业网点。在就业服务方面，大约有一半的村庄为村民提供就业服务和职业技能培训，其余村庄则没有为村民提供此类服务。由此可见，不同村庄在医疗、养老、金融、就业等公共服务方面的供给水平均存在不平衡的问题。

二、基础设施建设及公共品服务需求情况

田间道路硬化、村内道路硬化和公共交通是当前村民最急需的基础设施,就业创业培训和医疗卫生是当前村民最急需的公共服务。如图 4-9 所示,在村庄对当前最急需的基础设施的主观评价中,分别有 46.40%、36.80% 和 34.40% 的村庄最急需的基础设施是田间道路硬化、公共交通和村内道路硬化,认为行政村到自然村道路硬化、养老院、路灯、图书馆和公园等文化场所、互联网、医院是最急需的基础设施的村庄数量次之,所占比例分别为 19.20%、18.40%、17.60%、15.20%、13.60%、12.80%,认为学校、百货商场和银行/信用社是最急需的基础设施的村庄最少,所占比例分别为 10.40%、6.40%、4.80%。如图 4-10 所示,在村庄最急需的公共服务的主观评价中,52.00% 的村庄最急需的公共服务是就业创业,所占比例最高,医疗卫生和公共教育次之,占比均为 35.20%,社会保险、住房保障、文化体育的需求所占比例分别为 31.20%、26.40%、24.00%,对社会服务的需求和残疾人服务最少,所占比例分别为 19.20% 和 16.00%。

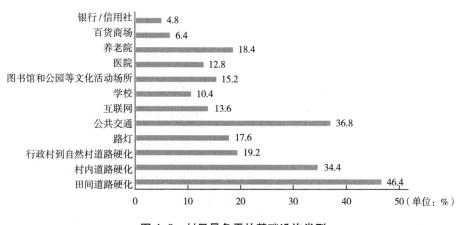

图 4-9　村民最急需的基础设施类型

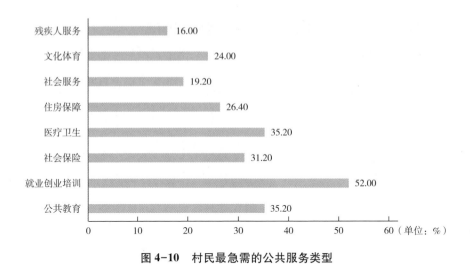

图4-10　村民最急需的公共服务类型

三、基础设施及公共品服务供需匹配及主观评价

（一）当前村庄公共服务呈现需求越多供给越多的特征，但平均而言供给程度低于需求程度，存在一定的供需不匹配现象

图4-11展示了村庄对各类公共服务供给程度和需求程度的打分情况。其中养老、医疗、失业保障、最低生活保障的供给程度平均得分为3.528分，需求程度平均得分为3.952分，简单的回归分析可得，需求越多，供给越多（$Y=2.31+0.31X+\mu$），回归结果在1%的水平上具有统计显著性；农业基础设施建设、农村道路交通、农村饮用水的供给程度平均得分为3.568分，需求程度平均得分为3.936分，简单的回归分析可得，需求越多，供给越多（$Y=2.68+0.23X+\mu$），回归结果在1%的水平上具有统计显著性；村庄安全、动植物疫病防治的供给程度平均得分为3.88分，需求程度平均得分为3.952分，简单的回归分析可得，需求越多，供给越多（$Y=1.92+0.50X+\mu$），回归结果在1%的水平上具有统计显著性；农业技术推广、教育、网络信

息的供给程度平均得分为 3.48 分,需求程度平均得分为 3.928 分,简单的回归分析可得,需求越多,供给越多 $(Y=1.71+0.45X+\mu)$,回归结果在 1% 的水平上具有统计显著性;生态环境、娱乐休闲设施的供给程度平均得分为 3.264 分,需求程度平均得分为 3.64 分,简单的回归分析可得,需求越多,供给越多 $(Y=1.72+0.42X+\mu)$,回归结果在 1% 的水平上具有统计显著性。总体来看,各项公共服务的供给程度均低于需求程度。同时也应注意,养老、医疗、失业保障、最低生活保障的需求程度最高,但其供给程度在五类公共服务中仅处于中等水平,由此可见当前村庄各项公共服务存在一定程度的供需不匹配。

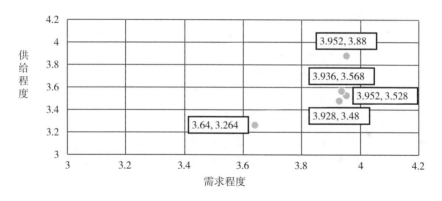

图 4-11　村庄的公共服务供需程度散点图

注:1—5 分,分值越高代表供给程度和需求程度越高。

(二)村庄对各项基础设施及公共品的资金投入主体主观评价存在差异性,且村庄利用村集体资产及村民自筹等方式提升基础设施和公共品服务水平的主观能动性不足

如图 4-12 所示,大多数村庄认为养老、医疗、网络信息、最低生活保障、广播信号、教育的资金投入主体应当为中央财政;大多数村庄认为农村道路交通、农村饮用水、基础设施建设、农业技术推广、娱乐休闲设施、生态环境、动植物疫病防治的资金投入主体应当为地方基层财政;认为失业保障的资金投入主体为中央财政和地方基层财政的村庄各占49.23%;认为资金投入主体应当为乡村、村民自行承担的项目中只有村庄安全这一项超过半数。

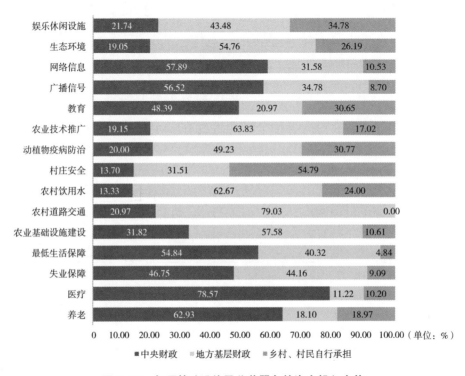

图4-12　各项基础设施及公共服务的资金投入主体

第三节　村民生活情况

本节从村民基本生活保障、村民的住房及宅基地和人居环境整治三个方面来分析村民生活状况,其中基本生活保障包括水、电、燃料、取暖、洗浴、宽带等使用情况,村民收入、支出和贫富差距情况,村民的主观生活满意度、就业满意度和社会和谐度等;农村住房及宅基地改革情况包括村民住房面积和宅基地退出意愿等;人居环境整治包括厕所覆盖率、生产性污染物排放处理、村庄空气质量和绿化率等。

一、村民基本生活保障情况

(一)村民饮水、用电、做饭、取暖等基本生活保障情况较好,近年来得到极大改善,但仍有少部分村庄基本生活设备得不到有效保障

饮水方面,样本中有 88.80% 的村庄用水充足,11.20% 的村庄属于缺水村;村民的主要饮用水来源中,84.80% 的村庄饮用自来水/净化水,12.80% 的村庄饮用深井水,2.40% 的村庄饮用江、河、湖泊饮水;在对村庄饮用水水质的评价中,37.60% 的村庄水质为优,36.80% 为良,24.80% 为中,0.80% 为差。全国农业固定观察点数据表明,截至 2009 年饮用自来水的户数为 330.7 户/村,占比 62.3%。第三次全国农业普查数据显示,2016 年年末,47.7% 的户使用经过净化处理的自来水;41.6% 的户饮用水为受保护的井水和泉水;8.7% 的户饮用水为不受保护的井水和泉水;0.6% 的户饮用水为江河湖泊水。可见,近年来村庄在饮水安全方面已得到极大改善。用电方面,全村用电照明户户数占村庄总户数的比例平均为 84.45%。全国农业固定观察点数据显示,截至 2009 年使用电的户数为 517.1 户/村,占 49.67%,第三次全国农业普查数据显示,2016 年年末使用电的户数为 13503 万户,占 58.6%。可见近年来村庄在用电方面也得到极大改善。做饭方面,村民家庭做饭主要使用的燃料中,70.97%的村庄使用煤气/液化气/天然气,16.13%使用柴草,10.48%使用煤炭,2.42%使用沼气。全国农业固定观察点数据显示,截至2009年,使用燃气173.6户/村,占16.67%,用煤作为燃料的为157.4户/村,占15.12%,使用柴草193.0户/村,占18.54%。第三次全国农业普查数据显示,2016年年末,主要使用煤气、天然气、液化石油气的11347万户,占49.3%,主要使用煤的5506万户,占23.9%,主要使用柴草的10177万户,占44.2%,主要使用沼气的156万户,占0.7%,使用其他能源的126万户,占0.5%,主要使用太阳能的56万户,占0.2%。可见,近年来村庄在能源使用方面得到极大改善,使用煤气/液化气/天然气等燃气的农户比重大大增加。取暖方面,村民主要取暖设备中,32.80%的村庄使用空调,24.00%的村庄使用火炕,27.20%的村庄使用暖气,16.00%的村庄无取暖设备(见图4-13)。其他方面,配置洗浴设施的户数所占比例平均为39.84%;安装太阳能家庭的户数所占比例平均为32.46%;全村通宽带网络(家中能够联网)的户数所占比例平均为54.58%。总的来说,近年来村庄在村民基本生活保障方面得到了极大改善,但仍有进步空间。

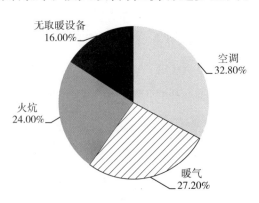

图4-13 村民取暖主要使用的设备

表 4-5　村民基本生活保障情况描述性统计

变量	单位	均值	标准差	最大值	最小值
全村使用自来水/净化水的户数	户	503.92	494.4239	2480	0
全村用电照明的户数	户	554.024	473.6626	2400	1
全村配置洗浴设施的户数	户	247.384	378.0595	2000	0
安装太阳能家庭的户数	户	170.392	223.9736	1300	0

（二）东部地区的农村居民生活水平明显优于中西部地区，农村居民主观上认为城乡差距与村庄内贫富差距仍旧明显

从样本数据来看，2019 年我国的农村居民人均年消费水平平均为 13257 元。从私家车数量来看，91.20% 的村庄近五年来拥有的私家车户数越来越多。同时，为有效提升村民的生活水平，69.60% 的村庄都为村民提供一些公益事业就业岗位，来吸纳劳动力就业，以工代赈。这些都表明农村居民平均生活水平越来越好。尽管农村居民的生活水平不断提高，但农村居民购买食物的支出占总消费支出的比例从 2016 年的 32.66% 上升到 2019 年的 36.65%。这意味着近年来农村居民的消费趋于保守，农村市场巨大的消费潜力还没有被充分激发出来。根据地区分组来看，我国东部地区的农村居民恩格尔系数为 31.05%，中部地区和西部地区的农村居民恩格尔系数分别为 46.05% 和 40.00%，东部地区的农村居民生活水平明显优于中西部地区。但与此同时，农村居民主观上仍旧认为我国的城乡差距与村庄内贫富差距明显。从城乡差距来看，36.80% 的受访者认为当地的城乡经济状况差距很大，54.40% 的受访者认为当地的城乡经济状况差距一般，仅 8.80% 的受访者认为当地的城乡经济状况没有差距（见图 4-14）。从村庄

内部的贫富差距来看,38.40%的受访者认为与过去相比近五年来村里贫富差距越来越大,36.00%的受访者认为与过去相比近五年来村里贫富差距基本没变化,25.60%的受访者认为与过去相比近五年来村里贫富差距越来越小。

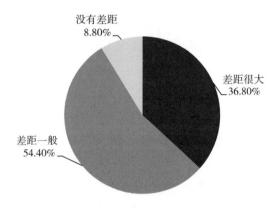

图4-14 村民对当地的城乡经济状况差距的认识

(三)村民的主观生活满意度、就业满意度和社会和谐度均处于较高水平

如图4-15所示,对生活满意度很低、低、比较低、比较高、高、相当高的受访者所占比例分别为 3.20%、4.00%、16.00%、49.60%、24.80%、2.40%,大部分受访者对当前生活较为满意,幸福指数较高。在就业满意度方面(见图4-16),满意度很低、低、比较低、比较高、高、相当高的受访者所占比例分别为 4.00%、9.60%、14.40%、58.40%、10.40%、3.20%,可见大部分受访者对所从事职业较为满意。在村庄和谐度方面(见图4-17),认为和谐度很低、低、比较低、比较高、高、相当高的受访者所占比例分别为1.60%、1.60%、1.60%、42.40%、32.00%、20.80%。由此可见,大部分人认为村庄社会较为和谐,生活也较为舒适。

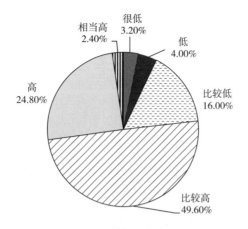

图 4-15 农村居民生活满意度情况

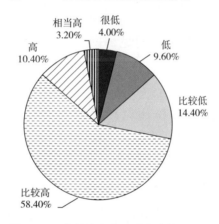

图 4-16 农村居民就业满意度情况

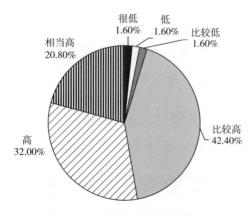

图 4-17 村庄社会和谐度情况

二、村庄住房及宅基地情况

(一)当前农村人均住房面积和人均宅基地面积均可满足农村居民正常生活需要

农村宅基地和住宅是农民的基本生活资料和重要财产,也是农村发展的重要资源[1]。村庄的人均宅基地面积平均为 59.03 平方米,数量可以满足村民生活需要。平均每户在村里有 1.17 套房子,平均 30.96 年翻新重建一次,每户人均住房面积为 53.62 平方米,93.60% 的受访者认为可以满足村民正常生活需要,仅有 6.40% 的受访者认为不能满足,并且每个村庄平均有 26.39% 的农户在村庄外买了房子。

(二)农村宅基地和住宅闲置浪费问题突出

村庄中有部分宅子房屋闲置时间较长,造成了资源的浪费。目前村里平均有 40.16 个房屋闲置了半年以上但小于 1 年,平均有 28.68 个房屋闲置 1 年以上 5 年以下,平均有 20.10 个房屋长期无人居住,数量较多。

(三)村民具有较高的出租和出卖闲置宅基地意愿,且出租宅基地意愿高于出卖宅基地意愿

如果允许宅基地出租,有 53.60% 的受访者认为村民愿意出租自己闲置的宅基地,宅基地出租的理想租金平均为每年 3235.20 元。如果允许宅基地交易,34.40% 的受访者认为村民愿意出卖自

---

① 《农业农村部关于积极稳妥开展农村闲置宅基地和闲置住宅盘活利用工作的通知》,农业农村部网站,http://www.gov.cn/xinwen/2019-10/16/content_5440479.htm。

己闲置的宅基地,出卖的理想价格平均为每亩 26304.80 元。

三、人居环境整治情况

(一)厕所革命有一定进展,垃圾清理、污水处理等垃圾排放得到有效治理,但仍存在部分村庄生活性废弃物处理方式不卫生环保

村民卫生设备情况方面,使用水厕的户数占村庄总户数的比例为 45.96%,使用旱厕的户数占村庄总户数的比例为 52.35%,无厕所户数的比例为 1.69%(见图4-18)。其中26.13%的村庄已实现水厕全覆盖,85.05%的村庄实现厕所全覆盖,我国农村地区的"厕所革命"成效明显。但同时也应注意仍有 8.11%的村庄无水厕,24.95%的村庄没有实现厕所全覆盖,且无厕所的户数占村庄总户数的比例为 3.07%。在垃圾清理方面,全村公共垃圾桶数量平均为 26.94 个,全村垃圾集中收集处理设施数量平均为 2.89 个,75.20%的村庄有专门保洁员负责垃圾处理工作,69.60%的村庄垃圾能做到每天清运。在污水处理方面,34.40%的村庄村内生活污水会倒到特定地方统一处理,半数以上村庄不会处理。

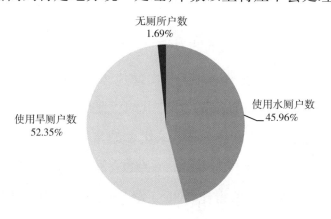

图4-18 村民卫生设备情况

（二）化肥农药施用、牲畜粪便处理、秸秆焚烧等污染物排放处理方式较为环保，但仍存在较大比例的村庄采取对环境有害的污染物处理方式

在种植业的化肥农药施用情况中，60.80%的村庄没有变化，26.40%的村庄使用量变多了，其余12.80%的村庄变少了。牲畜粪便处理方面，59.68%的村庄养殖户牲畜粪便的主要处理方式是无害化处理，其余40.32%的村庄养殖户牲畜粪便的主要处理方式是直接废弃。根据《2017中国生态环境状况公报》公布的数据，2017年畜禽粪污综合利用率为64%[①]。由此可见，若40.32%牲畜粪便直接废弃的村庄能够对牲畜粪便进行无害化处理，则我国乡村的畜禽粪污综合利用还有很大的进步空间，畜禽粪污综合利用率将进一步提高。在秸秆利用方面，76.80%的村庄没有焚烧秸秆的情况，其余23.20%的村庄依然存在秸秆焚烧现象。

（三）村庄的环境卫生和整体面貌发展趋势较好，人均环境整治取得初步成效，但也有少数村庄存在污染严重的问题

关于空气质量，空气质量为优、良、中、较差的村庄比例分别为50.81%、37.90%、8.87%、2.40%，由此可见，大多数村里的空气质量较好。14.40%的受访者认为村里的土地受到了污染。关于近五年来村庄绿化率的变化情况，绿化率越来越高、基本没变化、越来越低的村庄所占比例分别为56.00%、36.00%、8.00%，可见大部分村庄在绿化方面做得比较好。关于村庄环境卫生状况五年来

① 数据来源于中华人民共和国生态环境部，http://www.mee.gov.cn/hjzl/sthjzk/zghjzkgb/。

的变化情况,79.20%的村庄变得更好了,20.80%的村庄没有变化。88.00%的村庄设置了环境整治相关的宣传栏、公开栏或科普栏。在村庄整体面貌变化方面,认为变化非常大、比较大、一般、不太大、没有变化的受访者分别为 22.40%、34.40%、16.80%、16.80%、9.60%。关于村庄的生态环境遭到污染的程度,0.80%的村庄遭到了严重污染,8.80%的村庄遭到较大污染,24.00%的村庄有些污染,而 48.80%的村庄没有什么污染,17.60%的村庄没有任何污染,可见目前大部分村庄生态环境较好。

第四节　乡村精神文明建设情况

乡村精神文明建设是实现乡村振兴战略中"乡风文明"目标的重要途径。精神文明是相对于物质文明来讲的,我国乡村物质文明的发展带来了精神方面的变化,同时也对乡村精神文明建设提出了更高的要求。党的十九大报告提出,要"加强农村基层基础工作,健全自治、法治、德治相结合的乡村治理体系"。第一次提出自治、法治与德治相结合的乡村治理思想,使乡村治理成为国家治理体系的重要内容,以期实现从民主管理农村到有效治理乡村的新跨越。自治是实行社会主义民主的基本要求,法治是建设社会主义现代化的基本要求,德治是传承中华优秀传统文化的基本要求,将三者结合起来构建中国特色社会主义的乡村治理道路,是完善整个国家治理体系和提高治理能力的必然选择。自治、法治、德治既相对独立,又互为促进、密不可分,共同构成现代乡村治理的逻辑体系。自治、法治、德治的"三治合一",以自治为主体,以法治与德治为两翼,在村民自治基础上践行德治、实现法治,用法治规范德治、保障自治,用德治滋养自治、支撑法治,最终达到乡村善治。本节从村庄移风易俗和自治法治德治情况两个方面来探讨乡村精神文明建设情况。村庄移风易俗包括婚丧嫁娶和人情往来支出,黄赌毒、村霸、封建迷信活动等陋习情况;自治、法治、德治主要考察村庄村规民约的制定和道德文化宣传等活动情况。

一、村庄移风易俗情况

(一)当前农村的婚丧嫁娶及人情往来支出仍旧较多,红白喜事大操大办和天价彩礼等陋习依旧严重

村内娶亲彩礼平均支出为 11.73 万元。与过去相比,近五年来村里的娶亲彩礼发生的变化方面,认为彩礼明显变多、变多、基本没变化、变少、明显变少的受访者占比分别为 45.60%、27.20%、10.40%、15.20%、1.60%。村民举办婚宴平均支出(办一场酒席花费)为每次 17110.64 元,村民举行葬礼平均支出(办一场葬礼花费)为每次 13234.64 元。与过去相比,村里的婚丧支出变化方面,认为婚丧支出明显变多、变多、基本没变化、变少、明显变少的受访者所占比例分别为 31.20%、32.00%、22.40%、11.20%、3.20%。村民平均每年人情往来平均支出为每年 4872 元。与过去相比,近五年来村民的人情往来支出变化方面,56.80%的受访者认为变多了,32.00%的受访者认为基本没变化,11.20%的受访者认为变少了。

（二）黄赌毒、村霸、封建迷信活动等陋习得到有效遏制，且村民对村庄移风易俗方面的发展积极性较高

如图 4-19 所示，13.60% 的村庄存在黄赌毒等陋习。8.80% 的村庄仍存在"村霸"。与过去相比，近五年来村里封建迷信活动数量变化方面，6.40% 的村庄变多了，其余 29.60% 的基本没变化，64.00% 的变少了。在村民发展积极性方面，33.60% 的村庄积极性非常高，48.00% 的村庄比较高，13.60% 的村庄一般，4.80% 比较低。在村里目前仍存在的陋习方面，25.07% 的村庄存在婚丧陋习，30.77% 的村庄存在天价彩礼的陋习，8.49% 的村庄存在子女不孝顺的现象，9.1% 的村庄存在老无所养的现象，26.57% 的不存在。黄赌毒、村霸、封建迷信活动以及子女不孝陋习虽得到有效遏制，但婚丧、天价彩礼等陋习仍普遍存在，亟待改善。

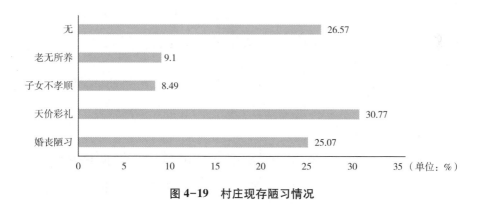

图 4-19 村庄现存陋习情况

二、自治、法治、德治情况

（一）大部分村庄制定并有效实施了乡规，治安状况良好

80.00% 的村庄有明确的村规民约，其中 35.00% 的村村规民

约得到了遵守。村里第一大姓占本村总人口比重平均为38.02%，村里第二大姓占本村总人口比重平均为20.46%。80.00%的村里几个大姓之间相处融洽，13.60%的偶尔有矛盾，基本相处不错，6.40%的关系一般。在村民平均每年与其他家庭走动方面，2.40%的村庄村民几乎不走动，19.20%的村庄除非有事才走动，78.40%的村庄走动非常频繁。自开展乡风文明行动以来，在村庄的人际关系变化方面，80.80%的村庄人际关系更密切了，17.60%的村庄人际关系基本没变化，1.60%的村庄人际关系更疏远了。48.00%的村庄为民主法治示范村，82.40%的村庄开展过"法律进乡村"宣传教育活动，引导广大群众学法、知法、守法、用法，正确维护自身权益，农民的法律意识得以提高，88.00%的村庄近五年来的社会治安状况变好了，10.40%的村庄基本没变化，1.60%的村庄变差了。在近五年来村里受到治安管理处罚或刑事处罚的村民数量变化方面，12.00%的村庄变多了，18.40%的基本没变化，69.60%的变少了，乡村治安状况得到明显改善。

（二）大多数村庄在道德约束和文化宣传方面有很大的进步，但道德的宣传与相关机构的建立还需进一步加强

在近五年来村里帮贫扶弱志愿活动数量变化方面，52.00%的村庄变多了，39.20%的村庄基本没变化，8.80%的村庄变少了。在村里设立的群众组织中（见图4-20），所在村庄有村民议事会、红白理事会、道德评议会、禁毒禁赌会、纠纷调解委员会、没有该类型组织的村庄占比分别为35.29%、11.31%、7.24%、18.10%、28.1%、3.62%。村里目前开展的思想道德宣传教育活动方面（见图4-21），村庄举办道德讲堂、中国特色主义宣传活动、民族精神宣传活动、时代精神宣传活动、爱国主义宣传活动、村民道德评议活动、星级文明户评选活动、新时代农民典型和模范人物评选活动、评选表彰先进个人活动、建立善行义举"四德"榜的村庄占比分别为8.21%、15.13%、7.69%、7.44%、12.56%、12.05%、13.59%、7.69%、9.23%、6.41%,其中80%的村庄未设立道德评议会和道德讲堂等与德治相关的群众组织,德治在乡村治理中的作用有待发挥。应加强建设德治相关的群众组织,通过发挥乡村精英的榜样作用来加强德治,催生新型乡贤文化,激活传统乡村文化中的活性因子。

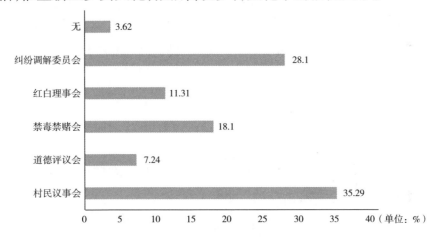

图 4-20　村里目前设立的群众组织

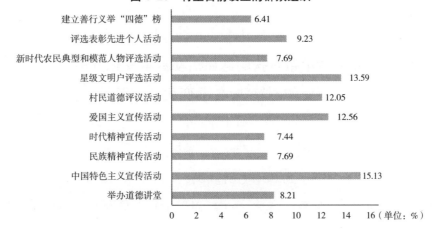

图 4-21　村里开展的思想道德宣传教育活动

第五节　乡村文化建设情况

习近平总书记指出,"乡村文化是中华民族文明史的主体,村庄是这种文明的载体"。乡村文化建设也是乡村振兴战略的重要组成部分和内在动力,是乡村振兴的灵魂。本节从村庄文化服务体系建设、村庄特色文化两个方面分析我国目前乡村文化建设情况,其中村庄文化体系建设主要用图书馆、学校的数量、村内文化场所和文体活动数量等指标衡量;村庄特色文化主要使用村庄物质文化遗产指标衡量。

一、村庄文化服务体系建设情况

村庄的教育机构和教育服务整体上处于较为匮乏的水平,图书室、学校的数量相对较少。

样本村庄没有学校、有 1 个、2 个、3 个、4 个、5 个学校的村庄占比分别为 38.40%、32.80%、24.80%、2.40%、0.80%、0.80%。样本村庄村内图书室数量为 0、1、2、3 的村庄占比分别为 35.20%、47.20%、16.80%、0.80%,没有图书室和仅有一个图书室的村庄超过半数,村庄内图书室的建设与投入使用亟须增加。村内图书室藏书数量平均有 865.06 册。在村内文化活动场所数量(如文体小广场、大戏台、文化长廊等)方面,样本村庄数量为 0、1、2、3、4、5、7、8 的占比分别为 5.60%、61.60%、13.60%、6.40%、0.80%、0.80%、0.80%、0.80%。全村平均每年组织文体活动次数平均为 2.336 次,组织文体活动时每次有 18.75% 的村民参与,村民对文体活动的参与度不高,参与文化活动的村民平均年龄为42.76岁。村庄公共文化设施占地面积平均为692.64平方米。对本村居民精神文化生活状况的评价方面,有24.80%的受访者认为很丰富,有36.00%的受访者认为比较丰富,有27.20%的受访者认为一般,有8.80%的受访者认为不丰富,有3.20%的受访者认为很缺乏。文化教育支出占家庭总支出比重平均为21.68%(见表4-6)。

表4-6 村庄文化服务体系建设情况描述性统计

变量	单位	均值	标准差	最大值	最小值
村庄学校数量	个	0.968	0.9666704	5	0
村内图书室数量	册	865.064	0.7266361	3	0
全村平均每年组织文体活动次数	次	—	—	—	0
村庄公共文化设施占地面积	m²	692.640	682.1422	5000	0
平均文化教育支出占家庭总支出比重	%	21.68	9.734872	40	0

二、村庄特色文化情况

大部分村庄保留了传统的物质文化遗产,并且较好地利用了物质文化遗产为村庄创造经济收入,但也有部分村庄没有或者未保留住物质文化遗产。

91.20%的村庄有传统建筑、传统街道等物质文化遗产。村庄物质文化遗产形式是文物古迹、民族村寨、传统建筑、传统街道、其他形式的分别为38.89%、16.67%、16.67%、22.22%、5.55%。72.73%的村庄在建设时保护了乡村原有建筑风貌和村落格局。16.80%的村庄有物质文化遗产。村庄的非物质文化遗产形式为戏曲曲艺、少数民族文化、民俗、传统手工艺、其他形式的占比分别为 28.57%、25%、14.29%、28.57%、3.57%。52.38%的村庄开发了武术、戏曲、舞龙、舞狮、锣鼓等民间艺术、民俗表演项目。57.14%的村庄形成了具有民族和地域特色的传统手工艺产品。村庄为保护村庄特色文化每年平均投入 4.38 万元,其中村集体每年平均投入 3.88 万元,乡镇每年平均投入 3.82 万元,省市级政府每年平均投入 4.15 万元,中央财政每年平均投入 4.03 万元。但也有 18.1%的村庄对保护村庄特色文化的投入为 0。7.20%的村庄有乡村特色文化产业,乡村特色文化产业有广大的开发和挖掘空间。66.67%的村庄乡村特色文化产业注册了品牌。

第六节　乡村基层治理情况

乡村基层治理是实现乡村振兴战略中"治理有效"的重要内容,提高基层治理能力对我国实现治理体系及治理能力现代化也有重要意义。村干部队伍的素质是否过硬决定了基层治理的效果,村民参与基层治理情况也体现了村民参与自治的积极性程度,对夯实乡村治理根基意义重大。据此,本节从村干部队伍建设和村民参与基层治理两方面对乡村基层治理情况进行分析。

一、村庄干部队伍建设情况

(一)大部分村庄的党组织队伍文化水平相对较高,选举方式公平公正,任职经历丰富,在村里威信较高,具有组织领导能力

党支部(总支)委员人数平均为 11.50 人,党组织书记中男性

占比为 91.20%,女性占比为 8.80%。党组织书记年龄平均为 47.14 岁。在党组织书记受教育程度方面(见图 4-22),没有受过教育、小学毕业、初中毕业、高中或中专毕业、大专/大学毕业的党组织书记占比分别为 0.89%、4.46%、31.25%、47.32%、16.07%。96.80% 的党组织书记为汉族。96.80% 的党组织书记为本村出生。97.60% 的党组织书记选举方式为民主选举。76.00% 党组织书记在祭祀时没有主持过家族祭拜之事。党组织书记担任现职的年限平均为 7.50 年。76.00% 的党组织书记没有担任人大代表或在事业单位任职。87.20% 的党组织书记没有在政府机关或事业单位任职。40.00% 的党组织书记姓氏在村庄排序为第一大姓,31.20% 为第二大姓,15.20% 为第三大姓,12.80% 为其他排序。

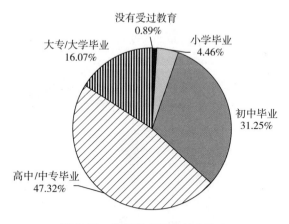

图 4-22　党组织书记受教育程度

(二)大部分村庄村民委员会成员、村主任文化水平较高,在村里威信较高,有一定的组织能力

村民委员会人数平均为 10 人。50.40% 的村党组织书记与村

民委员会主任"一肩挑"(由同一人担任)。村民委员会主任中男性占比为 55.17%,女性占比为 44.83%。村民委员会主任年龄平均为 41.97 岁。如图 4-23 所示,没有受过教育、小学毕业、初中毕业、高中/中专毕业、大专/大学毕业的村民委员会主任占比分别为4.31%、21.55%、30.17%、31.90%、12.07%。有 76.72% 的村主任为汉族。75% 的村主任为本村出生。68.97% 的村主任选举方式为民主选举。68.10% 的村主任在祭祀时没有主持过家族祭拜之事。村主任担任现职的年限平均为 5.73 年。75.86% 的村主任担任人大代表或政协委员。75.86% 的村主任在政府机关或事业单位任职。38.40% 的村主任姓氏在村庄排序为第一大姓,37.60%为第二大姓,12.80% 为第三大姓,11.20% 为其他姓氏。有78.81%的村民委员会主任为党员。有 64.80% 的村"两委"班子成员交叉任职,其余 35.20% 没有交叉任职。村"两委"干部实际人数平均为 9 人,其中妇女人数平均为 3 人,少数民族人数平均为1 人。

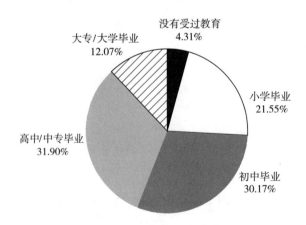

图 4-23　村民委员会主任受教育程度

(三)实行"政社合一"和"政经分离"经营治理模式的村庄各占半数

村集体(合作)经济组织管理机构人数平均为2人。有44%的党组织书记为集体经济组织负责人。有40.80%的党组织书记为农民合作组织负责人。关于村庄带头人(党组织书记、村民委员会主任)重点以什么标准进行选拔,66.67%的受访者认为应从本村致富能手中进行选拔,7.80%的受访者认为应从外出务工经商人员中进行选拔,12.77%的受访者认为应从本土大学毕业生中进行选拔,7.09%的受访者认为应从复员退伍军人中进行选拔,5.67%的受访者认为应从其他方式中选拔。63.20%的村"两委"干部全职工作。47.20%的村"两委"干部享受工作补贴(财政工资),补贴标准平均为每月1245.26元。60%的离职村干部享受定额生活补助(退休金)。

(四)干部队伍建设的严格程度不高,村务监督委员会与村党组织班子有交叉任职情况,村务信息公开状况较好

87.20%的村务监督委员会主任为党员。59.20%的村务监督委员会主任为村党组织班子成员。村"两委"干部每年参加干部培训的次数平均为3.48次。全村党员数量平均为38人,全村女性党员数量平均为11人。全村中,没有受过教育、小学毕业、初中毕业、高中/中专毕业、大专/大学毕业的党员占比分别为1.60%、6.40%、68.00%、20.00%、4.00%(见图4-24)。91.20%的村庄做到了决议公开、村务公开、实施过程公开、实施结果公开。29.60%的村庄村民参与村庄管理的积极性非常高,52.80%的村庄积极性

高,16.00%的村庄一般,1.60%的村庄低。

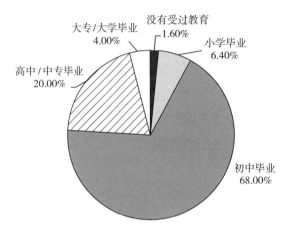

图 4-24　全村党员平均受教育程度

二、村民参与基层治理情况

（一）一部分村民参与基层治理较为积极,对村里事务较为关心,但也有一部分村庄的村民召集困难,参与积极性不高

全村平均每年召开村民大会 3.72 次,村民代表人数平均为 36 人,村民代表占全体村民比例为 2.39%,村民代表中党员数量平均为 22 人,村民代表中党员所占比例平均为 60.78%。村里需要召开"一事一议"等会议时,12.00%的村庄很不容易召集村民,18.40%的村庄不容易召集,19.20%的村庄一般,32.80%的村庄容易召集,17.60%的村庄村民容易召集。村民参与积极性不高,易召集村民的村庄仅达到半数。19.51%的村庄村里开会一般由致富能手组织或召集村民,80.49%的村庄村里开会一般由村"两委"干部组织或召集村民。村庄平均一年召开 2.62 次大会,平均有 208 人参加村民大会,参加村民大会的村民所占比例平均为

12.04%。村庄平均一年召开3.72次村民代表大会(见表4-7),平均有100名村民代表参会,有21.60%的村庄会补偿村民代表参加村民代表大会的误工费,补偿标准平均为每次27.75元,如果没有补偿,有32.50%的村民代表不愿意参加村民代表大会。村民对村干部工作非常不配合的村庄占比为8.80%,非常配合的村庄占比为20.80%。

表4-7　村民参与基层治理情况描述性统计

变量	单位	均值	标准差	最大值	最小值
党支部(总支)委员人数	人	11.504	12.37689	65	3
村民委员会人数	人	10.016	9.359301	45	4
全村党员数量	人	38.368	29.64944	146	1
全村女性党员数量	人	11.12	15.30528	86	0
全村平均每年召开村民大会次数	次	3.720	4.194082	32	0
村民代表人数	人	35.488	39.43852	300	0
村民代表中党员数量	人	21.568	27.2146	232	0

(二)关于村庄基础设施的建设问题,大部分村庄存在的主要问题是资金的获得渠道单一且困难,以及村民对该建设的支持力度不高

70.40%的村庄近五年村里搞过基础设施建设(如村里集体修公路、修水利工程等),其中70.45%的村庄会召开村民大会或村民代表大会对村庄建设和发展进行商议。在村里的"一事一议"的问题方面,45.04%的村庄存在分钱容易筹钱难问题,38.17%的村庄存在"光有民主而没有强制性的行政力量进行统

筹"的问题,其余村庄没有问题或没钱。28.80%的村庄议事会决议会遭到钉子户阻挠。对于村里的公益事业,部分村民可能不直接受益,则这些不直接受益的村民中,在32.00%的村庄里多数人只愿意出工,在9.60%的村庄多数人只愿意出钱,在28.00%的村庄多数人愿意出工且愿意出钱,在30.40%的村庄多数人不愿意参加。村里如果有某一农户家有孩子考上大学但上不起,或者某村民患病但家里负担不起医疗费用,平均有140户农户愿意捐钱帮助。若村里要修建一个敬老院,估计平均有128户农户愿意筹钱。

第七节 乡村规划情况

乡村规划是指在一定时期内对乡村的社会、经济、文化传承与发展等所做的综合部署,是指导乡村发展和建设的基本依据,如通过统一规划来使乡村变得更加整齐整洁,包括农田规划、排污规划等。村庄规划是社会主义新农村建设的核心内容之一,是立足于现实条件缩小城乡差别、促进农村全面发展、提高人民生活水平的必由之路。但由于我国乡村规划长期处于被忽视的地位,乡村规划体系在很长一段时间内接近于空白。在党的十九大提出"乡村振兴战略"之前,我国始终没有探索出具有普适性、推广性的乡村规划体系。习近平总书记强调,乡村振兴是一盘大棋,要沿着正确方向把这盘大棋走好,必须规划先行。本节从村庄规划现有情况和村民参与两部分分析乡村规划。

一、乡村规划现有情况

（一）部分村庄进行了较为细致的乡村规划，但有大量村庄缺少规划

58.40%的村庄实施乡村振兴战略前村里有乡村规划，但已有的乡村规划体系均存在缺陷或瑕疵，如县域城乡统筹规划过于笼统、不利执行等问题普遍存在。67.20%的村庄目前有乡村规划，39.20%的村庄以往进行了生产、生活、工业用地的分区，60.00%的村庄生产、生活、工业用地进行了分区，在功能分区上有了较大的改进，但还有40.00%的村庄没有进行功能分区，这对村民的居住环境、生活环境和村庄的村容村貌有一定的影响，不利于生态宜居的实现。44.00%的村庄开展了村居合并或新型社区化建设，38.40%的村庄有绿色产业经济规划（绿色新产业、绿色新环境、绿色新文化、绿色新社区），大部分村庄在新型社区、绿色产业经济规划方面有很大的进步空间。

（二）村民普遍认为乡村规划需要上层政府帮助，大多数村庄未来仍然需要继续发展而不是整体搬迁撤并

69.60%的受访者认为政府应当帮助村庄整治规划道路网络，59.20%的村庄得到过政府帮助，对农房建设布局进行规划，但是其中只有30.40%的村庄有政府帮忙制定了当地的农房设计图。房屋结构调整、交通系统优化等可以使农民的居住环境、生活环境满足日常需求，也有利于将年轻劳动力留在农村进行乡村建设，因此政府需要提供更大的帮助。81.60%的受访者认为所在村庄未来需要继续发展，8.00%的受访者认为所在村庄未来需要整体搬迁(撤并),10.40%的受访者认为所在村庄未来不需要变化,大部分受访者认为目前村庄的整体情况还有较大的进步空间,认为所在村庄未来需要变化。

(三)村民对乡村规划认识不到位,基础设施规划覆盖领域不全面

在乡村规划的工作方面,认为乡村规划包括土地利用、产业发展、居民点建设、人居环境整治、生态保护、历史文化传承、保持乡土风貌、农民建房许可管理、其他类型的受访者占比分别为22.06%、21.47%、12.06%、14.41%、10.88%、5.59%、5.88%、7.35%、0.29%。其中土地利用占比最高,对土地进行整理是进行村庄规划的第一步,是实现乡村振兴的重要政策。此外,只有首先进行土地整理,才能释放出足够的劳动力和土地进行工商业生产,实现产业兴旺,并进一步促进现代农业的发展。产业发展占比也很高,可见村民对产业发展较为看重。在村庄进行的基础设施规划方面,进行了交通规划、给水规划、排水规划、电力规划、电信规划、其他类型的村庄占比分别为30.88%、20.22%、18.38%、16.91%、11.03%、2.57%。基础设施规划是乡村规划的重要内容,有待进一步建设和完善。

二、村民参与村庄规划情况

大多数村庄中,村民对村庄规划的认识程度和参与程度比较高,村民主要关心生活改善问题,但也有部分村庄对村民参与村务的保证不够。

64.00%的村庄制定村庄规划过程中有村民参与。在村民对村庄规划的了解程度方面,对村庄规划非常了解、有些了解、了解

程度一般、不太了解、一点都不了解的受访者占比分别为 22.40%、20.00%、35.20%、19.20%、3.20%,大多数村民对村庄规划有一定的了解。全面的村民参与可以提高村庄规划措施的被接受度和对村庄发展的认知度,有利于促进村民的参与热情。在村庄进行乡村规划时征询村民建议方面,在村庄今后发展方向、资金筹措方法、用地功能分区、专项工程设施规划、控制性指标方面征询了村民的建议的村庄占比分别为 36.77%、18.39%、17.49%、15.25%、5.38%,5.38%的村庄没有征询村民的建议。大多数村庄都较为全面地征询了村民的意见,村民参与制定规划是保证规划制定具有充分实际性的重要一环,也符合了村民的根本利益。样本村采取了公示规划方案、规划人员对村民进行现场讲解、召开村民代表大会、对规划方案进行民主投票、依据村民意见对规划方案进行优化的方式保障村民参与村庄规划的占比分别为 25.87%、15.06%、32.43%、16.60%,7.34%的受村庄村民未参与乡村规划。在乡村振兴中村民最关心生活情况改善、基础设施和公共品服务、乡村环境改善、乡村文化建设、基层治理情况、乡村精神文明建设、乡村规划、村庄产业、其他方面的村庄占比分别为 22.32%、16.96%、16.96%、9.52%、9.52%、8.63%、8.13%、7.44%、0.60%,较多的村民更关心生活情况改善、基础设施和公共品服务和乡村环境改善等与村民生活和生产更为密切的问题。

第八节　村庄产业发展情况

村庄产业发展是乡村振兴战略中"产业兴旺"的重要内容,而产业兴旺是乡村振兴的重点和首要任务。乡村支柱产业是乡村振兴的内生动力,要实现"产业兴旺"的目标,需打造乡村支柱产业。农业现代化发展是产业兴旺的最终结果,是社会主要现代化的重要方面。一二三产业融合发展是乡村振兴战略的重要导向,其中乡村旅游业作为一二三产业融合的新兴产业代表也蓬勃发展起来,对增加农民收入、发展农村经济发挥了重要作用。因此,本节从村庄产业发展及支柱产业情况、农业现代化发展情况和村庄旅游产业情况三个方面进行分析。

一、村庄产业发展及支柱产业情况

(一)村庄产业依然以农业为主,大部分村庄支柱产业为传统种植养殖业,村内劳动力就业机会有所增加

调查数据显示,村庄农业产值占总产值比重平均为 60.43%,非农产值占总产值比重平均为 24.67%,村庄产业依旧以农业为主(见表 4-8)。在村庄的支柱产业方面,主要发展养殖业和种植业的村庄占比分别为 39.13% 和 4.35%,12.00% 的村庄没有支柱产业,仅有 1.45% 的村庄开发了第二产业或者第三产业作为支柱产业。村级集体经济的主营业务也基本与村庄支柱产业保持一致,以传统种植养殖业为主。其中,种植业所占比例最高为 64.02%,其次是养殖业,所占比例为 21.34%。2018 年村庄内农业产业从业人员数量平均为 692.80 人,非农产业从业人员数量平均为 371.66 人,农业产业解决了多数人口的就业问题。同时,有 71.20% 的村庄近五年来村内劳动力的就业机会增多,产业发展有效地解决了农民的就业问题。

表4-8　村庄产业基本情况描述性统计

变量	单位	均值	标准差	最大值	最小值
农业产值占总产值比重	%	60.432	33.29568	100	0
非农产值占总产值比重	%	24.672	24.25096	90	0
农业产业从业人员数量	人	692.8	766.7794	3500	0
非农产业从业人员数量	人	371.656	521.6749	2600	0

（二）村庄支柱产业主要是本地已有和村民自主选择的，大约四成村庄支柱产业发展得到新型农业经营主体参与

在村庄支柱产业项目中，81.97%的产业或项目是本地已有的，18.03%的产业是外地新引进的。在产业的产生方式中，14.75%的产业由地方政府提出，14.75%的产业由企业自主选择，70.49%的产业由本村村民自主选择。在新型农业经营主体参与方面，37.70%的支柱产业有新型农业经营主体参与。新型农业经营主体参与的支柱产业中，每个村庄平均有7.40家新型农业经营主体参与支柱产业/项目，其中每个村庄平均有1.47家企业，1.69家合作社，1.45家家庭农场和2.79家专业大户参与支柱产业发展。

（三）村庄支柱产业的增收效应明显，大多数村民以多种方式参与了支柱产业发展

当前，支柱产业项目能使村集体平均每年增收39.16万元，村民平均每年增收4656.45元，其中，贫困户平均每年增收2673.88元，非贫困户平均每年增收4391.94元，支柱产业的增收效应明显，有利于壮大集体经济和提高农民收入水平。大多数村民都参与了支柱产业的发展,10.78%的人没有参与到村里的支柱产业中。村民参与支柱产业的方式多种多样,采用订单收购、按人头分红、土地流转、优先雇佣、保底收益、按股分红、各自经营、用户种菜的占比分别为 20.36%、10.18%、19.16%、18.56%、5.39%、10.18%、6.25%、6.25%(见图4-25)。

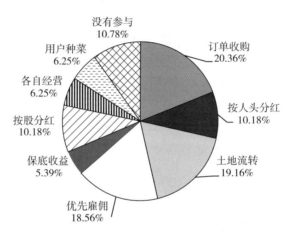

图4-25 村民参与村里支柱产业的方式

(四)村庄的支柱产业通常可以获得项目投资和政府支持,支柱产业的发展前景较好

支柱产业项目规划投资资金数额平均为167.37万元,当前已完成投资额平均为107.98万元;其中政府支持资金数额平均为46.61万元,政府已完成投资额平均为24.65万元。支柱产业的发展前景方面,仅有1.60%的受访村干部认为该支柱产业市场前景不好,32.26%的受访村干部认为一般,59.68%的受访村干部认为较好,6.46%的受访村干部认为非常好。支柱产业发展的可持续事关农民增收的可持续性和乡村振兴的可持续性。认为可持续程度非常不好、一般、较好、非常好的受访者占比分别为11.29%、

40. 32%、45. 16%、3. 23%,可见多数村庄的支柱产业具有一定的可持续性。若将政府对该产业项目的财政投资/支持资金撤出,有72. 13%的受访者认为该产业/项目能继续盈利,27. 87%的受访者认为不能继续盈利,可见大多数村庄的支柱产业具有自主盈利能力。在对支柱产业发展阶段的看法中,40. 32%的受访者认为处于上升期,54. 84%的受访者认为处于稳定期,只有 4. 84%的受访者认为处于衰退期。在对支柱产业/项目下一步应如何发展或作出怎样的改变才能持续增收方面,每位受访者都提出了自己的意见,主要包括加大技术扶持、加强品牌建设、加快土地流转、发展新品种种植、提高产品品质以及稳定农产品价格等建议。

二、农业现代化发展情况

(一)新型农业经营主体发展对农业现代化发展具有明显的带动作用,村庄内新主体数量越多,经营设施农业面积就越大,农机数量越多

新型农业经营主体具备专业化、集约化和适度规模化的经营特征,很大程度纠正了小农户专业化程度低的生产经营过程,提高了小农户面对市场时的实力,是加强小农户与现代农业发展有机衔接的重要途径。总的来看,村庄的新型农业经营主体数量平均为 16 个,其中农民专业合作社数量平均为 3 个,加入农民专业合作社的户数平均为 60 户。中部地区加入农民专业合作社的户数占总户数的比例平均为 13. 74%,东部地区平均为 11. 31%,西部地区平均为 7. 49%。村里成立第一个合作社时,有 45. 45%的村庄村民比较了解并支持合作社发展,34. 71%的村庄村民保持中立,

19.84%的村庄村民不了解并反对发展合作社;村庄家庭农场数量平均为3个,村庄种养大户数量平均为8个,村庄企业数量(含乡镇企业)平均为2个。全村经营设施农业的户数平均为97户,占村庄总户数的比例为16.16%,其中有30.40%的村庄没有农户经营设施农业,6.40%的村庄全体农户都经营设施农业,经营设施农业的农户相对较少。在农机使用方面,全村大型农机设备数量平均为18台,秋收季节有72.00%的村庄主要使用机械,其余28.00%主要使用人工。有38.40%的村庄有农业科技人员。简单的回归分析可以发现,村庄内新主体数量越多,则经营设施农业的面积越大($Y = 60.63 + 1.53X + \mu$),农机数量越多($Y = 11.00 + 0.32X + \mu$),回归结果在1%的水平上具有统计显著性,表明新型农业经营主体对村庄的农业现代化发展具有明显的带动作用。因此,培育包括合作社、龙头企业、家庭农场和专业大户在内的新型农业经营主体,是构建农业社会化服务体系,实现专业化、集约化、适度规模化的农业经营体系的重要途径。

(二)政府激励政策为农业现代化发展吸引了返乡创业人才,人才回流带动了村庄新型农业经营主体发展

乡村产业发展,人才是关键。在地方政府对返乡创业人员的服务体系和激励机制方面,享受了地方政府创业基地、绿色通道、信贷担保、税收减免等扶持的村庄占比分别为29.77%、16.03%、27.48%、26.72%,可见地方政府对返乡创业人员的重视。人才回流带动了村庄新型农业经营主体的发展。在村庄一年内新创立的新型农业经营主体数量方面,有平均1.36个合作社,平均0.72个企业,平均1.47个家庭农场以及平均1.73个专业大户,新型农业经营主体数量呈现上涨态势。

（三）乡村产业依托新载体新模式实现了三产融合发展

《乡村振兴战略规划(2018—2022年)》指出,要加快发展根植于农业农村、由当地农民主办、彰显地域特色和乡村价值的产业体系,推动乡村产业全面振兴。调查样本中,依托农业科技园区、农产品加工园、农村产业融合发展示范园、产加销一体的全产业链集群、循环经济试点示范、田园综合体试点建设、特色小镇为载体实现三产融合发展的村庄占比分别为16.67%、12.70%、12.70%、20.63%、15.87%、13.49%、7.94%(见图4-26),发展模式具有多样性。

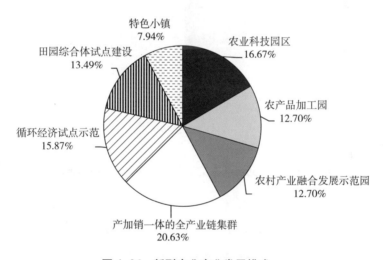

图4-26　新型农业产业发展模式

三、村庄旅游产业情况

（一）超过半数村庄第三产业经济贡献度逐年加大,其中以高原和农民分化程度较高地区为主

第三产业发展方面,56.80%的村庄近五年来第三产业(服务

业)的经济贡献度越来越大,37.60%的村庄基本没有变化,5.60%的村庄贡献越来越小,有将近一半的村庄第三产业没有得到发展,对乡村一二三产业融合发展没有起到积极作用(见图4-27)。从地形上看,高原地区的村庄近五年来第三产业的经济贡献度越来越大,而山区和丘陵、平原地区的村庄基本没有变化。从农民分化程度上看,农民兼业越多,分化程度鲜明异质的情况下第三产业的经济贡献度越大。

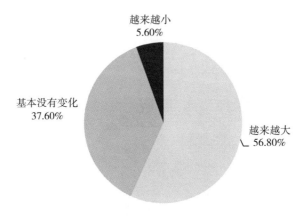

越来越小
5.60%

基本没有变化
37.60%

越来越大
56.80%

图4-27　村庄近五年来第三产业(服务业)的经济贡献度

(二)大部分村庄没有旅游项目,一部分村庄依托自身条件和政府的支持,大力开展旅游业

旅游业与农业的融合,让乡村的经济价值、生态价值、社会价值、文化价值充分体现,让农村更美丽,让农民更富裕,因此发展旅游业是乡村振兴的一个重要途径和方向。75.20%的村庄并没有开展旅游产业项目、休闲农业项目,可见大多数村庄对乡村旅游的开展重视程度不够,没有充分认识到乡村旅游对优化农业结构和促进农民增收的重要性。在发展旅游业的村庄中,旅游产业预期投资额平均为 819.2 万元,当前已完成投资平均为 297.33 万元,当前旅游产业每年收入平均为 53.92 万元。在旅游产业的投资主体方面,投资主体为企业、合作社、村集体、村民、其他类型分别占比为33.74%、18.07%、22.29%、15.66%、10.24%(见图 4-28),企业占比最大。我国鼓励建设集循环农业、创意农业、农事体验于一体的田园综合体,为乡村旅游产业的依托提供了方向和指导。在旅游产业的主要依托方面,有 27.20% 的村庄主要依托当地特色种植养殖业,28.00% 的村庄依托当地自然环境,30.40% 的村庄依托当地独特文化特色,14.40% 的村庄依托其他方面进行发展。在农家乐的经营方面,每个村庄经营农家乐平均有 9 家,每个农家乐年收入平均为 12.16 万元,对开展农家乐的农户,政府的支持额度为每家平均 6596.77 元。

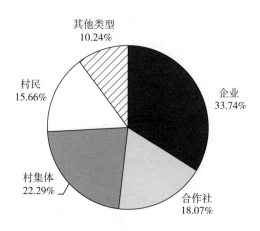

图 4-28 旅游产业的投资主体

第九节 乡村振兴情况

乡村振兴情况调查是基于"2019 年全国新型农业经营主体发

展指数调查"数据完成的,本章重点关注中国乡村的基本情况以及在基础设施及公共品服务、村民生活、精神文明、文化建设、基层治理、乡村规划、产业发展等方面的发展情况。

一、调查结论

按照预先拟定的分析框架对调查数据资料展开分析之后,主要得出如下结论:

第一,对村庄基本情况分析发现:从村庄类型来看,当前村庄发展走势呈差异性和分化特征,其中"集聚提升类村庄"占乡村类型的大多数;当前村庄所获头衔/荣誉级别以乡镇、市两级为主,且无头衔/荣誉占据大多数。从村庄人口情况来看,从事农业人数依然占比较大,新型农业经营主体的发展促成了村庄内农业的专业化经营;接受过职业教育或有技术特长的劳动力占比较低,残障人口和失去劳动力的人口比例相比于 2009 年有所上升;外出劳动力主要流向本县、本省和外省,外来劳动力主要来自本县;中部地区新乡贤数量在村庄总人口中的比例最高,东部地区和西部地区相对较低;2000 年以来,中国农户的家庭规模呈现缩小趋势,户均外出劳动力呈增多趋势。

从村庄资源情况来看,村庄耕地资源绝对量充裕,年内耕地面积有所减少,农户家庭经营依旧是当前土地经营的主要方式;土地流转较多,合作社和农户是土地流转的主要参与主体,但土地流转价格偏低;村庄作物种植种类较为丰富,粮食作物以水稻、玉米为主,经济作物以蔬菜为主,土地类型丰富;大多数村庄市场化水平较高,市场建立完善,与外界交流频繁。

从村庄资金情况来看,村庄收入逐年增加,所获外部资金逐年上涨,村民生活水平显著提升;村庄获得的乡村振兴的资金补助方式多样,来源不同,存在地区异质;中部地区村庄收到的政府乡村振兴补助资金数量最多,村庄收到的补助资金来源以中央和省级政府为主;多数村庄能够依靠村长、党支部书记或新型农业经营主体负责人能为村庄发展申请到资金资助,但也有部分村庄带头人无法申请到任何资金资助。

从集体产权改革情况来看,集体产权制度改革大多只处于清产核资和股份合作制改革阶段,实现村集体资产分红的村庄不到三成;政府在资金、制度服务方面为村庄发展提供了便利;村庄集体资产保值增值遇到的最大困难是集体资产少和经营管理能力差;集体资产投资发展产业或入股企业是集体资产保值增值的重要方式。

第二,对村庄基础设施及公共品服务情况分析发现:从供给情况看,村庄的基础设施建设日趋完善,道路交通、路灯、公共厕所、卫生医疗、农业用水、教育设施等都得到了关注和支持;医疗、养老、金融、就业等公共品服务供给水平在村庄之间不平衡。从需求情况看,田间道路硬化、村内道路硬化和公共交通是当前村民最急需的基础设施,就业创业培训和医疗卫生是当前村民最急需的公共服务。从供需匹配及主观评价上看,当前村庄公共服务呈现需求越多供给越多的特征,但平均而言供给程度低于需求程度,存在一定的供需不匹配现象;村庄对各项基础设施及公共品的资金投入主体主观评价存在差异性,且村庄利用村集体资产及村民自筹方式提升基础设施和公共品服务水平的主观能动性不足。

第三,对村民生活情况分析发现:从村民基本生活保障情况看,村民饮水、用电、做饭、取暖等基本生活保障情况较好,近年来得到极大改善,但仍有少部分村庄基本生活设备未能得到有效保障;东部地区的农村居民生活水平明显优于中西部地区,农村居民主观上认为城乡差距与村庄内贫富差距仍旧明显;村民的主观生活满意度、就业满意度和社会和谐度均处于较高水平。从村庄住房及宅基地情况看,当前农村人均住房面积和人均宅基地面积均可满足农村居民正常生活需要;农村宅基地和住宅闲置浪费问题突出;村民具有较高的出租和出卖闲置宅基地意愿,且出租宅基地意愿高于出卖宅基地意愿。从人居环境整治情况看,厕所革命有一定进展,垃圾清理、污水处理等得到有效治理,但仍存在部分村庄生活性废弃物处理方式不卫生环保;化肥农药施用、牲畜粪便处理、秸秆焚烧等排放处理方式较为环保,但仍存在较大比例的村庄采取对环境有害的污染物处理方式;村庄的环境卫生和整体面貌均朝较好趋势发展,人均环境整治取得初步成效,但也有少数村庄存在污染较为严重的问题。

第四,对乡村精神文明建设情况分析发现:从村庄移风易俗情况看,当前农村的婚丧嫁娶及人情往来支出仍旧较多,红白喜事大操大办和天价彩礼等陋习依旧严重;黄赌毒、村霸、封建迷信活动以及子女不孝等陋习得到有效遏制,且村民对村庄移风易俗方面的发展积极性较高。从自治、法治、德治情况看,大部分村庄制定并有效实施了乡规,治安状况良好;大多数村庄在道德约束和文化宣传方面有很大的进步,但道德的宣传与相关机构的建立还需进一步加强。

第五,对乡村文化建设情况分析发现:从村庄文化服务体系建设情况看,村庄的教育机构和教育服务整体上处于较为匮乏的水平,图书室、学校的数量相对较少;从村庄特色文化情况看,大部分村庄保留了传统的物质文化遗产,并且较好地利用物质文化遗产为村庄创造经济收入,但也有部分村庄没有或者未保留住物质文化遗产。

第六,对乡村基层治理情况分析发现:从村庄干部队伍建设情况看,大部分村庄的党组织队伍文化水平相对较高,选举方式公平公正,任职经历丰富,在村里威信较高,具有组织领导能力;大部分村庄村民委员会成员、村主任文化水平较高,是村里威信较高,有一定的组织能力;实行"政社合一"和"政经分离"经营治理模式的村庄各占半数;干部队伍建设的严格程度不高,村务监督委员会与村党组织班子有交叉任职情况,村务信息公开状况较好。村民参与基层治理情况看,一部分村民参与基层治理较为积极,对村里事务较为关心,但也有一部分村庄的村民召集困难,参与积极性不高;关于村庄基础设施的建设问题,大部分村庄存在的主要问题是资金的获得渠道单一且困难,以及村民对该建设的支持力度不高。

第七,对乡村规划情况分析发现:从乡村规划现有情况看,部分村庄进行了较为细致的乡村规划,但也有相当一部分村庄没有进行必要的乡村规划;村民普遍认为乡村规划需要上层政府帮助,大多数村庄未来仍然需要继续发展而不是整体搬迁撤并;村民对乡村规划认识不到位,基础设施规划覆盖领域不全面。从村民参与村庄规划情况看,大多数村庄中,村民对村庄规划的认识程度和参与程度比较高,村民主要关心生活改善问题,但也有部分村庄对村民参与村务的保证不够。

第八,对村庄产业发展情况分析发现:从村庄产业发展及支柱产业情况看,村庄产业依然以农业为主,大部分村庄支柱产业为传统种植养殖业,村内劳动力就业机会有所增加;村庄支柱产业主要是本地已有和村民自主选择的,大约四成村庄支柱产业发展得到新型农业经营主体参与;村庄支柱产业的增收效应明显,大多数村民以多种方式参与了支柱产业发展;村庄的支柱产业通常可以获得项目投资和政府支持,支柱产业的发展前景较好。从农业现代化发展情况看,新型农业经营主体发展对农业现代化发展具有明显的带动作用,村庄内新主体数量越多,经营设施农业面积就越大,农机数量越多;政府激励政策为农业现代化发展吸引了返乡创业人才,人才回流带动了村庄新型农业经营主体发展;乡村产业依托新载体新模式实现了三产融合发展。从村庄旅游产业情况看,超过半数村庄第三产业经济贡献度逐年加大,其中以高原和农民分化程度较高地区为主;大部分村庄没有旅游项目,一部分村庄依托自身条件和政府的支持,大力开展旅游业。

二、政策建议

基于上述主要结论,针对反映出的问题提供相应的政策建议:

(一)多举措支持农民培训,优化农业农村经营环境

针对农村劳动力受教育程度偏低、农业相关生产技能培训较为缺乏的问题,应在全国范围内积极推动普及高中教育以及大学教育,不断提高农村人口受教育程度;积极培养新型农民和职业农民,为青年农民提供必要的资金和专业技术培训;鼓励农户学习新技术,升级生产方式,建立农场咨询服务系统和培训以及创新项目;积极培育农村企业家,以确保农村区域和社区对居民生活、就业有吸引力。

（二）推动农业农村基础设施建设，优化提升政府主导的公共服务体系

针对乡村基础设施和公共服务仍存在供需不匹配的问题，应加快推动城乡居民收入均衡化、基本公共服务均等化、基础设施联通化、产业发展融合化、要素配置合理化；保障农村医疗卫生事业、教育事业和文化事业的发展，完善农村公共服务供给体系；加强以中心镇、中心村为结点，城乡衔接的农村基础设施、公共服务网络建设，持续改善农村人居环境，加强农村社会保障体系建设；还应提供政策支持和资金支持，通过完善公共服务促进农业生产的专业化、规模化、商品化、产业化、市场化和可持续化发展。

（三）建立城乡融合发展机制和政策体系，完善农民闲置宅基地和闲置农房政策

针对乡村经济发展不平衡、城乡生活水平差距明显，农村宅基地闲置、浪费严重等问题，应推进城乡融合发展，坚持以城带乡、以工补农，落实农业农村优先发展要求；提升城市群辐射功能和网络效应，推进跨区域性基础设施、公共服务能力建设；适度扩大农村宅基地制度改革试点范围和农村宅基地、农房使用权流转范围，鼓励试点地区加快探索和创新宅基地"三权分置"办法；还应当适当补偿农民，鼓励拆除旧房并进行整体规划，可对闲置宅基地进行复垦；引导农民有偿转让富余的宅基地和农民房屋使用权，允许城乡居民有偿获得农民转让的富余或闲置宅基地，及时改造闲置宅基地，开辟公共文化服务场所；创新流转制度以及经营理念，盘活闲置宅基地避免浪费。

(四)以生态环境友好和资源永续利用为方向,普及农业绿色生产方式

绿色发展引领乡村振兴是高质量发展的基本要求。针对农村环境超载严重,生产、生活性废弃物处理方式亟待优化的情况,应进行广泛的宣传动员,充分调动广大农民群众妥善处理生产生活废弃物的积极性和主动性;实行农民自治,高起点规划农村环境整治目标,建立农村环保长效机制;推行"生态+污染治理"模式,把乡村生态优势转化为产业优势和可持续发展优势,推动生态脱贫与生态振兴的衔接;实行目标考核制度,落实各级乡村领导干部的环保责任。

(五)加强农村公共文化和思想道德建设,开展移风易俗行动

针对乡风文明内容仍需完善的情况,应积极开展以改陋习、树新风为主要内容的乡风文明评议活动,遏制大操大办、厚葬薄养、人情攀比等陈规陋习;坚持教育引导、实践养成、制度保障三管齐下,采取符合农村特点的有效方式,弘扬民族精神和时代精神;培育一批"乡风文明示范村",充分宣传农村道德榜样与典型;推进基层综合性文化服务中心建设,加强农村文化资源普及工作,引导农村居民在村风民风、生活习俗和文化道德建设等方面实现全面的协调发展。

(六)完善教育硬件设施建设、内容观念转变和人才引进政策,建立乡村人才振兴机制

针对乡村教育硬件设施建设不足,教育服务严重匮乏的问题,

应转变农村教育理念,调整教育内容,完善教育体制,提高教育经费投入如兴办学校、完善学校的软硬件建设等,还应积极引进师资并同时提高乡村教师待遇,着重创新激励机制,将吸引、留住人才与引进智力相结合,行政推动与制度激励相结合,科学管理与人文关怀相结合,做到人才城乡双交流,留住人才才能真正改善乡村教育环境。

（七）鼓励引导乡村统筹规划生产生活及空间布局,保障村民在村务中的参与度

针对乡村规划不足,村民对村务参与度不高的问题,应结合各村地理区位、资源禀赋、产业发展情况和村民实际需要对村庄分类,实施差异化指导;在政策上鼓励引导村庄对农村生产生活空间布局进行合理规划,并根据空间功能类型划分区域,实现公共空间功能重构;充分宣传村庄村务的具体内容,鼓励村民积极参与村务决策,为村庄建设出谋划策。

（八）振兴乡村产业,推动农业现代化发展,因地制宜地探索特色产业、支柱产业发展道路

产业发展是农村改革的前提,要以产业振兴带动人才振兴、文化振兴、生态振兴、组织振兴。针对乡村产业发展迅猛,但特色产业、支柱产业仍待开发的问题,应结合本地实际,以不同步调、不同形式探索发展路径,制定产业发展规划,对产业条件成熟的村先行项目策划和政策实施,做到成熟一批发展一批;将农业产业链作为一个有机整体,以农产品精深加工为主攻方向,延长产业链、升级供应链、提升价值链;加大对特色农产品品牌的

宣传力度,扩大其知名度;吸引当地外出务工青年回家乡企业务工,为特色产业的后续发展储备人才;推动农业现代化发展,提高农业机械化、生产技术科学化、农业产业化和农业信息化水平,实现三产融合发展。

参 考 文 献

[1]卞琦娟、周曙东、葛继红:《发达地区农地流转影响因素分析——基于浙江省农户样本数据》,《农业技术经济》2010 年第 6 期。

[2]曹博、赵芝俊:《地权结构、制度盈余与土地流转契约——来自于租佃制的解释》,《干旱区资源与环境》2018 年第 2 期。

[3]陈海磊、史清华、顾海英:《农户土地流转是有效率的吗?——以山西为例》,《中国农村经济》2014 年第 7 期。

[4]陈会广、刘忠原、石晓平:《土地权益在农民工城乡迁移决策中的作用研究——以南京市 1062 份农民工问卷为分析对象》,《农业经济问题》2012 年第 7 期。

[5]陈晓华:《突出扶持重点,切实增强新型农业经营主体发展带动能力》,《农业经济问题》2020 年第 11 期。

[6]陈奕山、钟甫宁、纪月清:《为什么土地流转中存在零租金?——人情租视角的实证分析》,《中国农村观察》2017 年第 4 期。

[7]崔惠斌、陈海文、钟建威:《我国农村土地流转影响因素的研究综述》,《农业经济与管理》2015 年第 1 期。

[8]戴天放:《农业业态概念和新业态类型及其形成机制初探》,《农业现代化研究》2014 年第 2 期。

[9]顾掌根、王国峰:《创新农业发展业态的探讨》,《中国农学通

报》2009 年第 21 期。

[10]郭嘉、吕世辰:《土地流转影响因素实证研究》,《经济问题》2010 年第 6 期。

[11]何欣、蒋涛、郭良燕、甘犁:《中国农地流转市场的发展与农户流转农地行为研究——基于 2013 — 2015 年 29 省的农户调查数据》,《管理世界》2016 年第 6 期。

[12]胡历芳、唐博文、曾寅初:《基于 Heckman 模型的农产品购销商借贷需求行为分析》,《农业经济问题》2017 年第 4 期。

[13]胡新艳、罗必良、王晓海:《农地流转与农户经营方式转变——以广东省为例》,《农村经济》2013 年第 4 期。

[14]黄延信、张海阳、李伟毅、刘强:《农村土地流转状况调查与思考》,《农业经济问题》2011 年第 5 期。

[15]黄祖辉、徐旭初:《中国的农民专业合作社与制度安排》,《山东农业大学学报(社会科学版)》2005 年第 4 期。

[16]蒋满元、唐玉斌:《影响农村土地流转的原因及其有效途径探讨》,《华中农业大学学报(社会科学版)》2006 年第 4 期。

[17]张红宇:《发挥新型农业经营主体对改革的引领作用》,《经济日报》2017 年 2 月 10 日。

[18]李彪、邵景安、苏维词:《三峡库区农户土地流转的理论解析》,《资源科学》2013 年第 1 期。

[19]李宁、陈利根、孙佑海:《现代农业发展背景下如何使农地"三权分置"更有效——基于产权结构细分的约束及其组织治理的研究》,《农业经济问题》2016 年第 7 期。

[20]李想、徐伟平、郭永田、饶晓燕、闫东浩、张欢、韩卫涛:《信息技术应用对农户农业经营收入的影响研究》,《中国农业科技导报》2014 年第 1 期。

[21]潘亚茹、罗良国、刘宏斌:《基于 Heckman 模型的支付意愿及强度的影响因素研究——以大理州 276 个奶牛养殖户为例》,《中国农业资源与区划》2017 年第 12 期。

［22］钱龙、洪名勇:《非农就业、土地流转与农业生产效率变化——基于 CFPS 的实证分析》,《中国农村经济》2016 年第 12 期。

［23］任晓娜:《当前农村土地流转的基本特征和政策建议——基于 19 个省市 4719 份农户的问卷调查》,《农业经济》2016 年第 3 期。

［24］阮荣平、曹冰雪、周佩、郑风田:《新型农业经营主体辐射带动能力及影响因素分析——基于全国 2615 家新型农业经营主体的调查数据》,《中国农村经济》2017 年第 11 期。

［25］阮荣平、周佩、郑风田:《"互联网+"背景下的新型农业经营主体信息化发展状况及对策建议——基于全国 1394 个新型农业经营主体调查数据》,《管理世界》2017 年第 7 期。

［26］童建元、杨亦民:《我国农业上市公司财务质量的现状分析》,《当代经济》2014 年第 2 期。

［27］温铁军:《农民专业合作社发展的困境与出路》,《湖南农业大学学报(社会科学版)》2013 年第 4 期。

［28］许恒周、郭忠兴:《农村土地流转影响因素的理论与实证研究——基于农民阶层分化与产权偏好的视角》,《中国人口·资源与环境》2011 年第 3 期。

［29］张红宇、孔祥智、杨跃民:《培育新型农业经营主体应做好顶层设计》,《学习时报》2018 年 5 月 9 日。

［30］杨洪博:《布恩格的困惑》,《农业机械》2015 年第 17 期。

［31］张蕾、陈超、展进涛:《农户农业技术信息的获取渠道与需求状况分析——基于 13 个粮食主产省份 411 个县的抽样调查》,《农业经济问题》2009 年第 11 期。

［32］张晓山:《统筹谋划城乡发展　深化农业领域改革——学习习近平同志关于"三农"问题重要论述的粗浅体会》,《中国农村经济》2016 年第 10 期。

［33］中国家庭金融调查与研究中心:《中国家庭金融调查报告》,西南财经大学出版社 2012 年版。

策划编辑:郑海燕
责任编辑:卢　安
封面设计:吴燕妮
责任校对:周晓东

图书在版编目(CIP)数据

中国微观经济调查. 新型农业经营主体卷/经济日报社中国经济趋势研究院,
　中国人民大学农业与农村发展学院 著. —北京:人民出版社,2022.7
ISBN 978-7-01-024593-5

Ⅰ.①中…　Ⅱ.①经…②中…　Ⅲ.①中国经济-微观经济-调查报告
　②农业经营-经营管理-调查报告-中国　Ⅳ.①F12②F324

中国版本图书馆 CIP 数据核字(2022)第 034812 号

中国微观经济调查·新型农业经营主体卷
ZHONGGUO WEIGUAN JINGJI DIAOCHA XINXING NONGYE JINGYING ZHUTI JUAN

经济日报社中国经济趋势研究院　　著
中国人民大学农业与农村发展学院

人民出版社 出版发行
(100706　北京市东城区隆福寺街 99 号)

中煤(北京)印务有限公司印刷　新华书店经销

2022 年 7 月第 1 版　2022 年 7 月北京第 1 次印刷
开本:710 毫米×1000 毫米 1/16　印张:19.75
字数:221 千字

ISBN 978-7-01-024593-5　定价:100.00 元

邮购地址 100706　北京市东城区隆福寺街 99 号
人民东方图书销售中心　电话 (010)65250042　65289539